ÉTUDES ROMANTIQUES ET DIX-NEUVIÉMISTES
sous la direction de Pierre Glaudes et Paolo Tortonese
71

Série *Hugo*
dirigée par Claude Millet
2

Victor Hugo et la vaste ouverture du possible

Ouvrage publié avec le soutien
du Centre de recherche sur les poétiques du XIXe siècle (CRP19)
de l'université Sorbonne nouvelle – Paris 3

Didier Philippot

Victor Hugo et la vaste ouverture du possible

Essai sur l'ontologie romantique

PARIS
CLASSIQUES GARNIER
2017

Didier Philippot est professeur de littérature française à l'université de Strasbourg. Spécialiste du roman et de la nouvelle au XIXe siècle, il consacre notamment ses travaux à l'esthétique et à l'ontologie romantiques des marges du réel (l'invisible, le possible, l'imaginaire).

ISBN 978-2-406-06385-8 (livre broché)
ISBN 978-2-406-06386-5 (livre relié)
ISSN 2103-4672

ABRÉVIATIONS

HR	HUGO, Victor, *L'Homme qui rit*, Notice et notes de Bernard Leuilliot, *Œuvres complètes, Roman III*, Robert Laffont, coll. Bouquins, 2002 (1re éd. 1985).
M	HUGO, Victor, *Les Misérables*, Notice et notes de Guy et Annette Rosa, *Œuvres complètes*, Robert Laffont, coll. Bouquins, 1985.
TM	HUGO, Victor, *Les Travailleurs de la mer*, édition de David Charles, Librairie générale française, coll. Le livre de poche, 2002.

NOTA BENE : Sauf indication contraire, nous nous référons aux éditions citées. Dans les notes en bas de page, nous ne donnons pas le nom de l'auteur lorsqu'il s'agit d'une œuvre de Victor Hugo.

AVANT-PROPOS

La texture imaginaire du réel

À l'heure où n'existe que ce qui est calculable, objectivable, évaluable, où nul n'est présent s'il n'est visible, il n'est peut-être pas inutile de rappeler combien le romantisme a pu contester les frontières artificielles imposées au réel – comme les limites imposées à la réalité de l'homme – en célébrant, soit dit schématiquement, les prestiges de « l'irréel ». Le livre qu'on va lire est ainsi sous-tendu par une « pensée en pointillés » (pour reprendre une formule de Nietzsche) : par le souci d'une réflexion globale sur la manière dont le récit romantique met en scène le débordement du réel au-delà des limites qui lui sont assignées par un décret arbitraire de la raison – le prolongement du « réel » (cette fausse évidence) vers ses franges, ses marges invisibles, qui, pour être indéterminées, n'en sont pas moins existantes. On soutiendra volontiers que le romantisme est amené à reconnaître, et même à promouvoir, ce qui est rejeté par la rationalité à la fois comme absurde et comme inexistant. Autrement dit, qu'il conteste le découpage rationaliste du réel, la délimitation de ses contours ou de ses frontières selon le mode de l'objectivité, en admettant la consistance ontologique, la réalité paradoxale de ce qui est déclaré doublement *irrationnel* et *irréel* – de ce qui échappe, en somme, au *principe de raison*, identifiant le réel au rationnel et le rationnel au réel. Il n'est peut-être pas de plus grand scandale pour la raison que cette défense de l'imaginaire à l'ère du soupçon. Défense qui se traduit par :

1. La reconnaissance de *ce qui existe sans être objet* (sans être objectivable). Ainsi de l'objet amoureux, dont le propre est précisément de n'être un *objet* ni pour la possession, ni pour la connaissance, ni pour l'échange économique, d'échapper à toute réduction objectiviste[1] et de n'exister, comme l'avait dit

---

1 C'est tout le propos du livre de Jean-Luc Marion, *Le Phénomène érotique* (Librairie générale française, coll. Le livre de poche, 2004), auquel nous renvoyons.

Stendhal, qu'enveloppé d'un halo d'imaginaire irréductible. Selon une belle formule de Gaston Bachelard, profondément stendhalienne d'esprit, « on mutile la réalité de l'amour en la détachant de toute son irréalité[2] ».

2. La reconnaissance de *ce qui est réel sans être actuel*, comme le *possible* selon Hugo, cette marge du réel qui le double, le borde, le complète, fonde toute une poétique du réalisme conjectural et légitime les inventions vraies de l'esthétique.
3. Et, fondamentalement, l'idée puissante qu'*il n'y a pas rupture, mais continuité entre le réel et l'imagination du réel*, non plus qu'entre le sujet et l'objet. Le réel (ou ce que l'on nomme ainsi) n'est pas complet s'il n'est pas complété par l'imagination du réel. Nulle solution de continuité – mais nulle confusion non plus – entre ce qui est et ce qui est rêvé.

C'est donc à l'existence de ce qui est censé ne pas exister, à la densité ontologique paradoxale de ce qui est rejeté, par le rationalisme, dans une zone de non-droit et de non-existence, à toute cette part inaliénable de l'expérience (l'imaginaire, l'invisible, le possible) que nous nous sommes intéressé – comme à dessein de justifier aussi, à nos propres yeux, la réalité des produits de l'imagination et celle de la fiction littéraire. Comment comprendre notamment la défense par Hugo, dans *Le Promontoire du songe*, de la *vie* des types littéraires, ces créations secondes du génie, contre l'incrédulité sceptique du bourgeois – sans prendre au sérieux sa confiance (*énorme*, démesurée) dans la capacité qu'a le Verbe poétique d'engendrer des *êtres*, et non seulement des fantômes ?

Dans cette perspective, le dialogue entre Merleau-Ponty et Sartre autour de l'imaginaire livre une série d'enseignements précieux[3]. À « l'ontologie forte », prisonnière d'oppositions tranchées, qui est celle de Sartre, entravée, dans la reconnaissance de la réalité de l'image et

2 Gaston Bachelard, *La Poétique de la rêverie* (1960), PUF, coll. Quadrige, 2005, p. 7.

3 Voir Fabrice Colonna, « Merleau-Ponty penseur de l'imaginaire », *Chiasmi international* n° 5, *Le réel et l'imaginaire*, 2005, p. 111-149 ; Annabelle Dufourcq, *Merleau-Ponty : une ontologie de l'imaginaire*, Springer, coll. *Phænomenologica*, 2012 ; Guillaume Caron, *La Désillusion créatrice. Merleau-Ponty et l'expérience du réel*, Genève, MētisPresses, 2014 (approche structurale, qui conteste l'idée d'une ontologie de la chair et de l'imaginaire) ; Emmanuel de Saint Aubert, *Du lien des êtres aux éléments de l'être. Merleau-Ponty au tournant des années 1945-1951*, Vrin, 2004 (pour l'analyse du *scénario sartrien*).

de l'imaginaire (de son essence charnelle), par une forme de purisme cartésien, Bachelard[4] propose de substituer une « ontologie douce », respectueuse des transitions, des passages, des circulations, des clairs-obscurs, des empiètements qui font le *continuum* du réel, de ce que Merleau-Ponty appelle, en une formule décisive, « la texture imaginaire du réel[5] ». Loin d'opposer, comme le fait Sartre, le réel et l'imaginaire à la façon de deux blocs hermétiques, Merleau-Ponty affirme avec force que le réel contient son prolongement imaginaire, qu'il est inséparable de ses franges invisibles, rêvées ou possibles. Dans une note du *Visible et de l'Invisible*, il en vient même à décrire l'imaginaire comme le rapport primordial au monde, dont l'observation – ou la perception, ce « précipité de l'imaginaire », selon la formule de Nicolas Grimaldi[6] – ne serait que dérivée[7]. On ne saurait séparer la couleur de « la robe rouge » du « tissu du visible », mais aussi du « tissu d'être invisible » à laquelle elle tient « de toutes ses fibres » ; son rouge n'est pas le même selon qu'il paraît dans telle ou telle « constellation » historique ou intime, selon que précipite ou cristallise en lui la pure essence de la Révolution de 1917, ou celle de l'éternel féminin, ou celle de l'accusateur public, ou le souvenir personnel de Tziganes vêtus à la hussarde : « Un certain rouge, c'est aussi un fossile ramené du fond des mondes imaginaires[8] ». Ce qui ne veut pas dire que le réel et l'imaginaire cessent de se distinguer, qu'ils s'annulent l'un l'autre dans une confusion, une brume *hallucinatoire.* Ils ne sont ni confondus ni séparables : ils sont dans un rapport de continuité soustrait aux séparations artificielles de l'intelligence rationnelle.

Dans la mesure où il contient une phénoménologie spontanée, le romantisme peut être abordé, sans trahison, par la phénoménologie

4 Gaston Bachelard, *La Poétique de la rêverie* (1960), *op. cit.*, p. 144.

5 Maurice Merleau-Ponty, *L'Œil et l'Esprit*, Gallimard, coll. Folio, 1964, p. 24.

6 « La perception n'est qu'un précipité de l'imaginaire » (Nicolas Grimaldi, *Traité de la banalité*, Presses universitaires de France, 2005, p. 146).

7 Maurice Merleau-Ponty, *Le Visible et l'Invisible*, Gallimard, 1964, p. 310 : « Comprendre l'imaginaire par l'imaginaire du corps – Et donc non comme néantisation qui vaut pour observation mais comme la vraie *Stiftung* de l'Être dont l'observation et le corps articulé sont variantes spéciales. » (Notes de travail, novembre 1960).

8 *Ibid.*, p. 172-173. Sur le rapport entre imagination et perception chez M. Merleau-Ponty et N. Grimaldi et leurs critiques conjointes et convergentes des thèses sartriennes sur l'imaginaire, voir l'article de Christopher Lapierre, « Le fondement imaginaire du perçu chez Merleau-Ponty et Grimaldi », *Revue de métaphysique et de morale*, Juillet 2015, n° 3, p. 354-376.

moderne qui ne fait que le prolonger parce qu'il la devance. Il est donc tout à fait envisageable de remonter des belles réflexions de Merleau-Ponty aux grandes options ontologiques du romantisme, à travers l'enjeu soulevé par la querelle avec Sartre. À l'instar de la phénoménologie de Merleau-Ponty, le monisme romantique invite à une philosophie, ou à une non-philosophie des transitions et des passages, à une sorte d'ontologie graduée ou graduelle, qui bat en brèche tous les dualismes (sujet/objet, réel/imaginaire) de la *pensée par antinomies* – de la *représentation* – et conduit sans rupture du réel à l'image et de l'image au réel. Non seulement, comme l'a fort bien dit Georges Gusdorf[9], l'imagination est primordiale, c'est-à-dire doublement supérieure et première – et non seconde, ni secondaire –, antérieure à l'intelligence séparatrice, à la distinction artificielle entre *res cogitans* et *res extensa.* Au commencement est l'imagination, selon la conviction de Novalis : « L'imagination *est venue au monde* ou *est devenue le monde* avec plus de facilité et en premier – *la raison sans doute en dernier*[10]. » Mais l'imagination n'est pas, ou pas seulement, psychologique ; elle est cosmique, elle est le *trait d'union* entre le moi et le monde, la force transpersonnelle qui nous relie au Tout. Dans le *Marchën*, cette *forme du rêve*, toujours d'après Novalis, se rétablit l'unité et l'indistinction premières : « le monde devient le rêve, le rêve devient le monde[11] ». Il s'agit donc d'aborder les productions de l'imagination non sous l'angle de la psychologie, mais sous celui d'une *ontologie*, en refusant précisément la séparation dualiste du sujet et de l'objet, rendue caduque par cette grande pensée romantique du *lien* qui fait triompher, sur tous les plans, le monisme de l'*incarnation* contre la métaphysique de la *représentation.*

L'œuvre de Hugo offre à toutes les pages des exemples remarquables de ce *continuum* du réel où, selon le chiasme magnifique des *Misérables*, les « réalités » (terme souvent employé au pluriel) sont « pleines de spectres » et les « fantasmagories pleines de réalité[12] ». Ce qu'elle nous apprend, et qui vaut sans doute pour l'ontologie romantique en général (tel est du moins notre postulat), c'est qu'il y a une réalité de l'image,

9 Voir Georges Gusdorf, *L'Homme romantique*, dans *Le Romantisme*, Éditions Payot et Rivages, 1993, t. II, IIIe partie, chap. II, p. 325 *sqq.*

10 Novalis, *Le Brouillon général*, éd. Olivier Schefer, Éditions Allia, 2000, 70, p. 33-34.

11 Novalis, *Heinrich von Ofterdingen* (cité par G. Gusdorf, *op. cit.*, p. 122).

12 V. Hugo, *Les Misérables*, Guy et Annette Rosa éd., Robert Laffont, coll. Bouquins, 1985, p. 76.

du songe, de la chimère, une réalité de l'imaginaire, que celui-ci soit ajouté à la nature ou produit par elle – car le rêve n'est jamais exclusivement psychologique ni subjectif chez Hugo ; il est cosmique, il est le prolongement en nous du grand rêve de la nature. Ce qu'on rêve fait partie de ce qui est rêvé. Sans cesse, comme la pauvre Cosette solitaire en fait l'épreuve bouleversante la nuit dans la forêt, ou Gilliatt dans sa proximité songeuse avec le chaos-cosmos de l'Océan, le réel est bordé, infusé, nourri, augmenté d'imaginaire et de possible. Sans cesse Hugo nous invite à percevoir, au plus près de l'expérience phénoménologique de la nature, mais doublée d'une ontophanie mystérieuse, la *texture imaginaire du réel*, pour reprendre la formule de Merleau-Ponty, qui nous a servi de fil rouge.

Aussi nous sommes-nous attaché à célébrer, avec Hugo, les prestiges du *possible* – notion élevée à la dignité de philosophème dans les romans et les proses philosophiques de l'exil, et peut-être aussi centrale que la notion d'*immanence*, ou celle de *surnaturalisme*, dont elle semble indissociable. Notion intermédiaire entre l'être et le non-être et, comme telle, merveilleusement propre à exprimer la présence-absence de la nuée rêveuse, de l'impalpable, du presque rien, de ce qui est *et* n'est pas en même temps, de ce qui – latent, en attente – n'est pas *encore*. Selon la formule de Bachelard, délibérément anti-sartrienne, « l'imagination ne connaît pas le non-être[13] ». Formule capitale, qui pourrait servir d'exergue à l'ontologie du possible que nous avons essayé d'esquisser ici. Comme nous allons le voir, c'est toute une esthétique du songe, de l'image, mais aussi de la fiction, qui trouve, dans sa proximité avec le possible, une extraordinaire légitimité.

13 G. Bachelard, *op. cit.*, p. 144.

INTRODUCTION

« Regarder le possible »

L'Art est une immense ouverture,
béante à tout le possible.
Victor HUGO, *William Shakespeare*[1].

À la fin de la *Préface de mes œuvres*, Hugo prête à Shakespeare la sentence rêveuse de son héros, Hamlet, ce somnambule permanent « tourmenté par cette vie possible, compliquée de réalité et de chimère, dont nous avons tous l'anxiété[2] » : « Horatio, il y a sur la terre et dans le ciel plus de choses que votre philosophie n'en a rêvé[3]. » Maxime célèbre, que tout invite à lire aussi, à travers le masque de l'hommage rendu à Shakespeare, comme l'affirmation d'un credo personnel. Tel est en effet le point de départ constant de la méditation hugolienne : la conscience d'une *disproportion* irréductible, d'une relation asymétrique entre la *démesure* du cosmos et la faible *mesure* humaine de la *ratio*, entre l'infini et ce que la capacité limitée de l'esprit est en mesure, précisément, d'en comprendre – étant compris par lui. Cet excès, cette « excédence » du réel, toujours plus vaste que ce que la philosophie ou la science peuvent espérer en embrasser, c'est ce que Hugo choisit de nommer ici, dans son extraordinaire puissance de forgerie verbale, le *possible*, par un emploi spécifique de l'adjectif substantivé. La démesure du réel appelle en retour l'ouverture de l'esprit au *possible* : la « vague anxiété de ce qui peut être » est, déclare Hugo, « la perpétuelle obsession[4] » non seulement d'Hamlet,

1 Victor Hugo, *William Shakespeare*, dans *Œuvres complètes, Critique*, Robert Laffont, coll. Bouquins, 1985, I, IV, 10, p. 327. Toutes nos références (sauf indication contraire) renvoient à cette édition des œuvres complètes.

2 *Ibid.*, II, II, 5, p. 361.

3 *Préface de mes œuvres et Post-scriptum de ma vie*, dans *Œuvres complètes, Critique*, p. 711.

4 *Ibid.*

mais de tout poète confronté à l'infini, ou à l'indéfini, méditant *sub re* et *sub umbra* comme Gilliatt, sous la pression de la nature et sous celle de la destinée. Ce qui peut-être, c'est-à-dire, doublement

> ce qui peut être dans la nature, ce qui peut être dans la destinée ; prodigieuse nuit. Le soir, au crépuscule, du haut d'une falaise, à l'approche refroidissante de la marée qui monte, l'œil égaré dans tous ces plis de l'obéissance au vent, en bas l'onde, en haut la nuée, le fouet de l'écume dans le visage, pendant que les goëlands effarouchés par les ouvertures des vagues battent de l'aile, pendant que les flots accourent pleins du hurlement étouffé des naufrages, regarder l'océan, qu'est-ce auprès de ceci : regarder le possible[5] !

Magnifique prolongement de la rêverie pensive en attente anxieuse et en stupeur sacrée devant l'immanence et l'imminence du possible. Ce que suggère ici la métaphore hyperbolique, c'est d'abord une attitude de l'esprit, « la vague anxiété de ce qui peut être », l'*ouverture* au possible du somnambule de la mer, livré, du haut de la falaise, à l'effroi sacré du sublime ; c'est ensuite l'autre *ouverture*, non plus de l'esprit, mais du réel lui-même à sa profondeur indéterminée, qu'elle soit actuelle (la nature) ou future (la destinée), ce qui se profile et s'annonce à travers « les ouvertures des vagues » comme à travers une bouche d'ombre ou un portail de ténèbres ; c'est enfin la correspondance augurale entre l'océan et la destinée, l'un étant la *figure* de l'autre. Se trouvent dès lors esquissées deux significations conjointes du possible : la première associe le songe et la conjecture ; la deuxième renvoie à une logique de l'événement, à l'*imminence* vague de ce que Hugo nomme destinée, et qui s'indique dans les « plis de l'obéissance au vent » (magnifique formule retenue par le poète André du Bouchet[6]) où « l'œil égaré » guette les signes du *quid divinum* inscrits au creux du visible.

« Regarder le possible » : c'est bien ce à quoi Hugo nous invite, en refusant de séparer le réel de ses franges indéterminées ou de ses latences secrètes (l'imaginaire, l'invisible, le possible). Le réel et le possible sont indissociables ; le réel comprend aussi l'horizon (présent ou futur, *imminent*) du possible. On s'emploiera également ici à « regarder le possible » *chez Hugo*, dans les proses philosophiques et les romans de l'exil, où la notion est élevée à la hauteur d'un philosophème, par la vertu même de la

---

5 *Ibid.*, p. 712.

6 André du Bouchet, *L'Œil égaré dans les plis de l'obéissance au vent* par Victor Hugo (1956), suivi de « L'infini et l'inachevé » (1951), Seghers, 2001.

substantivation. L'emploi adjectival n'est ni rare ni insignifiant. Mais plus remarquable sans doute encore est la transformation de l'adjectif en substantif, l'usage de *possible*, parfois distingué par la majuscule, comme notion à part entière dans les commentaires réflexifs des romans, ou dans les proses philosophiques contemporaines. Regarder le possible, c'est prendre au sérieux, plus qu'on ne l'a fait jusqu'ici, ce qui n'est pas seulement un nouvel avatar, parmi d'autres, de la prodigalité inventive du Verbe hugolien[7]. Le *possible* n'est pas rien, même s'il n'est parfois presque rien ; il y a une forte *présence*, à tous points de vue paradoxale, du possible dans les romans philosophiques de l'exil, tout particulièrement dans *Les Travailleurs de la mer*, qui nous servira de fil rouge, ou de fil d'Ariane, au cœur du « labyrinthe de l'immanence ». Le possible rejoint d'autres notions cardinales de la poétique et de la philosophie hugoliennes, comme *immanent-immanence*, étudiées par Yves Gohin[8] – notions qui semblent naître par on ne sait quelle génération spontanée, dans une période relativement circonscrite de forte créativité, entre 1853 et 1866 environ, tant il est difficile, pour ne pas dire impossible, d'en repérer les sources exactes[9].

---

7 Dans *L'Univers métaphysique de Victor Hugo* (Vrin, 1970, p. 121-128), Charles Villiers avait eu le mérite de relever l'importance de la notion de possible.

8 Yves Gohin, *Sur l'emploi des mots* immanent *et* immanence *chez Victor Hugo*, Minard, coll. Archives des lettres modernes, « archives hugoliennes » n° 6, 1968.

9 On trouve une trace précoce du *possible* dans la deuxième partie de *Mazeppa*, où l'allégorèse développe la signification attachée à l'image du poète en lutte avec le « Génie, ardent coursier », emporté « hors du monde réel », « par-delà les nues » : ce Mazeppa du martyre poétique traverse d'un vol « Tous les champs du possible, et les mondes de l'âme » (*Les Orientales*, dans *Les Orientales, Les Feuilles d'automne*, Pierre Albouy éd., Gallimard, coll. Poésie, 1994, p. 159). Mais les premières occurrences significatives du possible substantivé apparaissent, à notre connaissance, dans le contexte des poésies métaphysiques de l'exil, dans *Les Contemplations* tout d'abord, où il est doublement associé par la rime à l'*invisible* (le possible est une composante de l'invisible) et, par une gradation ouverte, au *réel*, dont il esquisse les prolongements obscurs dans l'abîme, offert à la contemplation effarée (le possible est le complément du réel). Ainsi, dans un poème daté de 1853 (« Ô gouffre ! l'âme plonge et rapporte le doute »), le possible dessine ses linéaments dans « l'ombre indéterminée » : « Nous contemplons l'obscur, l'inconnu, l'invisible. / Nous sondons le réel, l'idéal, le possible, / L'être, spectre toujours présent. » (*Les Contemplations*, VI, XIV, Ludmila Charles-Wurtz éd., Librairie générale française, Le livre de poche, 2002, p. 451, v. 7-9). Même gradation – prolongeant le réel par le possible, et faisant rimer le possible avec l'invisible – dans le discours du Hibou, « vase horrible de la nuit », empli par la chimère et le rêve, et voué à « l'âpre frémissement des escarpements noirs » : « Hermès, mais qui peut voir ce qu'a vu l'œil d'Hermès ? / M'a dit qu'il avait vu, du haut des grands sommets, / Au-delà du réel, au-delà du possible, / Une clarté, reflet du visage invisible. »

Ce que nous avons tenté de faire, disons-le d'emblée, sans succès probant, à propos du possible hugolien. S'efforce-t-on, comme il convient, de retracer avec scrupules la filiation philosophique complexe de la notion, on s'aperçoit que l'usage qu'en fait Hugo ne s'y laisse jamais ramener entièrement. Non qu'il soit impossible d'envisager ponctuellement certains croisements avec l'acception aristotélicienne du possible, elle-même ambiguë (*dynaton*), ou avec l'acception leibnizienne plus récente. Dans ce dernier cas, le rapprochement pourrait sembler d'autant plus justifié que les années 1850-1860 voient surgir une remarquable effervescence éditoriale autour de la publication d'inédits de Leibniz, dont la *Réfutation de Spinoza* éditée par Foucher de Careil et précédée d'une étude importante[10] ; effervescence éditoriale également marquée par la parution d'une des premières grandes synthèses sur l'œuvre, celle de Jean Félix Nourrisson[11], et saluée par un article complet d'Émile Saisset publié dans la *Revue des deux mondes*[12], que Hugo aurait pu lire. Au cœur de cette riche actualité éditoriale, la notion de possible aurait pu trouver un relief polémique nouveau : car si Leibniz est convoqué par ses commentateurs spiritualistes, c'est bien en réaction au spinozisme

(*Dieu*, *Œuvres complètes*, *Poésie IV*, Robert Laffont, coll. Bouquins, 1986, p. 631) ; dans « *Umbra* » (1855) : « Connais-tu le vrai, le possible, / Tous les réseaux de l'invisible » (*Toute la lyre*, *ibid.*, p. 280) ; et dans « Effets de réveil », composé à une date ultérieure (1872) : « On médite, effaré par les choses possibles ; / Toute rive s'efface. On voit les invisibles. » (*Ibid.*, p. 239). Dans le *Livre des Tables* (Patrice Boivin éd., Gallimard, coll. Folio, 2014), à la date du 19 septembre 1854, la Mort, distinguant entre « l'œuvre de vivant » et « l'œuvre de mort » accomplies conjointement par tout grand esprit, apparente le possible au *visible*, et non à l'invisible (« tandis que le vivant parle à son siècle la langue qu'il comprend, travaille au possible, affirme le visible, réalise le réel »), à rebours de son emploi ultérieur. Dans la bouche de l'Esprit humain, au seuil de *Dieu*, le possible en vient à désigner la *limite* de l'homme, ce qu'il peut, limite à ne pas transgresser : « Nul ne doit sortir de son possible. / Nul ne doit transgresser son réel. […] » (*Dieu*, *op. cit.*, p. 581). Mais c'est dans le corpus des proses philosophiques et des romans maritimes (*Les Travailleurs de la mer*, *L'Homme qui rit*) que se cristallisent, pour l'essentiel, les significations à la fois esthétique et ontologique de la notion.

10 *Réfutation inédite de Spinoza par Leibniz*, précédée d'un Mémoire par A. Foucher de Careil, E. Brières, 1854. Sur les enjeux de la controverse réactivée entre Leibniz et Spinoza, voir Pierre-François Moreau, « Les enjeux de la publication en France des papiers de Leibniz sur Spinoza », *Revue de métaphysique et de morale*, 1988, 2 ; ainsi que le volume collectif récent, *Spinoza/Leibniz. Rencontres, controverses, réceptions*, Pierre-François Moreau, Raphaëlle Andrault, Laerke Mogens dir., Presses universitaires de Paris-Sorbonne, 2014.

11 Jean Félix Nourrisson, *La Philosophie de Leibniz*, Hachette, 1860.

12 É. Saisset, « Leibniz et Hegel, d'après de nouveaux documents », *Revue des deux mondes*, 15 décembre 1860, p. 967-983.

triomphant dont on déplore l'influence sur les esprits modernes, et pour lui faire barre. Plus encore que le dialogue de Leibniz avec Descartes, c'est la controverse avec Spinoza qui occupe le foyer polémique des analyses, orientées vers la condamnation du panthéisme matérialiste. Peut-on croire que Hugo ait complètement ignoré ces débats contemporains ? Que ceux-ci n'aient eu aucune influence sur sa promotion et sa définition personnelles de la notion d'*immanence*, originellement spinoziste et donc suspecte de panthéisme, comme l'a parfaitement établi Yves Gohin dans son étude cardinale[13] ? On serait d'autant plus enclin à l'infirmer (sans certitude aucune) que la notion d'immanence peut apparaître chez Hugo comme le fruit d'un compromis délicat et instable entre deux postulations contraires, difficiles à accorder, mais également précieuses : entre immanence et transcendance, liberté et nécessité, monisme et dualisme. Que l'immanence, telle que la conçoit Hugo, affirme tout à la fois la présence, l'*omniprésence* formidable de Dieu dans la nature, et en même temps son retrait ou son absence ; qu'elle invite à concilier, non sans tensions, la continuité et la discontinuité entre Dieu et la création, à la fois pour éviter l'écueil d'un abîme insurmontable et l'écueil symétrique de leur confusion impersonnelle ; que le personnalisme hugolien tende à affirmer l'existence d'un « moi latent de l'infini patent[14] », celui de Dieu, face au moi irréductible de l'homme, pour préserver la liberté de l'un et de l'autre ; que Hugo cherche « le prodigieux être en qui se réalise au fond de l'absolu l'identité inouïe de la Nécessité et de la Volonté[15] », tous ces efforts convergents vers l'affirmation d'une immanence de la transcendance ne sont guère éloignés de ceux que Leibniz avait pu consentir, en son temps, pour conjurer le dérive nécessitariste de sa propre pensée, en tâchant de maintenir, contre Spinoza, la liberté de Dieu, et donc l'équilibre entre créationnisme et immanence. Dans le cadre de cette controverse ancienne, ravivée par les spiritualistes contemporains, la notion de possible revêt une importance stratégique : c'est elle qui garantit la liberté de Dieu dans l'acte démiurgique, en postulant l'existence d'un écart essentiel entre l'existant et le possible, non existant sans être irréel – écart nié par le nécessitarisme spinoziste. Pleinement conscient des enjeux, célébrant en Leibniz le philosophe de

13 Y. Gohin, *op. cit.*, p. 7 *sqq.*
14 *William Shakespeare*, *op. cit.*, I, II, 1, p. 261 : « Le moi latent de l'infini patent, voilà Dieu. »
15 *Philosophie*, dans *Œuvres complètes, Critique*, *op. cit.*, p. 492.

l'idée dynamique et le théoricien de l'infini, Émile Saisset résume ainsi la subordination de l'univers, non à l'aveugle nécessité, mais à la bonté et à la sagesse, au rayonnement de l'amour divin : « Toutes les formes possibles de l'existence sont éternellement présentes à la sagesse divine. Voilà la matière tout idéale du monde. Dieu y choisit parmi toutes les combinaisons la meilleure, celle où la simplicité des moyens se combine avec l'excellence et la fécondité des résultats[16]. » De sorte que 1°/ le possible se voit crédité d'un statut ontologique paradoxal, entre être et non-être, réalité et irréalité, dont les retombées sont considérables, notamment sur la conception philosophique et littéraire de la fiction, chez les disciples tardifs de Leibniz, comme Baumgarten, fondateur de l'esthétique (nous y reviendrons) ; 2°/ on peut légitiment se demander quelle serait la place du possible dans une stricte philosophie de l'immanence, d'origine spinoziste, où il se confondrait avec l'existant, avec ce qui a été, ce qui est et ce qui sera, sans « reste » aucun. Car, comme le rappelle Paul Rateau[17], il ne revient pas au même d'inscrire le possible dans une radicale pensée de l'immanence, de type spinoziste ou épicurienne (selon laquelle tout le possible est existant), et dans un cadre leibnizien, soucieux de maintenir un écart entre le possible et le réel. La confusion entre réel et possible entraîne, du point de vue de Leibniz, une série de conséquences inadmissibles : la réalisation de toutes les fictions ou de toutes les fables, même les plus immorales, contenant des faits et des actes injustes ; le retour éternel de chaque état de l'univers ; la nécessité de toute chose, un Dieu réduit à une puissance aveugle, analogue au Destin, agissant sans choix ni raison, et la négation de toute providence[18].

16 É. Saisset, art. cité, p. 977.

17 Voir sa synthèse particulièrement éclairante sur la métaphysique leibnizienne des mondes possibles (Paul Rateau, *Leibniz et le meilleur des mondes possibles*, Éditions Classiques Garnier, 2015, notamment I, chap. I, « Ce qui fait un monde »). Ce qu'il en dit ne fait que confirmer la nécessité d'inscrire la réflexion de Hugo lui-même sur le possible à la fois dans une cosmologie et dans une métaphysique globales, dont dépendrait, en grande partie, la conception qu'il se fait, dans les romans et les proses philosophiques de l'exil, de l'*immanence.*

18 Ajoutons que, selon Leibniz (voir Paul Rateau, *ibid.*, I, chap. I), l'unicité du monde créé n'exclut pas l'hypothèse de la pluralité des « mondes », et de leur coexistence actuelle (le § 19 de la *Théodicée* et les §§ 57-58 de la *Causa Dei* évoquent ces planètes innombrables habitées d'être raisonnables dont Hugo caresse également l'hypothèse). Seulement, il ne s'agit pas de mondes possibles, mais de mondes réels, réellement existants, appelés « mondes » par abus de langage, et compris dans la totalité infinie de l'univers. Il n'y a

Dira-t-on que Hugo semble parfois hésiter entre les deux options (spinoziste et leibnizienne), osciller de l'une à l'autre selon les cas, s'effrayer des conséquences métaphysiques de sa pente irrépressible – la pente de la rêverie – à confondre le réel et le possible, en vertu d'un principe de plénitude dont il s'enchante par ailleurs ? Ce sont les rapports entre immanence et panthéisme qui sont en jeu dans cette délicate négociation des limites du possible. Pour que la notion de possible soit légitime, sans doute faut-il donc tenter de concilier comme le fait Hugo, dans la continuité des romantiques allemands[19], la transcendance et l'immanence : le possible est alors une *réserve de sens* irréductible.

Nous n'aurons pas l'ambition d'établir tout ce que Hugo doit à la philosophie de Leibniz, ou à sa diffusion contemporaine – à supposer qu'une telle dette puisse être établie[20]. La notion de possible, employée sous sa forme substantivée, au singulier, se trouve par exemple sous la plume du naturaliste Charles Bonnet[21], grand lecteur des *Essais de Théodicée*,

---

bien qu'un seul univers, le nôtre, qui comprend tout le réel créé, mais pas tout le possible. C'est par la considération des situations contrefactuelles (Sextus ne violant pas Lucrèce), et par le biais de la *fiction* romanesque qu'il est envisageable de *se figurer* les mondes possibles, non existants, mais réalisés dans l'entendement de Dieu – lesquels obéissent tous à des impératifs d'intelligibilité, d'ordre et d'unité.

19 G. Gusdorf a bien montré que la solution de compromis (entre transcendance et immanence) recherchée par Hugo n'était pas isolée. Voir *Du néant à Dieu dans le savoir romantique*, II, chap. V « Panthéisme », dans *Le Romantisme*, Payot, 1993, t. I, notamment p. 629-630 et p. 651-652.

20 Ce chantier reste ouvert. Il serait très utile de confronter la réflexion hugolienne sur le mal à la doctrine de la *théodicée*, qui admet la légitimité d'un plaidoyer contre Dieu, et donc, réciproquement, d'une défense de Dieu, et dont l'originalité consiste à envisager le problème du mal, comme Hugo, sous l'angle de l'*injustice*, dans une perspective à la fois juridique et théologique. Sait-on, du reste, que Leibniz fut tenté, comme Hugo, par l'hérésie origéniste du salut universel (et donc du pardon accordé à Lucifer) ? Voir, sur ce dernier point, Paul Rateau, *op. cit.*, p. 136-138. Enfin, sur le double plan de l'anthropologie et de la cosmologie, l'extraordinaire formule de Hugo : « l'âme atome », sa conception du moi comme un « point géométrique » irréductible rejoignent la définition leibnizienne de la *monade* comme « atome de substance », « point réel et animé », « point métaphysique » (voir Paul Rateau, *ibid.*, p. 185).

21 Charles Bonnet, *Contemplation de la nature* (1764), Neuchâtel, S. Fauche, 1781, Livre I, chap. III (« Unité et bonté de l'univers »), p. 3-4 : « [L'univers] est tout ce qui est, et tout ce qui pouvoit être. Le *possible* n'est pas ici ce qui l'est en soi, ou dans les idées qui le constituent ; mais ce qui l'est relativement à la conception des attributs de la cause ordonnatrice. L'objet de la puissance étoit aussi celui de la sagesse. La volonté efficace a donc réalisé tout ce qui pouvoit l'être. [...] L'intelligence qui saisit à la fois toutes les combinaisons des possibles, a vu de toute éternité le *vrai bon*, et n'a jamais *délibéré*. Elle a agi ; elle a déployé sa souveraine liberté ; et l'univers a reçu l'être. » Sur l'héritage et la

admirateur fervent de Leibniz, dont Hugo connaît la *Contemplation de la nature* (1764), qui consacre la promotion sublime du polype. Mais, exception faite de son statut ontologique ambigu, on n'a guère trouvé trace dans l'œuvre de la signification purement *métaphysique* du possible, ou plutôt *des* possibles, présents en idées dans l'entendement de Dieu. Du reste, Hugo n'emploie (presque) jamais le terme au pluriel, mais au singulier, *le* possible, dans un emploi qui doit sans doute moins à la philosophie qu'à la poétique – l'antonymie première et fondatrice étant, peut-on croire, celle qui oppose le possible (*dynaton*) et le vraisemblable (*eikos*). Ce qui complique – heureusement – la recherche des sources, c'est bien la polysémie féconde du terme, situé au carrefour de plusieurs domaines, philosophique, poétique et cosmologique, compris dans un réseau de significations entremêlées, dont il nous faudra débrouiller l'écheveau complexe.

Sans doute faut-il donc consentir, en esquivant l'épineuse question des sources, à faire confiance à l'inventivité verbale de Hugo, formidable créateur de néologismes, auteur de ses propres « concepts », forgés et fondus dans le creuset d'une philosophie irréductiblement personnelle, et irréductiblement pensive et littéraire. C'est à Hugo, au déchiffrement patient de ses textes, que nous demanderons la signification du possible substantivé et transformé en notion, quitte à croiser et à relever *a posteriori*, ici et là, de lointaines filiations.

Mais, s'il fallait dégager dès maintenant une *tendance* de l'œuvre, nous pourrions dire qu'elle prend à rebours celle de la métaphysique même du possible vers l'abstraction maximale. Dans un article très dense, Jacob Schmutz[22] a tenté de retracer la généalogie du concept moderne de mondes possibles, et proposé des distinctions claires à propos d'une question terriblement embrouillée. La notion de mondes possibles n'est pas elle-même une création *ex nihilo* ; elle a une histoire ; on peut se demander, comme l'auteur de cette étude, qui a inventé les mondes possibles. Cette invention, situable dans le temps, qui déroule ses étapes de la scolastique médiévale à la philosophie du XVIIIe siècle,

ferveur leibniziens de Ch. Bonnet, voir J. Marx, *Charles Bonnet contre les Lumières, 1738-1850*, Oxford, *Studies on Voltaire and the Eighteenth Century*, 1976, t. I, p. 79 *sqq.*

22 J. Schmutz, « Qui a inventé les mondes possibles ? », *Les Mondes possibles, Cahiers de l'université de Caen*, n° 42, 2006, p. 9-45. Sur la généalogie (à la fois cosmologique, philosophique et esthétique) de la notion de monde possible, voir aussi la synthèse éclairante d'Anne Cauquelin, *À l'angle des mondes possibles*, Presses universitaires de France, 2010, Ière partie.

procède à une double abstraction. Le concept purement épistémologique, ou purement logique, des mondes possibles se détache d'abord d'une conception initialement ontologique, forgée par Aristote et continuée par la tradition. Pour extirper de ce fondement ontologique la notion moderne de pur possible, de *mera possibilitas*, il a fallu dissocier le possible (*dynaton* selon Aristote), qui désigne en partie les choses en puissance, de son complément téléologique, l'actualité : alors que pour Aristote tout possible non réalisé à un moment ou à un autre est un concept vide et superflu, les scoliastes médiévaux promeuvent l'existence d'un possible pur, détaché de toute actualisation, suspendu dans une sorte d'empyrée abstrait de l'esprit. Il a fallu aussi privilégier – au détriment du sens ontologique d'*en-puissance* – le deuxième sens possible, logique, des *dynata* aristotéliciens : sont dites possibles les choses qui peuvent exister, c'est-à-dire celles dont le contraire est nécessairement vrai. Autrement dit, le possible a été arraché à sa consistance ontologique initiale pour être élevé, si l'on peut dire, au statut de pur *possibile logicum*, essentiellement défini à partir du principe rationnel de non-contradiction. Est possible ce qui n'est pas contradictoire ; l'impossible est au contraire ce qui implique toujours contradiction. Pour qu'un possible puisse être considéré comme tel, indépendamment d'une cause, il faut au moins qu'il soit *pensable*. Selon une orientation logique décisive, le possible devient identique au *pensable*.

Deuxième évolution parallèle : elle concerne plus précisément le concept de monde. Car le deuxième effort d'abstraction a consisté à détacher progressivement la notion de mondes possibles de son enracinement cosmologique : la conception chrétienne de création *ex nihilo* impliquait la révision complète de la cosmologie aristotélicienne. Dès lors que le Dieu des Chrétiens ne crée pas à partir d'une matière première éternelle, mais bien *ex nihilo*, les choses possibles se voient naturellement attribuer un statut différent de celui qu'elles avaient dans le monde aristotélicien. Si les choses créables ne peuvent pas simplement exister en puissance dans une matière première donnée, elles peuvent en revanche jouir d'un certain statut dans l'intellect divin, en vertu duquel elles apparaissent comme possibles avant même d'être créées : possibilité purement intellectuelle. C'est ainsi qu'apparaît l'introduction d'un monde intellectuel, éternellement possible avant sa création, car pensable par un Dieu éternel comme non-contradictoire. Le *mundus intelligibilis* des anciens devient ainsi progressivement un *mundus possibilis*.

Enfin, troisième étape de cette métamorphose logique de la notion de possible : le passage du singulier au pluriel. Ce sont les querelles spécifiquement modernes sur le libre-arbitre, la prescience et la prédestination divines qui entrent en jeu et voient éclore le concept épistémologique d'une pluralité de mondes possibles. Ces querelles obéissent à un enjeu central : il s'agit de réaffirmer l'absolue liberté de l'homme et la contingence de l'ordre du monde contre le nécessitarisme imputé à la théologie protestante, puis au panthéisme spinoziste. Dans cette dernière acception, les mondes possibles ne sont pas des mondes : ce ne sont pas d'autres mondes potentiellement existants à côté du nôtre, mais des mondes purement abstraits. J. Schmutz nous invite à ne pas confondre la doctrine de la pluralité des mondes, doctrine cosmologique qui a fasciné Hugo, avec la métaphysique des mondes possibles, qui ne vise qu'à démontrer le caractère contingent, et non nécessaire, de notre monde réel. C'est assurément un tel concept épistémologique que Leibniz mobilise à la fin de la *Théodicée.* Il n'est plus question de s'interroger sur les lieux physiques de mondes potentiellement infinis, et potentiellement habitables, mais sur le statut intelligible de mondes possibles, sans autres lieux que mentaux, lesquels ne désignent pas le monde, mais les différentes versions possibles de notre monde avant sa création. Toute la difficulté est alors d'assigner un statut ontologique à ces possibles logiques qui existent sans exister : comment en parler ? sont-ils vrais ? sont-ils réels ou purement négatifs ? C'est dans cet héritage lointain de la scolastique que la sémantique moderne des mondes possibles est allée puiser ses présupposés, si actifs dans les discussions actuelles, d'une obscurité et d'une abstraction décourageantes, sur le statut épistémologique et littéraire de la *fiction*[23].

Si l'on devait résumer d'un trait, nécessairement schématique, toute cette évolution, on pourrait dire qu'elle nous fait assister à la transformation abstraite du possible *ontologique* en possible *logique.* On n'en mesurera que mieux, par contraste, la tendance à l'œuvre dans les textes de Hugo que nous étudierons : elle est exactement inverse. La puissance

23 Voir les travaux de L. Doležel, *Heterocosmica. Fiction and Possible Worlds*, Baltimore, John Hopkins University Press, 1998 ; D. K. Lewis, *Counterfactuals*, Oxford, Blackwell, 1973 ; *On the Plurality of Worlds*, Oxford, Blackwell, 1986 ; Th. G Pavel, « Les mondes possibles et la logique du vraisemblable », *Le Vraisemblable et la fiction*, A. Gómez Moriana et K Gürttler dir., Université de Montréal, 1980, p. 182-194 ; *L'Univers de la fiction*, Éditions du Seuil, 1988.

affirmative du génie hugolien tend à réinscrire le possible dans l'Être. Le possible, entendu dans un premier sens (épistémique) n'est en aucun cas réductible, chez Hugo, au *pensable* (qu'il soit logique ou « transcendantal ») : le possible est plutôt ce qui met en déroute la pensée logique ou rationnelle. En outre, comme le suggère la force objectivante du substantif, le possible « impensable » ne renvoie pas seulement à une faculté ou à une disposition de l'esprit, mais à une région du réel, à ses *marges* indéterminées, à l'horizon qui l'étend au-delà de ses limites visibles et connaissables. C'est précisément cette *ouverture* du possible qui nous requerra ici : le dépassement du réel au-delà ou en deçà de ses propres frontières, ou des frontières que lui impose l'esprit.

La fécondité heuristique de la notion est telle, chez Hugo, qu'elle nous invite à glisser d'une phénoménologie de l'incertitude à une ontologie et à une poétique du possible. C'est du reste l'orientation que nous suivrons ici, en passant, comme Hugo lui-même, du possible épistémique, lié à la promotion songeuse de la conjecture, au possible ontologique, dont le propre est peut-être de constituer une notion intermédiaire entre être et non-être. Le possible ne serait autre que l'état indéterminé, flottant, mais réellement existant, de ce qui n'est pas ou de ce qui n'est pas encore, de ce qui est indéfini, latent ou en puissance. Nulle œuvre n'a mieux célébré que celle de Hugo, en vertu même de la philosophie qui la sous-tend, l'existence de ce qui est censé ne pas exister, la réalité paradoxale de ce qui est considéré, selon les critères de la raison, comme irréel, le glissement ou la chute toujours possible de l'être dans le précipice du non-être, les transitions graduées de l'un à l'autre, le mélange de l'un et de l'autre. Avec Hugo, qui n'a cessé de s'interroger sur la réalité de ce que nous nommons « réalité », qui a fait de cette interrogation insistante l'un des enjeux centraux des romans et des textes philosophiques de l'exil, nous sommes conduits à rejeter les fausses évidences rationnelles et à nous exposer à ce qu'il appelle lui-même, dans un texte capital, la « secousse du réel[24] », provoquant le réveil salutaire de notre conscience du réel par le sentiment d'une perte de réel vertigineuse. Qu'est-ce que le possible, sinon le vertige de l'esprit, accablé par ce qui le dépasse, dans son ouverture à l'excès du réel, en même temps que cet excès lui-même, proprement irréductible aux conquêtes rationnelles de l'esprit ?

24 Victor Hugo, *Le Promontoire du songe*, Michel Crouzet éd., Les Belles Lettres, 1993, p. 7.

Et c'est précisément parce que l'ontologie hugolienne, ennemie des ruptures et des antinomies tranchées, est apte à concevoir la transition entre être et non-être qu'elle se révèle également apte à concevoir l'ambiguïté de l'image et du songe, leur présence-absence, et leur continuité irréductible avec le réel. Nous suivrons la méditation hugolienne sur le possible jusqu'à ses implications dernières : l'esquisse d'une ontologie de l'imaginaire, ouverte à la présence et à la pression de l'évanescent, de l'impalpable, de la nuée rêveuse, de ce qui existe à demi ou à peine, et celle d'une poétique de la fiction, mieux à même que toute autre de reconnaître la dignité ontologique de cette création seconde de l'art, de ce « monde de la poésie » qui, selon l'extraordinaire formule de Hugo dans *Le Promontoire du songe*[25], *est* et *n'est pas* tout ensemble, irréductiblement.

On ne pense jamais seul. Ce livre est le fruit d'échanges, de rencontres, de dialogues décisifs. Que soient ici chaleureusement remerciés, au seuil du Possible : Mmes Juliette Azoulai, Fabienne Bercegol, Mathilde Bertrand, Chantal Pierre, Claude Millet, Florence Naugrette, MM. Jean-Louis Cabanès, Michel Crouzet, Philippe Dufour, Pierre Glaudes, André Guyaux, Patrick Labarthe, Yvan Leclerc, Jacques Noiray, Henri Scepi et Paolo Tortonese.

25 *Ibid.*, p. 20.

« L'ALPHABET DU POSSIBLE »

Le possible et le pensable

L'EXCÈS DU POSSIBLE

Aborder le possible par sa signification épistémique[1], c'est-à-dire subjective (ce qui peut être vrai), c'est l'aborder par sa frontière intérieure. Car le possible, comme le prodige ou le monstre, est un « fait de frontière[2] ». Une formule remarquable de Hugo dans *Les Travailleurs de la mer*, que nous aurons l'occasion de commenter plus largement, évoque « la vaste ouverture du possible[3] », située à la frontière de la rêverie et du sommeil. Cette formule capitale peut s'entendre dans les deux sens, subjectif et objectif, du génitif : elle désigne l'*ouverture* de l'esprit rêveur ou voyant aux marges du réel, une fondamentale disposition conjecturale – celle de Gilliatt en l'occurrence, l'homme du songe – à voir la nature autrement, un peu bizarrement, ou de travers (ce qui est la définition même de la rêverie surnaturaliste selon Hugo) ; et elle désigne l'objet même, fuyant, indéterminé, de cette ouverture pensive, le possible, la nature *trop loin*, le monde parallèle de la nuit entr'aperçu à travers l'aquarium du songe. Elle définit à la fois ce qui ouvre l'esprit au-delà de ses propres limites rationnelles, et ce à quoi ouvre l'élargissement

1 Nous empruntons à Stéphane Chauvier (*Le Sens du possible*, Vrin, 2010) sa typologie commode : il distingue entre le possible *épistémique* (ce qui peut être vrai), le possible *ontique* (ce qui peut arriver), et ce qu'il appelle le possible *intrinsèque*, ou pur (le seul à être *absolu* : les deux autres sont *relatifs*, soit à la connaissance du sujet, soit au monde). La question du statut *ontologique* des possibles est envisagée à part (notamment p. 77-79 et p. 158 *sqq.*), selon une perspective constructiviste radicalement opposée à celle de Hugo, qui cède (fort heureusement) au travers « réaliste » dénoncé par l'auteur.

2 V. Hugo, *La Mer et le Vent, Critique*, *op. cit.*, p. 690.

3 V. Hugo, *Les Travailleurs de la mer*, David Charles éd., Librairie générale française, coll. Le livre de poche, 2002, I, i, 7, p. 155. Toutes nos références aux *Travailleurs de la mer* (abrégé en *TM)* sont tirées de cette édition.

salutaire de la courte vue habituelle. L'usage du substantif autorise ce glissement du sujet vers l'objet ; il suggère que le sens épistémique et le sens ontologique sont indissociables. Le possible est l'ouverture et l'objet de l'ouverture ; dans tous les cas, il recouvre une *limite*, limite de l'esprit, limite de la nature, et implique le franchissement de cette double limite intérieure et extérieure, ou plutôt la confrontation de cette limite, ou de cette mesure supposée, à ce qui la déborde.

Si l'on s'intéresse d'abord à la limite intérieure (épistémique) de l'esprit, il faut dire d'emblée que, à rebours de la tradition philosophique que nous venons de rappeler, le possible n'est aucunement assimilable au *pensable*, dans tous les textes de Hugo, assez nombreux, où la notion surgit sous sa forme substantivée. Le possible n'est pas le pensable ; il serait même plutôt ce qui fait exploser les limites de la pensée. Que le pensable soit défini selon son acception logique (le non-contradictoire), ou selon son acception « transcendantale » (les conditions de possibilité de l'expérience), le possible est précisément ce qui, du réel, excède la logique et la connaissance humaines, ce qui vient contredire l'identification absolue du réel et du connaissable, un excès, un excédent, un résidu irréductible, un horizon de sens inépuisable[4]. Pour le comprendre, il faut partir, nous semble-t-il, de la *disproportion* que nous avons évoquée d'emblée, et qui caractérise la situation de l'être-au-monde selon Hugo. Tous les grands textes des proses philosophiques font naître la pensée d'un sentiment d'horreur sacrée devant le vertige des deux infinis pascaliens, l'infiniment grand et l'infiniment petit, c'est-à-dire d'une expérience proprement sublime qui accable et exalte l'esprit en confrontant sa *mesure* à la *démesure* de l'infini. Il nous semble qu'on ne peut pénétrer au cœur de la philosophie et de l'esthétique de Hugo si

4 Là se situerait, notamment, l'écart entre le possible selon Hugo et le possible selon Leibniz, si proches puissent-ils paraître, par ailleurs, dans la quête commune d'une unité (d'une harmonie générale) compatible avec la multiplicité. Car, dans la perspective de Leibniz, un monde n'est possible que s'il est *pensable* ; l'inintelligible et l'impensable ne font pas monde, non plus que le chaotique ou le désordonné. Le monde possible doit satisfaire non seulement au *principe de contradiction*, mais encore au *principe de raison*, obéir à des lois (fussent-elles différentes de celles que nous connaissons), lois qui s'imposent *également* à l'homme et à Dieu (voir Paul Rateau, *op. cit.*, p. 67-68). C'est cet écart épistémologique entre le possible et le pensable – qu'on nous reprochera peut-être de trop accuser – qui explique l'éventuelle dérive baroque (euphorique ou dysphorique) de l'univers hugolien, et qui fait naître, chez Hugo comme chez ses héros visionnaires, une impression de vertige *tragique* devant la démesure de l'infini.

l'on ne prend en considération, comme une expérience originelle, ou comme une épreuve sacrée, le choc de la *mesure* (la *ratio*) et de la *démesure*, du fini et de l'infini. Autant dire que la pauvre subjectivité rationnelle est submergée : avant l'expérience de la compréhension, il y a celle de l'incompréhension (et de l'émerveillement) ; le non-savoir est le point de départ vertigineux du savoir ; les choses de l'infini, nous les comprenons moins qu'elles ne nous comprennent, au sens où nous sommes compris par elles, compris en elles.

On aura l'occasion de revenir sur la dimension ontologique de l'univers hugolien ; mais indiquons d'emblée à quel point, dans toutes les expériences métaphysiques que décrit Hugo, le sujet, loin d'être prioritaire, est jeté dans une sorte de réceptivité fascinée, dans un état d'horreur sacrée, sous la pression même de l'infini, ou, faut-il dire, de l'Être dans sa démesure : qu'on le veuille ou non, il y a cette *pression* et cette *présence*, ressenties par tous, même par les négateurs et les athées (de sorte que l'athéisme n'est pas seulement une absurdité, c'est une impossibilité) – pression et présence de la surnature dans la nature qui accable le païen d'une terreur panique continue. Dans un chapitre magnifique et central des *Travailleurs de la mer*[5], Hugo évoque l'effroi sacré éprouvé par Gilliatt solitaire au milieu du naufrage de l'ombre, ce « grandissement de l'âme par la stupeur[6] », ce phénomène proprement *sublime* qui saisit le songeur suprême dans la contemplation de l'abîme nocturne, analogue à l'abîme marin. Au commencement, l'effroi sacré : c'est-à-dire non pas la pleine maîtrise de l'activité intellectuelle, tant s'en faut, mais une forme de dessaisissement de soi vertigineux sous l'effet du saisissement cosmique. C'est cela que Hugo appelle la *pression* de l'ombre : « L'homme est là-dessous[7] », il est paradoxalement « écrasé par l'impalpable[8] », il subit ce qu'il ne comprend pas comme une « évidence noire[9] », extraordinaire oxymore. « On se sent pris. On est à la discrétion de cette ombre. Pas d'évasion possible. On se voit dans l'engrenage, on est partie intégrante d'un Tout ignoré, on sent l'inconnu qu'on a en soi fraterniser mystérieusement avec un inconnu qu'on a hors de soi[10]. » L'immanence, fût-elle

5 *TM*, II, II, 5, « *Sub umbrâ* », p. 453-460.
6 *Ibid.*, p. 455.
7 *Ibid.*, p. 457.
8 *Ibid.*, p. 458.
9 *Ibid.*, p. 458.
10 *Ibid.*, p. 459-460.

d'abord formidable comme ici, est aussi l'immanence du sujet au Tout : le moi n'est pas englobant, mais englobé ; il se sent participant ; il n'est original que s'il n'est pas originel. Épreuve vertigineuse du décentrement qui oblige, parallèlement, à décentrer le regard, et à tout voir, à se voir soi-même soudain *du point de vue cosmique.*

C'est dire que la logique humaine est d'un faible poids en comparaison du poids dont le Tout accable l'esprit. Hugo, dans le même texte, condense en une antithèse saisissante l'ambiguïté de l'*évidence noire*, sorte de certitude négative acquise sur la ruine de toutes les certitudes intellectuelles : « Partout l'incompréhensible ; nulle part l'inintelligible[11] ». Hugo maintient-il l'exigence d'une logique, d'un *logos*, d'un ordre, en dépit de sa conscience aiguë des limites de la connaissance humaine et de son sens du tragique, il convient de préciser aussitôt que cette logique n'est pas la nôtre : c'est celle de l'inconnu, la logique démesurée de Dieu ou de l'immanence, du prodigieux être cosmique, logique déroutante, parfois même désespérante, qui ne manque pas de contrarier et de contredire la logique humaine, comme l'action humaine, on le verra. Dans l'univers hugolien, le principe d'identité et le principe de non-contradiction (principes à la mesure de l'homme) n'ont pas cours, comme suffirait à le montrer la prolifération confondante des oxymores.

Or cette logique démesurée, qui excède la logique humaine, c'est elle que Hugo désigne sous le nom de *possible*, dans un passage de *Philosophie* écrit en réaction aux esprits matérialistes avides de supprimer ce qu'ils nomment improprement *surnaturalisme*, et d'amputer la nature de sa profondeur invisible ou de ses franges indéterminées :

> Qui donc a la science ? qui donc connaît les limites de l'Être ? [...] qui donc a relevé les frontières de l'Inconnu ? qui donc a catalogué la création ? [...] qui donc fixe le point où la nature cesse d'être [...]. *Surnaturalisme* ? qui donc peut dire : la réalité commence ici et finit là ? qui donc a *l'alphabet du possible* ? qui donc en peut écrire l'alpha ? qui donc en peut lire l'oméga[12] ?

Postuler l'existence d'un *alphabet du possible*, c'est à la fois postuler celle d'une logique, d'un *logos* de l'infini, et suggérer qu'une telle logique, si elle existe, est en partie ou entièrement inaccessible à l'intelligence humaine. Le possible n'est alors à comprendre ni comme le synonyme

11 *Ibid.*, p. 458.

12 *Philosophie, Critique*, *op. cit.*, p. 519-520. C'est moi qui souligne « l'alphabet du possible ».

de logique, ni comme le synonyme d'illogique ; mais comme une réserve de sens irréductible aux catégories rationnelles projetées sur les choses. Il est la limite supérieure qui outrepasse les limitations artificielles que les esprits positifs infligent à la nature dans leur rage de tout comprendre. Accordé à l'infini, le possible est bien l'alphabet dont seul Dieu détient la clé, le secret de celui qui est le secret. Et, dans la controverse qui oppose Hugo aux matérialistes athées négateurs de l'infini, affirmer le possible revient à rabaisser l'outrecuidante raison positiviste qui, dans sa suffisance, tend à prendre ses propres bornes pour celles de la nature.

Mais si le possible n'est pas le pensable au sens logique du terme, on dira volontiers qu'il ne le devient pas davantage une fois situé dans un cadre transcendantal. Car loin de s'y plier, il est plutôt le scandale qui contredit les conditions *a priori* de l'expérience. Sur la foi d'une note attestant, à tout le moins, une connaissance assez vague du système de Kant tirée d'un article de Marlet[13], on a pu trouver dans l'utilisation insistante du terme de *phénomène* par Hugo un écho de son sens kantien et post-kantien : selon Myriam Roman, auteur d'une thèse fondamentale, le terme de phénomène s'imposerait « pour signifier [...] que le monde intelligible demeure inaccessible, que l'homme ne peut saisir que ce qui est de l'ordre de l'apparaître (mais qui ne se confond pas avec l'apparence)[14] ». De sorte qu'il serait justifié d'assimiler la philosophie de Hugo à « un idéalisme, pour lequel la vérité et l'absolu sont indissociables du sujet qui les pense[15] ». Que la philosophie de Hugo incline vers une phénoménologie de l'*apparaître*, que l'immanence naturelle oppose à l'intelligence humaine un noyau de nuit infracassable, qu'en un sens Hugo soit tenté lui aussi de distinguer, dans l'esprit et non dans la lettre, entre *phénomène* et *noumène*, cela n'implique nullement qu'il souscrive à

13 Voir Y. Gohin, *op. cit.*, note 96, p. 51 : « [Kant] démontre que l'homme, étant le relatif, ne peut comprendre que le rapport. L'homme voit le phénomène à la surface de l'inconnu. Son œil ne va pas au-delà ; mais le phénomène résulte de l'inconnu. » (Hugo, *Post-scriptum de ma vie*, cité par Y. Gohin). L'article de Marlet, paru dans *L'Homme*, date du 24 janvier 1854.

14 Myriam Roman, *Victor Hugo et le roman philosophique. Du « drame dans les faits » au « drame dans les idées »*, Champion, 1999, p. 185.

15 *Ibid.* Sur les rapports du « *cogito* hugolien » avec le « *cogito* kantien », voir encore p. 678. Il faut préciser que l'analyse de Myriam Roman ne conclut pas sans nuances à leur identité : c'est sur le plan de la morale (celui de l'impératif catégorique, de l'absolu du *devoir*), plus que sur le plan de la connaissance, que la proximité lui semble la plus grande. Nous ne pouvons que renvoyer, globalement, à son livre irremplaçable.

une métaphysique de la représentation – laquelle suppose l'existence d'un face-à-face irréductible entre le sujet et l'objet, constitutif des notions mêmes, symétriques, d'objectivité et de subjectivité. Il nous semble, tout au contraire, que, s'il y a une pente de la philosophie pensive de Hugo, c'est bien celle qui tend à invalider la logique de la représentation et à nier jusqu'à la séparation même, imposée par l'intelligence, entre sujet et objet. Le face-à-face de la représentation est débordé en amont et en aval par la démesure du phénomène, au sens, non pas kantien, mais ordinaire, ou extraordinaire, de *prodige*. En aval, du côté du sujet de la connaissance : Hugo n'a cessé de dénoncer la dérive idéaliste de l'intelligence, dans l'esprit même de Jacobi[16] accusant le solipsisme fantomatique de Fichte d'être un nihilisme. C'est même là l'origine philosophique du terme (le *subjectivisme* est un *nihilisme*, ce que dit aussi Hugo, expressément). En aucun cas le sujet ne saurait être chez Hugo le foyer de la connaissance, alors qu'il n'est même pas, cet abîme, un centre pour lui-même ; loin de donner la priorité à l'activité constituante de l'esprit sur les choses, Hugo donne à lire constamment son dépassement, son débordement par l'excès du réel.

En amont, du côté de l'objet de la connaissance : car le phénomène, tel que l'entend Hugo, n'est précisément pas réductible au statut d'objet, mais le déborde et le fait éclater. Si connaître, au sens de Kant, c'est ne connaître du réel que ce que l'esprit peut en extraire sous forme d'objet pour un sujet, et donc ne saisir du réel que ce qui se laisse prendre, plus que comprendre, dans les rets de l'intelligence, ce qui se laisse *réduire* par elle au rang d'objet, rien n'est plus opposé au sens hugolien de la démesure naturelle que cet effort de réduction, fût-il accompagné de la conscience lucide de son impuissance à *tout* embrasser. Un philosophe contemporain, Jean-Luc Marion[17], a précisément cherché à décrire l'essence de la manifestation (et notamment celle des phénomènes qu'il nomme « saturés » : l'idole, l'icône, la chair et l'événement) en dehors du schéma kantien d'une phénoménalité conditionnelle, dans une perspective

16 Jacobi, *Lettre sur le nihilisme* (1799), Flammarion, coll. GF, 2009.

17 Jean-Luc Marion, *Certitudes négatives*, Grasset, 2010, notamment chap. II, p. 105-137. Voir également son livre récent d'entretiens, *La Rigueur des choses*, Flammarion, 2012, p. 270 *sqq.* (sur le possible et le pensable) ; *Dieu sans l'être* (1991), Presses universitaires de France, coll. Quadrige, 2002 ; *Étant donné* (1997), Presses universitaires de France, coll. Quadrige, 2005 ; *De surcroît* (2001), Presses universitaires de France, coll. Quadrige, 2010.

assez voisine, nous semble-t-il, de celle de Hugo (avec qui il partage l'orientation sous-jacente vers une théologie négative). Car, en dépit de divergences décisives, il s'agit aussi pour lui d'affirmer l'irréductibilité de l'infini au fini, et donc celle du phénomène à la condition d'*objet*. Sans doute est-il vrai de dire, à propos de Hugo, qu'il n'y a d'important que ce qui *advient*, que ce qui se montre de soi-même, depuis l'infini. Jean-Luc Marion propose une analyse remarquable de la phénoménalité imprévisible, et irréductible, de l'*événement*, toujours paradoxal – susceptible d'éclairer la priorité accordée par Hugo lui-même aux surprises, aux coups de théâtres de la *manifestation*. Fondamentalement, Hugo développe dans son œuvre romanesque une approche *phénoménologique*, sensible à ce qui apparaît et à ce qui transparaît : le couple fondamental est celui de l'*apparence* et de l'*apparition*. Approche phénoménologique privilégiée dans la mesure même où il ne saurait y avoir, comme l'affirme également Merleau-Ponty de son côté, dans une perspective différente, d'ontologie directe, mais seulement *indirecte*[18] : sans cesse l'Être, qui n'est pas pure plénitude, mais déhiscence, se montre et se cache, se voile et se dévoile dans les manifestations opaques ou transparentes de la nature.

En outre, comme l'affirme avec force l'auteur de *Certitudes négatives*, le propre de ce qui apparaît au sujet est précisément de devancer son regard et son attente, de *s'imposer* à lui, au lieu de se laisser configurer par lui, selon les catégories *a priori* de la raison. Autrement dit, le phénomène véritable est celui qui *excède*, par son énormité, les conditions de possibilité *a priori* de l'expérience, censées fixer son droit à l'*existence*, tout en rejetant dans une zone de non-droit toute une partie essentielle du réel, la plus riche peut-être : l'inobjectivable, l'indéfini, l'imaginaire.

Dès lors, comme y invite J.-L. Marion, il convient de renverser le sens du possible ou plutôt de souligner son essentielle réversibilité : ce qui est le *possible pour nous*, c'est-à-dire le pensable pour nous, n'est jamais que l'avers de ce qui est *impossible pour nous*, et possible pour Dieu (à qui rien n'est impossible). L'impossible définit la limite qui sépare l'homme de Dieu. Il n'apparaît qu'aux confins de notre finitude, de notre région, « petit canton étroit du possible enveloppé et submergé par l'espace

18 Voir le livre capital d'A. Dufourcq, *Merleau-Ponty : une ontologie de l'imaginaire*, Springer, coll. Phænomenologica, 2012, notamment p. 379 *sqq.* : parce qu'il ne saurait y avoir d'accès direct à l'Être, l'orientation ontologique du dernier Merleau-Ponty ne s'oppose nullement à l'approche phénoménologique initialement embrassée.

infini d'un autre possible inconnu[19] », que nous nommons l'impossible faute de pouvoir le comprendre. Sous le titre négatif de l'impossible se profile en fait un « résidu de l'excès du possible[20] », selon l'heureuse formule de J.-L. Marion, qui nous paraît trouver un écho chez Hugo.

Car le substantif possible désigne moins en effet chez lui ce qui se plie aux conditions de possibilité de la raison que l'excès (*l'excès de possible*) qui les déjoue : loin d'être assimilable au concevable, il s'offre plutôt comme ce qui outrepasse la faible capacité de l'esprit, ce qui est impossible pour nous, mais possible selon la démesure de la nature infinie. Dans l'univers hugolien également, le sens de possible est réversible : le possible n'est pas le possible pour nous, mais le possible pour Dieu, ou pour la logique mystérieuse de l'immanence. La notion oblige à un renversement de perspective : c'est l'incommensurabilité de l'infini que le possible est chargé d'exprimer, et non la réduction de la nature à l'état d'objet connaissable et maîtrisable. Le possible, c'est en fait l'autre nom de l'impossible ; il faudrait imaginer un mot valise, comme le suggère J.-L. Marion[21] : l'*(im)possible*, pour définir l'ouverture de l'esprit au-delà de ses propres limites, et l'urgence de la confrontation entre la faible mesure humaine et la démesure écrasante de l'infini. Ainsi, Hugo n'hésite pas à faire jouer la relativité des notions l'une par rapport à l'autre, en rappelant par exemple, dans *Promontorium somnii*, que l'impossible d'aujourd'hui fut le possible d'autrefois (les monstres fabuleux sont expliqués par les monstres antédiluviens, dûment attestés par la science)[22], ou encore en déclarant, dans le texte sur *Le Goût* (1863), qu'en poésie – parce qu'elle est apparentée à l'infini – « le prodige est de droit » : « Il y a un impossible qui est le possible de l'art[23] », le possible de l'art béant à tout l'(im)possible… Formule centrale qui vient confirmer le renversement de perspective vertigineux auquel invite la poétique hugolienne de la démesure.

Et que vient confirmer en retour le contexte polémique où s'inscrit l'émergence de la notion de possible dans les textes philosophiques de l'exil. Dans la *Préface de mes œuvres*, en un passage saisissant, Hugo

19 J.-L. Marion, *Certitudes négatives*, *op. cit.*, p. 107.

20 *Ibid.*

21 *Ibid.*, p. 119.

22 V. Hugo, *Le Promontoire du songe*, *op. cit.*, p. 97 : « L'impossible d'aujourd'hui a été le possible d'autrefois ». Les fossiles témoignent en faveur de l'existence du « fabuleux ».

23 *Le Goût*, *Critique*, *op. cit.*, p. 569.

renvoie dos à dos la religion et la science comme deux formes d'idolâtrie symétriques. D'un côté, la tendance idolâtre de la religion à imposer des bornes au Tout incommensurable, à « finir Dieu[24] » par peur de l'infini (« Les religions, c'est Dieu donné à l'homme par bouchées[25] »), à vouloir réduire à des formes commodes (imposées par les dogmes) ce qui se dérobe, selon le déisme hugolien, à toute forme connue. De l'autre, l'attitude exactement symétrique dans le nihilisme : la tendance tout aussi idolâtre à réduire l'invisible au visible, qui est celle de la science, dès lors que, dans son positivisme triomphant, elle se barricade contre la nature par crainte de l'illimité. Les deux attitudes sont également négatrices de l'infini, fermées à l'« appel[26] » de l'infini, également portées par une soif d'assurance, de sécurité, de confort intellectuel et moral, rempart dogmatique ou scientifique dressé contre le danger de la démesure : c'est bien ramener l'aveugle arrogance de la science, par une manière de généalogie, à ce qui veut en elle, à la morale rationaliste de la vérité dont l'ambition est moins de connaître le réel que de le maîtriser et de le rendre malléable. « Chose bizarre, conclut Hugo, l'idolâtrie et le nihilisme s'entendent sur un point, la limitation de la nature[27] ». Paradoxe profond, qui non seulement suggère l'équivalence secrète des postulations contraires, mais l'équivalence du positivisme même avec une forme, non pas radicale, mais relative de nihilisme : il ne s'agit certes pas d'affirmer qu'il n'y a rien, mais qu'il n'y a rien que ce que la raison est à même de comprendre dans ses catégories *a priori*. Manière d'amputer le réel de toute sa dimension invisible, mais aussi de ses marges indéterminées, dont l'horizon fuyant est dessiné par la notion de possible. Car le positivisme n'a pas seulement le tort de réduire le réel en réduisant l'invisible au visible, mais également celui de nier l'existence du *possible* au nom de la suprématie du *fait* constaté et objectif. La réduction de l'inconnu au connu comprend la double négation de l'*invisible* et du *possible* (actuel ou futur). Il faut faire correspondre au couple de l'invisible et du visible celui du *possible* et du *fait* pour saisir pleinement la force polémique de la notion de possible, dirigée contre la tentation annexionniste de la raison.

24 *Préface de mes œuvres, Critique*, *op. cit.*, p. 700.

25 *Ibid.*, p. 701.

26 *Ibid.*, p. 702 : « L'âme de l'homme est une inquiétude ; l'infini hors de l'homme est un appel. »

27 *Ibid.*, p. 699.

Lorsque Hugo accuse le positivisme de vouloir, comme l'idolâtrie, « tout voir et tout palper[28] », il ne se contente pas de lui reprocher de masquer l'Inconnu, mais de prétendre qu'« en se bandant les yeux devant l'Inconnu » pour ne pas le voir, il pourrait finir par le « supprim[er][29] ». C'est bien dénoncer dans l'arrogance de la raison une conduite d'aveuglement. Une véritable illusion puérile de l'esprit fasciné par le miroir de sa propre idole, mais qui n'affecte pas le réel. À quoi avons-nous affaire ici, sinon à une forme de narcissisme, d'auto-idolâtrie de la raison, comme dirait Flaubert ? Elle consiste à croire que l'existence même des choses dépend des configurations de l'intelligence, qu'il suffit à l'intelligence de se les rendre possibles pour les faire exister. Réciproquement, elle consiste à tracer une ligne de partage entre l'existant et l'inexistant, le possible et l'impossible, en rejetant dans l'irréalité (comme une chimère ou une superstition délirante) ce qui ne se laisse ni mesurer, ni démontrer, ni objectiver par les procédures de la connaissance. À moins qu'elle n'ignore tout bonnement, dans sa suffisance orgueilleuse et aveugle, ce qui excède le champ restreint de son rayon visuel.

Que n'existe que ce qui est visible, et palpable, et factuel, c'est-à-dire démontrable, c'est précisément ce qu'est chargé de démentir la notion de possible, en ouvrant l'esprit à la reconnaissance de « l'inexistant » ou de « l'irréel ». Le possible, c'est l'inclusion de « l'irréel » dans le réel. Hugo énumère tous les phénomènes négligés par la myopie de la science au nom du fait, et rejetés sans discernement dans le camp honni des superstitions : le magnétisme, les tables tournantes, le somnambulisme, etc., tous prodiges indémontrables et incontestables à la fois[30]. Ce qu'il dénonce ainsi, c'est bien la bêtise de la science, de la science des Lumières, dans sa disposition railleuse et soupçonneuse à exclure du champ du réel ce qui excède sa propre compréhension immédiate : « un savant qui rit du possible est bien près d'être un idiot[31] ». Comme dirait Flaubert, l'idiotie consiste à conclure, à avoir conclu *par avance*, à avoir fermé par avance la porte à l'*inattendu*. Or, qu'est-ce que le *possible*, sinon « l'inattendu » qui « doit toujours être attendu par la science[32] » ?

28 *Ibid.*, p. 704.
29 *Ibid.*
30 *Ibid.*, p. 704-705.
31 *William Shakespeare, Critique*, *op. cit.*, p. 262.
32 *Ibid.*

« De ce qu'un fait vous semble étrange, vous concluez qu'il n'est pas. C'est hardi[33]. », proteste de même Hugo contre l'étrange défiance *a priori* de la raison. Pour lui, à l'inverse, si rien ne *doit* être nié *a priori*, c'est qu'il n'y a que des faits étranges, des prodiges dans la nature (la science « va d'une merveille à l'autre[34] »), et surtout que rien ne *peut* être nié *a priori*. Une formule saisissante de *La Mer et le Vent* oppose à la force de négation du positivisme une force d'affirmation irréductible : « Dans la création, qui est notre enveloppe et qui est notre pénétration, rien, excepté l'absurde, excepté ce qui se suicide, ne peut être nié *a priori*. L'incompréhensible prend trop de place pour qu'il en reste à l'improbable[35]. » Rien ne peut être nié dans la création, si ce n'est le *rien*, l'absurde, ce qui n'a pas de sens, ce qui nie ou qui se nie lui-même dans le suicide. L'hostilité profonde de Hugo au nihilisme moderne (et à son frère, le positivisme étroit) aide à prendre toute la mesure, par contraste, de la puissance d'affirmation, à la fois prudente et résolue, que renferme la notion de possible dans un tel contexte : « ce qu'on ne peut nier *a priori* », c'est la définition en creux du possible. On voit à quel point la signification épistémique du possible est indissociable d'une ontologie et combien il peut paraître artificiel de les séparer dans l'étude. Mais on se bornera pour l'heure à faire remarquer que, dans un premier sens, le possible définit le contraire exact de l'attitude positiviste : au lieu de conclure de l'inconnaissable à l'inexistence par une attitude de défiance, Hugo invite la science à une sorte de foi implicite dans la richesse du réel en possibles insoupçonnés – en vertu du principe fondamental que la nature excède de beaucoup ce que nous en connaissons actuellement, mais aussi sans doute ce que nous en connaîtrons jamais. À l'opposé de la *clôture* de l'esprit qui définit le positivisme, il promeut l'*ouverture* : l'ouverture du possible, comme l'ouverture au possible.

33 *Préface de mes œuvres, Critique, op. cit.*, p. 704.
34 *Ibid.*
35 *La Mer et le Vent, Critique, op. cit.*, p. 691.

« L'ÉTENDUE DU POSSIBLE » : POSSIBLE ET CONJECTURE

C'est alors tout le champ de la *conjecture* qui s'ouvre à la science, dès lors qu'elle accepte de s'allier au songe, comme le recommande Hugo dans les mêmes textes décisifs. Hugo reproche à « la science académique et officielle » de rejeter en bloc, sous le nom de surnaturalisme, « toute la partie de la nature qui ne tombe pas sous nos sens » et « déconcerte l'observation[36] ». Mais le surnaturalisme est une notion vide de sens : « Il n'y a pas de surnaturalisme. Il n'y a que la nature[37] ». La nature *trop loin*[38], qui s'enfonce au-delà de ses limites visibles et connaissables, dans ce que Hugo appelle ailleurs les « profondeurs du possible[39] », accessibles non au « court regard terrestre[40] », mais à l'imagination et à l'intuition, ces deux facultés surnaturalistes. À rebours des contemporains qui lui ont fait grief de *manquer de goût dans les découvertes*, comme on a pu accuser Shakespeare de manquer de goût dans ses œuvres, Hugo loue Leuwenhoëck d'avoir allongé le microscope par l'hypothèse, cette « forme ailée de la logique[41] », et su conjuguer l'observation et l'intuition dans l'ouverture à la *totalité* de la nature : « La supposition, c'est-à-dire l'ascension à l'étage invisible, tente les grands esprits calculateurs comme les grands esprits lyriques. Le levier de la conjecture peut seul remuer *cet incommensurable monde, le possible.* À la condition, il est vrai, d'avoir ce point d'appui, le fait[42]. » Hugo ne distingue pas entre les génies : le grand esprit calculateur et le grand esprit lyrique, comme Shakespeare, et comme Hugo lui-même, se rejoignent dans le maniement de l'hypothèse. La faute de goût esthétique est une faute contre la démesure et non contre la mesure. Le possible

36 *Préface de mes œuvres*, *op. cit.*, p. 703.

37 *Ibid.*

38 *Ibid.*, p. 699 : « Le surnaturalisme, c'est la nature trop loin. » Sur le naturalisme hugolien, voir la mise au point complète et nuancée de Myriam Roman, *op. cit.*, Ière partie, Livre II, chap. 2, p. 178-197.

39 *Philosophie*, *op. cit.*, p. 515.

40 *Préface de mes œuvres*, *op. cit.*, p. 703.

41 *Philosophie*, *op. cit.*, 515.

42 *Ibid.*, p. 707. C'est moi qui souligne. Sur la complémentarité de la raison et du songe dans la science, voir l'article de Pierre Albouy, « Raison et science chez Victor Hugo », *Mythographies*, Corti, 1976, p. 107-109 notamment.

excède les limites du « réel ». L'*incommensurable monde du possible* est alors ce à quoi ouvre le possible comme disposition conjecturale[43].

Sans cesse Hugo relie la notion de possible substantivé à la promotion fondamentale de l'hypothèse. Passe-t-on de l'observation scientifique, élargie par l'intuition, à la « méditation religieuse », où la pensée est augmentée par le songe, on retrouve l'alliance de la conjecture et du possible. Qui s'efforce de jeter la sonde dans la profondeur de l'abîme et de percer à jour le grand mystère de la production des âmes, celle des génies surhumains, qui « regarde trop longtemps dans cette horreur sacrée sent l'immensité lui monter à la tête[44] » :

> Les conjectures tremblent, les doctrines frissonnent, les hypothèses flottent ; toute la philosophie humaine vacille à un souffle sombre devant cette ouverture.
>
> *L'étendue du possible* est en quelque sorte sous vos yeux. Le rêve qu'on a en soi, on le retrouve hors de soi. Tout est indistinct. Des blancheurs confuses se meuvent. Sont-ce des âmes ? On aperçoit dans les profondeurs des passages d'archanges vagues, sera-ce un jour des hommes ? Vous vous prenez la tête dans les mains, vous tâchez de voir et de savoir. Vous êtes à la fenêtre dans l'inconnu[45].

Magnifique « ouverture » sur « l'étendue du possible » que celle qui s'offre au regard visionnaire du Prophète, capable de « distinguer dans ce crépuscule assez de la vie antérieure et assez de la vie ultérieure » pour relier « ces deux bouts de fil sombre[46] » et y nouer son âme. Dans cet exemple, comme dans les précédents, le possible est à la fois le sujet et l'objet de l'ouverture ; l'effort de l'esprit pour se hisser sur l'« effrayant

---

43 Dans son grand article sur Hugo (« Réflexions sur quelques-uns de mes contemporains : Victor Hugo »), d'abord paru dans la *Revue fantaisiste* du 15 juin 1861 (Ch. Baudelaire, *Œuvres complètes*, éd. Cl. Pichois, Gallimard, coll. Bibliothèque de la Pléiade, 1976, t. II, p. 138-139), Baudelaire a consacré des pages remarquables à la tendance du poète à « laiss[er] errer sa pensée dans un dédale enivrant de conjectures », exploitant les « vastes lacunes » de la science, tout en évitant l'écueil du didactisme : « En décrivant ce qui est, le poète se dégrade et descend au rang de professeur ; *en racontant le possible*, il reste fidèle à sa fonction ; il est une âme collective qui interroge, qui pleure, qui espère, et qui devine quelquefois. » (p. 139, c'est moi qui souligne). En opposant la description de ce qui est et le récit du possible, et en associant plus largement *conjecture* et *possible*, Baudelaire doit sans doute moins à la *Poétique* d'Aristote (à la distinction célèbre entre histoire et poésie) qu'à la poétique et à la métaphysique de Hugo lui-même, dont il reprend ou retrouve spontanément le vocabulaire.

44 *William Shakespeare*, *op. cit.*, p. 331.

45 *Ibid.* C'est moi qui souligne.

46 *Ibid.*, p. 332.

promontoire de la pensée[47] », sur le Pathmos que tout homme a en soi, et ce qui se profile à « l'horizon crépusculaire de la conjecture[48] », l'espace flottant traversé de blancheurs confuses et de présences ébauchées – répondant céleste de celui, infernal, qui s'entrevoit à travers, non la fenêtre de l'inconnu, mais « l'aquarium de la nuit[49] », dans un passage des *Travailleurs de la mer* que nous commenterons. Sans qu'il soit possible de distinguer entre l'intérieur et l'extérieur, entre le rêve qu'on a « en soi » et celui qu'on a et qu'on voit « hors de soi », ce qui se dessine alors confusément dans l'ombre, ce n'est pas seulement le reflet de notre vision intérieure, mais l'ouverture, le déploiement indécis d'un monde frontalier, l'*incommensurable monde* du possible. Comme si le possible spatialisé renvoyait aussi à une région ignorée du réel, à l'envers nocturne du cosmos, ou à ce qui s'ébauche, non pas seulement en notre songe, mais dans le songe immense de l'abîme, à la source de la secrète et fiévreuse genèse des âmes et des choses, au cœur du mystère de la création continuée. C'est une autre dimension, cosmologique et ontologique, du possible qui s'esquisse donc ici, dans l'espace ouvert du songe (nous y reviendrons). Retenons seulement, pour le moment, l'idée même de l'ouverture, ouverture proprement cosmique au-delà des limites du moi, emblématisée par l'image finale de la fenêtre ouverte sur le « précipice[50] » du possible, pour reprendre une autre métaphore de Hugo.

Qu'est-ce en effet que « le possible », selon l'extraordinaire définition qu'en donne Hugo, à propos des deux génies fraternels de Shakespeare et de Dante, également éclairés par « la sombre réverbération des hypothèses », sinon la « fenêtre du rêve ouverte sur le réel[51] » ? Définition d'autant plus saisissante qu'elle opère un renversement paradoxal entre le rêve et le réel. On aurait pu s'attendre à lire : l'ouverture du réel sur le rêve ; mais c'est l'inverse qu'accomplit le possible : l'ouverture du rêve sur le réel. Premier paradoxe redoublé par un autre : d'une part, le possible et le réel ne s'opposent pas ; le possible n'est pas l'irréel, mais l'ouverture sur le réel, et l'ouverture du réel en-deçà ou au-delà de

47 *Ibid.*

48 *William Shakespeare*, *op. cit.*, p. 283.

49 *TM*, I, I, 7, p. 156.

50 *Philosophie*, *op. cit.*, p. 510 : « L'intuition ouvre ses ailes et s'envole et plane majestueusement au-dessus de ce précipice, le possible. »

51 *William Shakespeare*, *op. cit.*, p. 283.

lui-même. Mais on ne saurait davantage opposer le rêve et le réel. C'est le cas de dire, avec Baudelaire, que l'imagination n'est pas la faculté de l'irréel, mais celle du possible. La puissance heuristique du possible fait de la vision une apocalypse réelle. On sait du reste que Hugo ne sépare pas la pensée et le songe : « Songer, c'est penser çà et là. *Passim*[52] », selon la formule profonde, souvent citée, de *William Shakespeare*. Le songe, dans sa force conjecturale, n'est autre que la pensée au-delà de la pensée, la pensée dilatée, à l'état de nébuleuse, la pensée indéterminée de l'indéterminé, « l'enfoncement *possible* de la pensée dans tous les sens au-delà de tout[53] », pour citer une autre formule suggestive, tirée cette fois de *Philosophie*, où resurgit le possible sous une forme adjectivale, dans un emploi ambigu qui combine les deux sens de capacité (ce que peut la pensée) et d'indétermination (sa dilatation conjecturale dans l'infini).

« Fenêtre du rêve ouverte sur le réel » : ainsi pourrait être présentée, dans le même sens, la « maison visionnée » des *Travailleurs de la mer*[54], avec ses deux fenêtres ouvertes sur la nuit et le songe, plus farouches que les fenêtres murées. Autour de cette maison à demi aveugle, hantée par les superstitions populaires, située sur un promontoire (le promontoire du songe) surplombant la mer, Hugo développe un véritable discours de la méthode phénoménologique. C'est que ce texte, qui comprend sont propre commentaire réflexif, recouvre un enjeu philosophique essentiel : la superstition populaire fait l'objet d'une forme de réduction critique qui met à nu le phénomène dans son étrangeté première et irrécusable. De sorte que, loin d'être infirmée par le déisme ironique de Hugo, la superstition trouve ici paradoxalement un fondement et une confirmation partielle dans la « vérité de rêverie[55] » qui se dégage des choses, et qui, pour évanescente et impalpable qu'elle soit aux yeux de la science, n'en est pas moins réelle. Aussi Hugo adopte-t-il à dessein la position du témoin extérieur, ni crédule, ni incrédule *a priori*, intermédiaire entre la bêtise de la superstition et celle de la science la plus positiviste, ouvert à ce qui *émane* de la réalité énigmatique, à ce qui, dans la réalité même, redouble les choses par leur simulacre. Il y a un tremblement visionnaire des choses, il suffit d'être là pour le subir comme une « évidence noire ».

52 *Ibid.*, p. 330.
53 *Philosophie*, *op. cit.*, p. 489. C'est moi qui souligne.
54 *TM*, I, v, 4, p. 250-253.
55 *William Shakespeare*, *op. cit.*, p. 306.

Hugo commence dès lors par enraciner la vision dans le réel, en établissant le constat positif du mystère et de son caractère irréductible. Hantée ou non, la « maison visionnée » n'en est pas moins réellement « étrange[56] », concède-t-il d'emblée ; qu'on le veuille ou non, elle ne peut être dissociée du halo de rêverie conjecturale qui l'enveloppe, et que le texte justifie par une sorte de présence paradoxale de l'impalpable. Dans son impartialité, le témoin fait également droit aux explications rationnelles des « positifs » pour dissiper l'absurde légende populaire ; mais, si fondées soient-elles, elles ne sauraient suffire à réduire le mystère. Il reste un résidu irréductible : « Les crédules ont tort, sans doute, mais à coup sûr les positifs n'ont pas raison. Le problème persiste[57]. » On se tromperait si l'on croyait que les crédules et les positifs sont rejetés ici dos à dos par un Hugo sceptique. L'égalité n'est qu'apparente entre les arguments contraires ; la pure isosthénie se trouve subtilement infléchie vers l'affirmation du mystère. Et Hugo finit par donner raison à la superstition dans son intuition, fût-elle déformante, des franges invisibles du réel – non sans l'avoir longuement brocardée, dans les chapitres précédents, où il épousait ironiquement le point de vue de la rumeur superstitieuse et populaire sur le solitaire Gilliatt, suspect de sorcellerie. C'est que, comme il l'affirme avec force, « la croyance populaire » est « à la fois *stupide* et *profonde*[58] » : stupide par la forme dérisoire et réductrice qu'elle impose aux manifestations du possible, mais profonde, c'est-à-dire vraie, comme *traduction* des « sombres intimités[59] » réelles, constatées, de cette demeure avec la nuit. La superstition n'a pas tort ; elle voit ce qu'on ne voit pas : il y a bien *quelque chose* qui transpire de cette maison dite « visionnée », une réalité visionnaire au-delà de la réalité factuelle, une « vague présence du possible[60] », de même nature que celle qui produit les religions, et que seule la rêverie peut percevoir.

La conclusion de cette méditation nuancée, sous-tendue par une profession de foi antipositiviste, qu'est-ce d'autre que la reconnaissance de la *vérité* et de la *logique* de la rêverie ? Vérité et logique de la rêverie que vient à nouveau traduire ici la notion de *possible* : « On se demande,

56 *TM*, p. 250.
57 *Ibid.*, p. 253.
58 *TM*, p. 252. C'est moi qui souligne.
59 *Ibid.*
60 *Philosophie*, *op. cit.*, p. 492 : « La vague présence du possible crée les religions. » Et les superstitions.

la rêverie ayant sa logique et le possible ayant sa pente, ce que devient cette maison entre le crépuscule du soir et le crépuscule du matin[61]. » Hugo fait se croiser la rêverie et le possible en un chiasme significatif : loin de s'opposer, le songe et la logique échangent leurs qualités apparemment contradictoires. Ce sont l'irrationalité superstitieuse et son pendant, l'irrationalité superstitieuse du rationalisme (autre forme de croyance symétrique), qui ont le tort de les séparer. Au contraire, Hugo conjoint la *pente de la rêverie* et la *logique du possible* : à ses yeux, la rêverie n'est ni irréelle, ni irrationnelle, on l'a dit ; elle prolonge la pensée au-delà de ses limites ; elle a *sa logique*, celle-là même du possible et de la conjecture. Aussi le texte entier s'offre-t-il comme une succession de questions faites au réel. Dans l'élan même de l'interrogation inquiète, suscitée par la pression du numineux, Hugo relaie les « questions de la raison » par les « questions de la rêverie[62] », qui vont au-delà et plus loin. C'est bien la pente du possible qu'épouse ici la rêverie conjecturale. Et, au milieu de l'horreur sacrée, au cœur du « mystère des heures noires[63] », celle-ci finit par s'aventurer – ultime hypothèse – jusqu'à la limite où voisinent et se touchent les mondes de la veille et de la nuit, en une solennelle et visionnaire approche de l'ombre. Bientôt, les pêcheurs rentreront, le plein de l'obscurité se fera dans la solitude absolue, et « ces deux fenêtres seront là, béantes[64] » – *béantes* comme le réel lui-même, et comme l'art selon Hugo, au *possible* : aux obscures visitations du songe et – qui sait ? – à la dissémination nocturne de la vie extrahumaine par delà la frontière crépusculaire de la vie et de la mort.

« Soyons [donc] respectueux devant le possible, dont nul ne sait la limite[65] », recommande Hugo dans *William Shakespeare*. Formule à la fois solennelle et prudente. Solennelle, car au respect du possible est attaché quelque chose de religieux : le sens de l'infini qui manque tant à la science, ou à une certaine science étroitement positive, comme du reste à la religion corsetée par les dogmes. Mais aussi prudente, car, loin de prétendre réduire la frange indéterminée du réel, son horizon indéfini, elle voue le sujet de la connaissance aux tâtonnements et aux errances d'une *phénoménologie de l'incertitude*.

61 *TM*, p. 252. C'est moi qui souligne.
62 *Ibid.*, p. 251.
63 *Ibid.*, p. 252.
64 *Ibid.*
65 *William Shakespeare*, *op. cit.*, p. 263.

L'ARABESQUE DU POSSIBLE : POSSIBLE ET MORALE

Le possible ne se borne pas à bousculer les certitudes rationnelles ; il provoque aussi le vacillement vertigineux des certitudes *morales*. C'est un tel vacillement des catégories et des repères moraux qu'exprime la méditation anxieuse sur l'énigme du mal, menée dans un passage supprimé de *La Mer et le Vent*, en complément du grand texte des *Travailleurs de la mer*[66] où surgit le problème métaphysique du monstre (la pieuvre) comme un scandale peut-être irréductible. Il faudrait étudier les deux passages en miroir, tant ils se répondent et constituent un commentaire explicite l'un de l'autre. Toujours revient à l'esprit du songeur pensif la grande interrogation sur l'abîme du mal, sous-tendue par un sens aigu du tragique bien propre à démentir un optimisme plus bruyant, mais peut-être plus superficiel. Comment expliquer les « coups d'état de l'irresponsable[67] », les cataclysmes, les fléaux, les bêtes fléaux, l'existence en chair et en os des créatures d'effroi qui, comme la pieuvre, ne *devraient* pas exister, la présence obstinée et méchante, radicalement haineuse, des monstres dont la création est pleine ? La réponse à cette interrogation angoissée varie d'un texte à l'autre, selon le degré d'effroi qui l'inspire, et ne se fige jamais en une position dogmatique. La réponse, c'est qu'il n'y a pas de réponse, ou pas de réponse univoque. Le « pourquoi » de l'Inconnu « nous déborde[68] », ses réussites dans l'effroi comme dans la splendeur nous accablent et nous plongent dans un état d'horreur sacrée qui est à la fois la fin et le commencement de la pensée.

Aussi, dans le passage de *La Mer et le Vent*, est-ce à l'énigme de la nature elle-même – « toute en doubles-fonds[69] », dédaléenne comme la grotte visitée par Gilliatt, fondamentalement suspecte et donc soupçonnée du pire – qu'est renvoyée celle du mal. C'est peu dire que Hugo situe sa réflexion hors de tout cadre étroitement positif : il rétablit la priorité de l'interrogation métaphysique en posant explicitement la question

66 *TM*, II, IV, 2.
67 *La Mer et le Vent*, *op. cit.*, p. 689.
68 *Ibid.*, p. 690.
69 *Ibid.*, p. 689.

des *causes finales* écartée par la doctrine positiviste la plus cabrée contre l'infini. Quel est le but ? Quelle est la finalité du mal ? Est-il voué à s'absorber dans le Bien comme la partie dans le Tout ? Mais cela ne veut pas dire pour autant que ces causes finales, si elles existent, puissent être connues ; tout au contraire, elles se dérobent à notre intelligence en raison même du caractère démesuré de la nature, qui obéit à une tout autre logique que la nôtre : « Un seul être sait le secret, c'est celui-là même qui est le secret[70] ». Dans cette perspective, l'ordre, la logique de la nature ne sont pas niés *a priori* ; un certain optimisme prudent préserve la foi dans l'unité et l'harmonie globales, fussent-elles sérieusement ébranlées par de très fortes dissonances, difficilement réductibles. Mais, cette logique démesurée de l'immanence, comment la justifier, sinon en affirmant qu'elle est vouée à rester incompréhensible pour l'esprit borné qui s'interroge sur l'énigmatique scandale du mal ? Il ne s'agit pas de nier le mal, ni de l'expliquer, sinon comme inexplicable, en confrontant la mesure humaine à la démesure de l'infini. Autrement dit, c'est à une forme de *sublime* accablant qu'expose la méditation vertigineuse sur les moyens et les fins de la nature. Effet sublime qui naît précisément de la friction entre la démesure du possible pour Dieu (impossible pour nous) et la mesure du possible pour nous. On ne s'étonnera donc pas de voir resurgir la notion de possible dans le contexte de cette interrogation métaphysique, non sur ce que peut l'homme, mais sur son impuissance à prévoir et même à comprendre ce que *peut* et ce que *veut* la nature :

> Depuis qu'il y a sur la terre des vivants pensifs, la nature est épiée par des regards inquiets, quelquefois même par des regards de travers. *Transversa tuentibus.* Elle est suspecte, aux yeux de l'ascète, d'orgie ; aux yeux du savant, d'illusion ; aux yeux du philosophe, de mal pour le bien. Pour l'un elle est libertine, pour l'autre menteuse, pour l'autre féroce. Elle n'est rien de tout cela. Seulement, elle a ce qui nous manque, le temps et l'espace. Rien ne la presse et rien ne la borne. Sa ligne n'est pas droite et nous échappe. Elle prend pour arriver à son but le détour de l'infini.
>
> *Elle serpente dans un possible qui n'est pas le nôtre.* N'ayant point notre limite, elle n'a point notre morale. Elle serait le monstre, si elle n'était la merveille. Pour elle, [...] la fin justifie les moyens. L'absolu seul a ce droit. Probablement, qui est sans mesure, peut être sans scrupule. De là les cataclysmes, ces coups d'état de l'irresponsable[71].

70 *Ibid.*

71 *Ibid.* C'est moi qui souligne.

Disons d'emblée, pour éviter toute équivoque, que le possible évoqué ici ne saurait être confondu avec la conception tout intellectuelle qu'en a formée Leibniz, bien que la tentation soit grande de l'y rapporter. Car le possible en question, étrangement quantifié par l'indéfini, n'existe pas seulement dans l'empyrée abstrait de l'entendement divin, à titre de réalité essentielle ; il est une dimension du monde où nous sommes, une dimension *existante*, actuelle, et même une dimension de notre coexistence avec le Tout. Il a beau être possible, et comme tel hors d'atteinte, il n'en est pas moins réel. Il est le réel dans la mesure où le réel ne se réduit pas à ce que nous en concevons.

C'est en effet dans un tel passage, parce qu'il est rapporté à l'infini, que le possible prend, si l'on peut dire, sa vraie *mesure* : ce n'est justement pas la nôtre. Parce que la nature échappe à notre mesure, elle ne saurait non plus se limiter, c'est-à-dire se conformer, à notre morale à taille humaine, *a fortiori* être atteinte par le procès que nous sommes tentés de lui faire : autre logique, autre morale. Le texte vertigineux de Hugo nous invite à un changement d'échelle et à un renversement de perspective : à nous placer *du point de vue cosmique.* Ainsi découvre-t-on que la réalité se trouve comme redoublée, en ses marges indéfinies, par « un possible » qui la borde ou l'enveloppe comme une spirale, « un possible » moral étranger à *notre* possible moral. Un possible qui n'est pas possible pour nous, mais pour la nature, conforme à la démesure et à l'excès même de l'infini ; un possible qui consacre, pour ainsi dire, l'effraction sublime de l'*impossible* au cœur du possible.

Ce n'est sans doute pas un hasard si Hugo associe alors le possible à la figure centrale de l'*arabesque*, aux retombées esthétiques considérables. La nature, parce qu'elle a l'espace et le temps, ne suit pas la ligne droite ; elle atteint « son but » par « le détour de l'infini », en épousant la ligne sinueuse du possible, qui *serpente* dans une réalité parallèle à la nôtre. Ce qui veut dire, d'une part, qu'elle déjoue sans cesse nos attentes, en fuyant la prévisibilité logique du parcours rectiligne. Le possible est l'une des formulations de l'inattendu. Ce qui veut dire, d'autre part, comme le suggère la suite du développement, que l'infini tel que le conçoit Hugo enfonce ses ramifications multiples dans toutes les directions. Ce qui se profile, à travers cette exubérance incompréhensible de la nature, excessive dans l'harmonie comme dans le chaos, c'est bien une certaine conception de la logique universelle, ou de l'unité du Tout, complètement étrangère à la mesure classique : une forme de multiplicité dans l'unité qui relève en effet de l'*arabesque*, ou du *grotesque*. À l'esthétique de l'arabesque qu'un livre récent[72] a excellemment étudiée chez Hugo, et notamment dans *L'Homme qui rit*, on fera correspondre une *ontologie* de l'arabesque, ou un art – dira-t-on baroque ou grotesque – de la nature, qui est un art du *possible*, et qui triomphe dans les labyrinthiques architectures de la mer.

Pour l'heure, nous nous bornerons à relever l'accablement et l'effarement sublimes du sujet confronté aux raisons de l'Inconnu que la raison, mais aussi la morale ignorent. Devant « ces trois gouffres » que sont « L'Ignoré, l'Invisible, le Possible[73] », allégorisés par la majuscule, comme devant le songe, Hugo en vient à recommander une attitude de prudence : une science trop complète, excédant notre mesure rationnelle et morale, aurait un air de démence. Il ne faut pas « jeter la sonde trop avant » sous peine de vertige fatal : « Bornons-nous, au point de vue cosmique, à accepter ce qui est, compliqué de ce qui peut être. *Le réel est l'asymptote du possible* ; le point de rencontre est à l'extrémité de l'infini[74]. » Cette dernière maxime, en forme d'équation algébrique, résume tout : loin de diverger, la droite du réel et la courbe du possible convergent à l'extrémité de l'infini – extrémité inaccessible pour notre intelligence rationnelle, comme pour notre morale humaine, trop humaine.

POSSIBLE ET VRAISEMBLABLE

On l'a vu, Hugo estime qu'il est du devoir de la science de s'attendre toujours à l'*inattendu*, c'est-à-dire de ne pas se défier *a priori* du possible, mais de le respecter. C'est bien établir un lien étroit entre le possible et l'inattendu. Les deux termes sont quasi synonymes. Le possible est justement ce qui met à mal les attentes de l'esprit, qu'elles soient rationnelles ou morales, parce qu'il les excède, et parce qu'il les devance : on est toujours *en retard* sur le possible. Loin de se conformer par avance

72 Dominique Peyrache-Leborgne, *Grotesques et arabesques dans le récit romantique. De Jean Paul à Victor Hugo*, Champion, 2012. Voir notamment p. 467-486, sur le récit arabesque dans *L'Homme qui rit*.

73 *La Mer et le Vent*, *op. cit.*, p. 690.

74 *La Mer et le Vent*, *op. cit.*, p. 691.

aux conditions de l'expérience fixées par les critères de l'intelligence rationnelle, il déborde les possibilités de l'esprit, il est ce qui advient sans prévenir, ce qui s'impose de soi-même, sans se laisser comprendre ni réduire, depuis la démesure naturelle. Aussi Hugo l'oppose-t-il systématiquement au *vraisemblable*. On serait même enclin à penser que c'est dans l'antinomie poétique du possible et du vraisemblable que l'utilisation de la notion a trouvé sa source. Cette provenance possible n'invalide aucunement, du reste, le déploiement d'une signification philosophique propre. Car, on le sait, les notions de possible et de vraisemblable excèdent dès le départ (dès les textes célèbres d'Aristote) le strict champ de la poétique ou de la rhétorique ; en elles, l'ontologique déborde nécessairement sur le poétique. *A fortiori* chez Hugo, où, comme on aura l'occasion de le montrer plus amplement, la poétique s'enracine dans une ontologie de la démesure.

Nulle formulation plus nette et plus incisive de l'antinomie du possible et du vraisemblable que celle qui surgit, dans *Les Travailleurs de la mer*, à propos de cette frontière du sommeil que l'esprit du dormeur traverse en songe, et qui lui ouvre l'accès à l'abîme sous-marin de la nuit : « Le sommeil est en contact avec le *possible*, que nous nommons aussi l'*invraisemblable*[75]. » Hugo évoque ailleurs, à propos des expériences visionnaires de Gilliatt, le voyant de la nature et l'homme du songe, ces « mystérieuses rencontres avec l'*invraisemblable*[76] » que nous nommons « hallucinations » pour nous tirer d'affaire, par crainte de l'incommensurable. Dans ce texte en particulier, la notion de possible n'est pas utilisée ; mais son opposition sous-jacente avec celle de vraisemblance impose sa présence à l'esprit du lecteur : les mystérieuses rencontres visionnaires ou les contacts nocturnes du songe avec l'envers du réel appartiennent à « la vaste ouverture du possible ». Hors norme, énorme, le possible fait naturellement éclater le cadre de la vraisemblance fixé *a priori*, sans pour autant verser dans l'irrationnel pur.

En ce sens, comme on a pu le dire, la poétique de Hugo est, sinon fondamentalement anti-aristotélicienne, du moins rétive à l'aristotélisme (à la reformulation tardive, classique, de la *mimèsis*). On n'aura pas ici la témérité de tenter de débrouiller la signification d'une notion aussi

75 *TM*, I, I, 7, p. 155. C'est moi qui souligne.
76 *TM*, II, IV, 4, p. 543. C'est moi qui souligne.

complexe, et aussi mobile, que celle de vraisemblance[77]. Mais, revient-on rapidement aux textes cardinaux de la *Poétique*, on s'aperçoit que, si Aristote dissocie d'emblée les champs de l'histoire (celui du particulier) et de la poésie (celui du général), c'est pour inscrire le possible (*dynaton*) dans le sillage du vraisemblable (*eikos*) et du nécessaire (*anankaios*), toujours couplés dans une formulation ouverte, ou conjonctive, ou disjonctive (« le vraisemblable ou le nécessaire »)[78]. Autrement dit, l'accent est d'abord mis sur ce qui circonscrit l'attente du spectateur (« ce à quoi on peut s'attendre », selon la traduction de Michel Magnien) : soit l'exigence logique du nécessaire, soit celle, tout aussi universelle, du probable (ce qui se produit le plus régulièrement, et donc qu'il est *naturel* d'attendre)[79]. La législation empirico-logique du vraisemblable, qui repose sur l'idée d'une régularité naturelle, ne fait de place au possible que lorsqu'il est persuasif, c'est-à-dire lorsqu'il renvoie à des faits déjà passés[80]. Mais, dès que le possible en vient à désigner, dans sa proximité impure avec le contingent, l'exception à la règle générale de la vraisemblance, ou lorsqu'il recouvre une forme d'irrationnel, Aristote n'hésite pas à lui préférer l'impossible, pourvu qu'il soit vraisemblable. Dans une formule célèbre, et particulièrement frappante, cette orientation est clairement affirmée : « Il faut préférer ce qui est impossible mais vraisemblable à ce qui est possible mais non persuasif[81]. »

---

77 Sur la notion de vraisemblance, voir les livres d'Anne Duprat, *Vraisemblances. Poétiques et théorie de la fiction, du Cinquecento à Jean Chapelain (1500-1670)*, Champion, 2009 ; et de Nathalie Kremer, *Vraisemblance et représentation au XVIIIe siècle*, Champion, 2011.

78 Aristote, *Poétique*, R. Dupont-Roc et J. Lallot trad., Éditions du Seuil, 1980, chap. IX, 1451 a 36, p. 65 : « le rôle du poète est de dire non pas ce qui a lieu réellement, mais ce qui pourrait avoir lieu dans l'ordre du vraisemblable ou du nécessaire. » Dans la traduction de Michel Magnien (*Poétique*, coll. Le Livre de poche, 1990, p. 98) : « le rôle du poète est de dire non pas ce qui a réellement eu lieu mais ce à quoi on peut s'attendre, ce qui peut se produire conformément à la vraisemblance ou à la nécessité ».

79 Ce qui n'implique nullement, disons-le d'emblée, que le vraisemblable, pour Aristote, se ramène entièrement à l'attente du spectateur, en dehors de tout rapport d'adéquation avec l'ordre du monde. C'est l'interprétation ultérieure (classique) de la doctrine qui produit cette réduction du vraisemblable à l'effet de persuasion, au détriment de la portée cognitive de la *mimèsis* – laquelle, selon Aristote, n'est censée s'éloigner du réel, en le représentant, que pour mieux dégager son essence générale. Voir, *infra*, la mise au point de Paolo Tortonese.

80 Aristote, *op. cit.*, 1451 b 17.

81 *Ibid.*, chap. 24, 1460 a 26. Dans la traduction de Michel Magnien (*op. cit.*, p. 126) : « Il faut préférer ce qui est impossible mais vraisemblable à ce qui est possible, mais n'entraîne pas la conviction. ». Sur cette question complexe, que nous nous sommes borné

Du reste, en accusant la distance avec Aristote, peut-être se rend-on coupable d'une méprise, alimentée par la tradition classique, et dévoilée par la synthèse éclairante de Paolo Tortonese[82]. Car, à l'en croire, la distinction entre le vraisemblable, le nécessaire et le possible serait nettement moins décisive que ce qui les réunit dans l'optique, essentiellement gnoséologique, d'Aristote. L'antagonisme du vraisemblable et du possible n'aurait pas tant sa source dans la *Poétique* elle-même que dans sa réception tardive et déformante. À la faveur d'une lecture serrée des chapitres IX, XXIV et XXV, où la notion de vraisemblable voisine avec celle de possible, Paolo Tortonese montre le changement d'orientation majeur survenu aux XVI et XVIIe siècles, infléchissant le vraisemblable dans le sens du *persuasif* (de la bienséance morale et sociale) et accentuant, symétriquement, l'opposition du vraisemblable et du possible, à des fins stratégiques. Ce que nous prenons pour un héritage d'Aristote est en fait l'héritage rhétorique de ses interprètes classiques – héritage dont se réclament les théoriciens modernes de la vraisemblance, comme Gérard Genette, dans l'intention, doublement infidèle à la poétique d'Aristote et à sa métamorphose classique, d'évider la représentation littéraire de tout contenu référentiel. De sorte que la dramatisation de l'opposition entre vraisemblable et possible a été instituée *a posteriori*, fixée par la traduction d'Émile Egger, le plus influent traducteur et exégète de la *Poétique* au XIXe siècle[83], et consacrée par la thèse de René Bray[84]. La *Poétique* a aussi produit son propre vraisemblable, si l'on peut dire, plus ou moins respectueux de la portée *cognitive* fondamentale qu'Aristote, à l'encontre de Platon, avait concédée à la représentation artistique. C'est donc sans doute moins à la *Poétique* d'Aristote qu'à la *doxa* classique échafaudée à partir elle que Hugo tend à opposer les coups de théâtre du *possible.*

à évoquer de façon sommaire, voir les notes éclairantes de R. Dupont-Roc et J. Lallot, *op. cit.*, notamment, chap. VII, n. 1, p. 211-212 ; chap. IX, n. 1, p. 221-222 ; chap. XXIV, n. 9, 10 et 11, p. 381-383. Nous remercions vivement Michel Magnien pour ses conseils avisés.

82 Paolo Tortonese, *L'Homme en action. La représentation littéraire d'Aristote à Zola*, Éditions Classiques Garnier, 2013, notamment p. 37-48.

83 Voir, *ibid.*, p. 44, n. 4. Voici comment Émile Egger traduit les deux déclarations séminales des chap. XXIV et XXV : « Il faut d'ailleurs employer plutôt l'impossible qui est vraisemblable que le possible, s'il est invraisemblable » ; « Relativement à la poésie, le vraisemblable impossible vaut mieux que l'invraisemblable possible. » (Aristote, *Poétique*, trad. Émile Egger, Hachette, 1878 (4e éd.), p. 45 et 50).

84 Pour la discussion de la thèse de René Bray, *La Formation de la doctrine classique en France* (1927), voir Paolo Tortonese, *op. cit.*, p. 45-48.

Fût-elle interprétée à travers le filtre déformant de la réception classique, la formule du chapitre XXIV (« Il faut préférer ce qui est impossible mais vraisemblable à ce qui est possible mais non persuasif ») ne demande pas moins à être inversée dans la perspective de Hugo. Ne l'intéresse, en effet, que ce qui échappe à la régularité logique de l'enchaînement causal (le nécessaire) et que ce qui déborde l'attente de la *doxa* (le vraisemblable classique), que ce qui est, profondément, *paradoxal*. Paradoxal, certes, mais pas *faux* pour autant. Car la vérité de la nature est précisément de déjouer, par sa logique propre, la législation rationnelle de l'esprit, comme ses attentes mesurées. La voie moyenne du vraisemblable est débordée par la démesure naturelle. « Identifiant le réel au possible », le naturalisme hugolien, comme l'a très bien dit Myriam Roman, met au contraire en avant « les incessantes surprises d'une nature en mouvement[85] ». Parce que la principale qualité du réel est l'outrance, l'excès, la démesure ; parce que, à supposer qu'il y ait une législation cosmique, une telle « régularité » hors de mesure ne saurait que déconcerter notre logique trop humaine ; parce que Dieu exagère en tout, la vérité n'est autre que le possible, c'est-à-dire le paradoxe, l'incroyable mais vrai. L'hypocrite sieur Clubin est précisément l'homme du calcul et de la prudence : s'il est un si bon marin, c'est parce que, devant le danger en proportion inconnue, il sait tempérer l'audace par la prudence, et joindre à la « crainte du probable » « l'instinct du possible » : « toute la certitude que la mer peut laisser à un homme, il l'avait[86]. » Éloge qui pourra paraître ironique avec le recul, tant l'aplomb de la raison calculatrice se trouvera renversé, dans les faits, par la *déviation* imprévue de la route toute tracée vers le triomphe : l'ironie des choses sera chargée de rétablir la suprématie de l'inattendu contre l'ironique effort de l'hypocrite, non seulement pour se contraindre, mais pour contrôler la nature incontrôlable. Ce que s'efforce de démontrer la mise en scène finale de l'ironie cosmique – l'éclair brutal et tragique de la méprise (Clubin s'est trompé d'écueil, il a mal *calculé* son naufrage), le renversement quasi théâtral du triomphe en échec –, c'est bien l'impossible domestication du possible par le calcul : comme le dit Hugo dans *L'Homme qui rit*, les méchants parfaits n'ont pas de plan ; ils épient l'occasion, car « on ne se rend pas comme cela

85 Myriam Roman, *op. cit.*, p. 212.
86 *TM*, I, III, 9, p. 201.

maître du possible[87] ». Bien qu'il soit l'homme de la voie oblique, le tort de Clubin aura été précisément de choisir la *ligne droite*, tracée par la machine dans l'épaisseur du brouillard, au mépris des arabesques du possible. Illustration parfaite des *détours* ironiques que la nature infinie prend pour arriver à son but, dans sa justice et sa logique immanentes, profondément mystérieuses.

À deux reprises encore, Hugo déconstruit par l'ironie l'échafaudage rationnel ou raisonnable du vraisemblable. Myriam Roman[88] a excellemment commenté l'épisode du tribunal[89] où Jean Valjean est soudain confronté, en une vision quasi hallucinatoire, à un autre lui-même, Champmathieu, pris pour lui et accusé à sa place. Épisode doublement paradoxal : parce que la méprise, confortée par la ressemblance, les témoignages rassemblés et la respectabilité acquise de M. Madeleine, est déjà par elle-même créatrice d'une réalité fantomatique ; et parce que cette réalité fantomatique se trouve consolidée par le poids écrasant de la « vraisemblance[90] », croissant à chaque minute au-dessus de la tête de la pauvre victime hébétée, sous les efforts de la plus parfaite éloquence judiciaire, au point d'être sanctionnée par une « unanimité foudroyante[91] » : il ne peut s'agir, c'est l'évidence, que de Jean Valjean en personne. Ce qui renforce la puissance à la fois ironique et tragique de ce quiproquo judiciaire vertigineux, c'est que la recherche de la vraisemblance est précisément mise en scène et commentée par un narrateur ironique, en un étonnant jeu de miroirs : n'était la ressemblance réelle, l'erreur judiciaire serait entièrement le fruit de l'erreur rhétorique. L'*évidence* échafaudée par la logique du vraisemblable est l'évidence de la réalité ; mais l'évidence de la réalité est une fiction, une blague tragique, brutalement dégonflée par le coup de théâtre final de la révélation, qui laisse l'assemblée saisie et stupide au milieu du silence général : « le *possible* », menaçant et hostile, contre lequel Jean Valjean avait tenté de

87 *L'Homme qui rit*, *Œuvres complètes*, *Roman* III, Robert Laffont, coll. Bouquins, 1985, II, I, 11, p. 520. Toutes nos références à *L'Homme qui rit* (abrégé en *HR*) renvoient à cette édition.

88 Myriam Roman, *op. cit.*, p. 490. Sur le rejet du vraisemblable, l'assimilation du réel à l'exceptionnel, la mis en scène des surprises et des coïncidences improbables, voir plus largement p. 488 *sqq.*

89 *Les Misérables*, *Œuvres complètes*, coll. Bouquins, 1985, I, VII, 9, 10 et 11, p. 210-222. Toutes nos références aux *Misérables* (abrégé en *M*) renvoient à cette édition.

90 *Ibid.*, p. 212.

91 *Ibid.*, p. 214.

« se barricad[er][92] » en vain par un effort de dénégation, a fait brutalement irruption. Mais on peut douter que cette déflagration du possible fasse triompher la « vérité », tant celle-ci s'est trouvée brouillée par le vacillement des identités et la confusion inquiétante des apparences. Toute *évidence* véritable semble plutôt céder la place au sentiment d'une incertitude, ou d'une *vrai-semblance* générale, fondé sur la conscience de l'instabilité du réel. Car il n'est pas possible d'ignorer, en définitive, que cet échafaudage vraisemblable d'une fiction commune s'est lui-même appuyé sur une réalité en trompe-l'œil.

De même, un passage particulièrement troublant de *L'Homme qui rit*[93] redouble l'exposé des faits, ou plutôt des apparences, par une sorte de méditation sur la réalité du « réel ». Il s'agit là encore de mettre en scène une méprise ; et, qui plus est, une méprise provoquée par la logique d'un raisonnement vraisemblable destiné à faire triompher l'évidence. Ursus entend la sonnerie du glas, il voit sortir un cortège funèbre de la porte même de la prison où a été jeté Gwynplaine quelques heures auparavant, il le voit disparaître dans le cimetière voisin, porteur d'un cercueil qui ne peut être que celui du pauvre prisonnier. « Des rapprochements qui coïncident logiquement finissent par construire quelque chose qui ressemble à une évidence[94]. » En une approche phénoménologique, Hugo saisit les événements tels qu'ils apparaissent, et les fait interpréter par la conscience incertaine d'Ursus : l'effort de déchiffrement herméneutique des signes du réel vient compléter la description de leur manifestation. Le tort d'Ursus est alors de conclure de la simple coïncidence, mise en scène par Hugo, à l'existence d'un lien de consécution logique, c'est-à-dire de projeter sur le réel une forme de vraisemblable logique : *post hoc, ergo propter hoc.* Gwynplaine est mort. C'est précisément la forme que prend le paralogisme par lequel Homère, selon Aristote, excellait à maquiller l'irrationnel dans l'épopée[95]. On ne niera pas que la réalité semble s'ajuster parfaitement sur le masque de cette fausse logique et de cette fausse évidence : mais, ici, c'est la réalité elle-même qui est para-logique et paradoxale.

---

92 *Ibid.*, I, VII, 3, p. 177. C'est moi qui souligne.

93 *HR*, II, VI, 4.

94 *Ibid.*, p. 678.

95 Voir Aristote, *Poétique*, *op. cit.*, chap. XXIV, § 18, p. 125 (l'exemple cité est celui du chant XIX de l'*Odyssée*).

À nouveau le vraisemblable et le possible se trouvent opposés. Le narrateur indiscret se demandait au début du chapitre ce qui avait bien pu pousser Ursus à se poster presque machinalement devant la porte massive de la geôle. Qu'allait-il faire, non dans cette galère, mais dans cette rue ? Que venait-il y voir ? La porte est muette. Il venait pour voir – pour voir *rien*, on ne sait pas : « Le possible[96] ». Il n'y a rien à voir, sinon l'*enveloppe* des faits, la « vague transsudation de clarté » qui se dégage de « l'entassement fermé et sombre[97] » des choses, comme Dieu transpire de la nature. Cette transpiration des faits, imperceptible pour les esprits positifs, c'est justement le *possible* – le possible qui court-circuite la logique de la vraisemblance et fait triompher la coïncidence stupéfiante, la parataxe sublime, l'illumination soudaine.

« LA VAGUE ANXIÉTÉ DE CE QUI PEUT ÊTRE » : L'IMMINENCE DU POSSIBLE

Le possible, dans ce dernier exemple, n'est pas seulement l'enveloppe des faits, ou leur irradiation mystérieuse, mais l'*événement* futur, épié, pressenti, interrogé dans l'attente anxieuse. Nous ne saurions qu'esquisser ici l'examen d'une autre signification, *ontique*, du possible (ce qui peut arriver). Elle implique toute une logique de l'*événement*, que nous avons commencé à entrevoir sous l'angle de l'opposition entre possible et vraisemblable. Logique que nous dirions volontiers, avec J.-L. Marion, *paradoxale*[98] : le paradoxe est la forme de l'événement, de la manifestation toujours imprévisible. Dans l'événement sont portés au plus au point les trois caractéristiques majeures de ce qu'il présente comme le phénomène saturé : l'imprévisibilité, la facticité, et l'irréductibilité aux conditions *a priori* de l'expérience. Ce qui définit l'événement, c'est à la fois sa démesure : il nous déborde, et son antécédence : nous sommes toujours *en retard* sur lui parce qu'il nous devance ; il s'impose à nous

96 *HR*, II, VI, 4, p. 675.

97 *Ibid.*

98 J.-L. Marion, *Certitudes négatives*, *op. cit.*, p. 110, p. 317-318. Sur la « logique paradoxale » qui gouverne le récit hugolien, voir les excellentes remarques de Myriam Roman, *op. cit.* p. 540-544.

sans dépendre de nous ; nous sommes, comme le dit magnifiquement Hugo, non les acteurs mais les « patient[s] des événements » ; nous subissons la brusque arrivée du possible (« Rien ne peut être prévu »). Sur le théâtre du monde, « Les catastrophes et les félicités entrent, puis sortent, comme des personnages inattendus[99] ».

C'est dans ce cadre d'une logique (irrationnelle ou providentielle) de l'événement que vient s'inscrire, précisément, la signification ontique du possible substantivé. On en trouve un exemple saisissant dans le début de *L'Homme qui rit*, où le possible semble recouvrir une intention fatale et obscure. L'immanence noire de la nuit contient l'*imminence* du possible (à venir). Le texte nous fait partager, de l'intérieur, l'attente angoissée, la « vague anxiété de ce qui peut être » qui tourmente les matelots de la *Matutina* livrés aux signes avant-coureurs de la trombe polaire, alors que la nuit vient de se refermer sur eux : « Tout le possible était là, piège[100]. » Remarquable formule lapidaire, qui dit à la fois la condensation explosive du possible, sa présence et sa pression démesurées, et son halo d'incertitude. L'indétermination du possible est le reflet de l'approche phénoménologique de l'événement, proprement innommable : s'agit-il de la fatalité, du hasard, de la Providence dans ses décrets et ses détours mystérieux ? Au docteur prophétique appartient la fonction suprême d'interpréter ces signes indécis dans un sens eschatologique (la tempête comme châtiment) ; mais tout est fait pour préserver leur obscurité première et pour dramatiser l'attente angoissée de la catastrophe : l'attente du *possible* dans sa confusion irréductible. Dans le même sens, le narrateur des *Travailleurs de la mer* évoque le « sphinx possible, soupçonné par les rêveurs au fond de l'ombre[101] », et, dans une formule décisive appliquée au calme précédant la tempête, « la sombre vision du possible latent », soustraite à l'homme par « l'opacité fatale des choses[102] ».

Ce dernier exemple laisse entrevoir une autre dimension capitale du possible : l'*ironie*, l'ironie tragique, l'ironie des choses, la coïncidence paradoxale du calme et de la tempête, du succès et de l'échec, du sommet

99 *TM*, III, III, 2, p. 613-614. La conscience a une logique, le sort en a une autre : « Le sort n'a point l'art des transitions. » Non plus que le roman hugolien, comme le montre Myriam Roman (*op. cit.*, p. 537-539) : cette maxime vaut art poétique.

100 *HR*, I, II, 7, p. 417. Le narrateur commente ailleurs (*ibid.*, p. 433) : « Les brusqueries de l'Océan sont obscures. Elles sont le perpétuel peut-être. »

101 *TM*, II, III, 5, p. 498.

102 *Ibid.*, II, II, 5, p. 457.

et de la chute, constamment mise en scène dans les romans de l'exil, et indissociable de la logique paradoxale de l'événement. C'est ainsi que, dans *Les Travailleurs de la mer*, la conservation de la machine au milieu du massacre absolu, qui pourrait apparaître comme une chance, ne fait en réalité, d'après le narrateur voué au déchiffrement des signes, que trahir « la sombre malice de l'inconnu[103] », l'une des nombreuses « ruse[s][104] » de l'abîme, ce Sphinx impénétrable, et ajouter « l'ironie à la catastrophe[105] » – formule centrale, qui résume toute l'ambiguïté du possible : « L'Océan la gardait pour la détruire plus à loisir. Jeu de chat[106]. » L'ironie de la catastrophe renvoie à l'ironie de la nature, animée d'une sorte d'hostilité farouche, à l'incertitude même des apparences et des événements toujours réversibles en leurs contraires. Le phare des Casquets a beau servir à avertir de l'écueil, il n'est que « terrible » à un « navire désemparé ». Hugo se plaît à développer le paradoxe jusqu'au retournement complet du salut en désastre. La lumière salvatrice devient « la chandelle du sépulcre », allumée dans la nuit pour éclairer le naufrage et amplifier l'imminence angoissante de la catastrophe : « Éclairer l'ouverture inexorable, avertir de l'inévitable, pas de plus tragique ironie[107]. »

Nulle meilleure illustration de la logique ironique, ou paradoxale, du possible que la mise en scène, dans *L'Homme qui rit*, de la paix trompeuse annonciatrice du paroxysme – où se donne à voir l'extraordinaire raffinement pervers de la tempête qui s'amuse comme le chat avec sa proie docile. C'est précisément quand la tempête se calme, quand s'établit la « paix de[s] ténèbres[108] », quand renaît l'espoir du salut, quand triomphe « la douceur subite de l'énigme[109] » que la fin est proche. Hugo met en scène le renversement total des apparences et des attentes : le salut est le signe de la perte, le répit est une ironie tragique de l'abîme, les naufragés de l'ourque sont voués à périr non de l'ouragan, mais – *concetto* suprême d'un sort baroque emblématisé par la figure de l'arabesque – « de l'absence de l'ouragan[110] ». Il y a donc bien, comme le constate

103 *Ibid.*, II, I, p. 386.
104 *Ibid.*, II, III, p. 497 (« la sombre ruse de l'abîme »).
105 *Ibid.*, II, I, p. 386.
106 *Ibid.*
107 *HR*, I, II, 11, p. 426.
108 *Ibid.*, I, II, 16, p. 435.
109 Titre du chapitre 16 (*ibid.*, p. 434).
110 *Ibid.*, I, II, 17, p. 437.

le narrateur non sans effroi, une « ironie obscure mêlée aux choses[111] », qui renvoie le prophète du possible à la conscience tragique de l'opacité universelle.

N'est-ce pas d'une *ironie* du même type que *Les Travailleurs de la mer* semble faire dépendre la destinée tout entière de Gilliatt ? La magnifique ouverture incertaine du roman fait ainsi coïncider, de façon exemplaire (comme l'a bien vu Myriam Roman[112]), la *métaphysique* du possible avec le *récit* du possible. Si le nom écrit sur la neige renvoie au « mot écrit sur une page blanche » (selon le titre même du chapitre), c'est bien parce que le monde du livre et le livre du monde se répondent. Mais surtout, Hugo prend soin de mettre l'accent sur l'embranchement des possibles au moment même où le hasard, ou l'*anankè* du cœur, ou la Providence (qui sait ?) semble décider de la vie entière de Gilliatt, suspendue à l'espièglerie capricieuse de Déruchette, ou à un sort peut-être cruellement *ironique*, en ce carrefour initial où se croisent les routes et où s'enchevêtrent les possibles. Si l'attention de Gilliatt avait été détournée par l'apparition soudaine d'un marsouin dans la mer ou d'un rouge-gorge dans les buissons (on sait les affinités profondes de ce solitaire avec les animaux et avec la nature en général), « il est probable », note le narrateur, qu'il « eût passé son chemin[113] ». Comme si Hugo inscrivait dans l'incipit du roman « le travail même de tout auteur, choisir à travers différents possibles narratifs[114] ». Comme si, surtout, dès l'ouverture, plus que la genèse même de l'écriture, le texte signalait l'intime correspondance entre le monde de l'œuvre et l'œuvre énigmatique du monde. L'écriture initiale du nom dans la neige recouvre plusieurs strates de significations : 1°/ une signification *intime*, tout d'abord, car ce geste déterminant est bien pour Gilliatt – l'orphelin à l'origine et au nom incertains, comme

111 *Ibid.*, II, v, 2, p. 646. Cette formule s'applique à la trajectoire mystérieuse de la gourde de Hardquanonne, qui semble compliquer le « triomphe loyal » d'une « victoire venimeuse », comme si quelque chose « d'apprivoisé » dans l'Inconnu était « aux ordres du mal ». Le fait miraculeux est l'objet d'une double interprétation finaliste, de la part du méchant, dans l'« épanouissement monstrueux » de sa joie égoïste, et de la part du narrateur, qui « réhabilit[e] le hasard » et retourne, par une nouvelle ironie, le raisonnement de Barkhilphedro au profit du Bien. La complicité (apparente ou réelle) de la Providence avec le mal, pendant quinze ans, n'en reste pas moins, pour le philosophe saisi par l'ironie des choses, une « œuvre mystérieuse ».

112 Myriam Roman, *op. cit.*, p. 323-330.

113 *TM*, I, i, 1, p. 123.

114 Myriam Roman, *op. cit.*, p. 328.

effacés – un *commencement*, le point de départ d'une genèse intérieure; 2°/ une portée *herméneutique*, car le sens n'est pas donné, il est livré à l'interprétation pensive de *l'homo viator*, voué à être aussi un *homo lector* : tout semble procéder soit d'un pur caprice, d'une pure fantaisie espiègle à demi-innocente, d'un *détail* en somme, d'un geste, d'une trace aussitôt effacée, d'un *rien* (un peu comme dans les romans de Thomas Hardy), soit d'une erreur de lecture initiale, d'un contresens ou d'une surinterprétation chimérique, aux conséquences disproportionnées; 3°/ et une dimension *allégorique*, car l'inscription des possibles dans le récit fait également signe vers la grande question, ouverte, de la logique du *possible* (si logique il y a). Le récit du réel est complété par le récit du possible ou des possibles écartés, de sorte que tout commence par une interrogation inquiète, d'ordre métaphysique, sur la *contingence* universelle.

La page blanche initiale (page blanche du livre comme du livre du monde) est donc riche des possibles inaccomplis. La vie de Gilliatt eût pu s'écrire autrement *si*...Ce « si » ouvre (vaste ouverture) à ce que la sémantique modale appelle, dans sa rigueur logique, les situations *contrefactuelles*, à l'exploration de l'*à-côté* des faits avérés, non pas tant contre-vérités que possibilités non réalisées[115]. Hugo se montre attentif aux embranchements de la destinée, aux marges possibles des événements dévoilées par un regard de côté, à ce qui n'a pas eu lieu mais *aurait*

115 Sur les raisonnements contrefactuels en histoire, bien plus anciens qu'on ne le croit (puisqu'ils s'insinuent très tôt, dès Thucydide, à la faveur de *digressions*, en marge du récit des faits); et sur la naissance, au XIXe siècle, de ce genre insolite oscillant entre fiction et histoire qu'est l'*uchronie* – néologisme inventé par le philosophe Charles Renouvier en 1857, on lira la généalogie retracée par Quentin Deluermoz et Pierre Singaravélou dans *Pour une histoire des possibles*, Éditions du Seuil, 2016 (chap. I et III). Ceux-ci montrent notamment que « l'histoire avec des *si* » se cristallise le plus souvent autour des grands événements, des *turning points*, des moments de basculement, comme les guerres (« Et si Napoléon avait remporté la bataille de Waterloo ? »), et autour de l'action des grands hommes – soit pour souligner la contingence de l'histoire, soit pour écrire une « ode à la philosophie et à la liberté » (*op. cit.*, p. 27), comme le fait l'anticlérical Renouvier, au détriment du providentialisme, soit pour invoquer le rôle supérieur de la Providence. Car l'usage des hypothèses contrefactuelles, qui met en jeu une interrogation métaphysique sur la causalité, le hasard et la liberté, peut obéir à des intentions diverses et à des conceptions également diverses de l'histoire. Plusieurs auteurs se sont illustrés en histoire (Louis Geoffroy, Charles Renouvier) ou en littérature (Joseph Méry) dans ce genre de l'uchronie, fils du XIXe siècle, ouvert à « l'histoire de ce qui n'est pas arrivé », selon le titre d'une nouvelle de Joseph Méry écrite en 1854, où il exploite la veine déjà abondante des *possibles napoléoniens* (si Napoléon avait gagné à Saint-Jean d'Acre, il aurait égalé Alexandre le Grand en devenant empereur de l'Inde...).

pu avoir lieu, – notamment dans les fragments d'histoire incorporés au roman, comme l'épisode de Waterloo dans *Les Misérables*, où bascule le destin de l'Europe. Hugo y multiplie les *si* ; l'histoire du révolu est complétée par l'histoire des possibles éliminés, sortes de futurs du passé. Si Napoléon avait pris « ce coin de terre[116] », Hougomont, s'il n'avait pas plu dans la nuit du 17 au 18 juin[117], s'il n'y avait pas eu cet obstacle inaperçu, le chemin creux d'Ohain, emblématique des chausse-trappes de l'histoire, s'il n'y avait pas eu non plus la tromperie et la trahison du mauvais guide[118], « l'avenir de l'Europe[119] » et la face du monde en eussent été changés. L'insistance pascalienne sur les *détails*, sur la disproportion ironique entre l'accident et ses répercussions, entre le possible et le réel – ainsi que l'insistance sur la supériorité impuissante du grand homme, de « l'homme vaste », Napoléon, battu non par le médiocre Wellington, mais par Dieu – n'en font que mieux ressortir, par contraste, « la prodigieuse habileté du hasard[120] », jamais mieux perceptible que dans l'immense portée des accidents les plus infimes et dans les coups de théâtre, les tournants ironiques de l'histoire : *quelques gouttes d'eau de plus ou de moins*[121] – comme le nez de Cléopâtre ou le calcul urinaire de Cromwell, ce petit grain de sable de l'histoire – ont suffi à la Providence pour faire s'écrouler un monde et pour remplacer Napoléon, dénoncé dans l'infini. Il ne s'agit pas, dans ce cas, d'accuser la *contingence* de l'histoire : le hasard n'est bien qu'un masque, « proportionn[é] à un infini qui nous échappe[122] », le masque ironique des tours et détours mystérieux de la Providence ; le « cataclysme » historique a été « merveilleusement conduit[123] ». Hugo fût-il fasciné par les échappées virtuelles de l'histoire en marge de son cours avéré et enclin à y aventurer son esprit visionnaire ou prophétique, les hypothèses contrefactuelles qu'il esquisse ne sont aucunement le lieu d'une exploration des possibles simultanés, des

116 V. Hugo, *M.*, II, I, 2, p. 243 (« Ce coin de terre, s'il eût pu le prendre, lui eût peut-être donné le monde »).
117 *M.*, II, I, 3, p. 247.
118 *M.*, II, I, 11, p. 266.
119 *M.*, II, I, 3, p. 247.
120 *M.*, II, I, 16, p. 275.
121 *M.*, II, I, 3, p. 247.
122 *M.*, II, I, 9, p. 266 (Tels sont ces immenses hasards, proportionnés à un infini qui nous échappe »).
123 *M.*, II, I, 16, p. 275. « Rendons au hasard ce qui est au hasard et à Dieu ce qui est à Dieu », ajoute Hugo au chapitre 16, p. 272.

bifurcations à la Borges, ouvrant sur la profusion baroque des *scenarii* virtuels, et niant toute priorité de l'actuel sur le possible et de l'original sur la copie : ce type de rêverie différentialiste appartient à la modernité littéraire et théorique fascinée par les labyrinthes de Babel, non au roman hugolien, ouvert aux signes, profondément énigmatiques, du *quid divinum*. La distinction est clairement tracée entre le *possible*, écarté par Dieu, et l'*existant*, et l'évocation des marges de l'événement ne sert qu'à souligner – par une manière de démonstration *a contrario* – la marque d'un décret, d'un choix divin effectué dans les coulisses du drame géant ou dans l'entendement de Dieu aux dépens du « grand homme » et, comme tel, voilé, entièrement ou partiellement, à l'intelligence humaine. L'événement apparaît certes inséparable de son négatif, dont la présence virtuelle (possible, mais inaccomplie) nimbe les faits d'un halo rêveur ; et le récit de l'événement inclut dans l'immanence du réel historique jusqu'à l'ombre des possibles irréalisés ; il se plaît à épouser, en se situant aux carrefours de la destinée, aux moments de basculement de l'histoire, les mystérieuses *arabesques* de l'infini. Mais on peut dire qu'en maintenant la distinction entre le possible et l'existant, Hugo est fidèle ici – comme dans son évocation des guerres puniques dans un *Fragment d'histoire* de 1827[124] – à la conception leibnizienne du possible.

Ce qui n'empêche nullement qu'il puisse se montrer ailleurs (comme à l'ouverture des *Travailleurs de la mer*) inquiet devant les manifestations, difficilement réductibles, de la contingence, ou du moins de la contingence apparente. Tout particulièrement dans un épisode déroutant, et crucial, puisqu'il décide Fantine à confier ses enfants aux féroces Thénardier[125]. La misérable errante, sans feu ni lieu, voit son attention soudainement arrêtée, en traversant Montfermeil, par un tableau à la Greuze, touchant

124 *Littérature et philosophie mêlées*, dans *Œuvres complètes, Critique*, p. 171 : « Les esprits qui aiment à sonder les abîmes ne peuvent s'empêcher de se demander ici ce qui serait advenu du genre humain, si Carthage eût triomphé dans cette lutte. Le théâtre de vingt siècles eût été déplacé. Les marchands eussent régné, et non les soldats. L'Europe eût été laissée aux brouillards et aux forêts. Il se serait établi sur la terre quelque chose d'inconnu. / Il ne pouvait en être ainsi. Les sables et le désert réclamaient l'Afrique ; il fallait qu'elle cédât la scène à l'Europe. » Nécessité (« il fallait ») providentielle, comme le laisse entendre le dernier mot de cette histoire de la civilisation, brossée à grands traits : *Aliquis providet* (*ibid.*, p. 172).

125 La cadre, celui de l'aventure personnelle, est bien sûr différent du contexte historique de l'épisode de Waterloo. Mais l'interrogation inquiète sur le rapport entre hasard et providence reste la même à des échelles différentes.

dans sa sentimentalité trompeuse, celui de deux fillettes « gracieusement attifées » se balançant sur une escarlopette improvisée, et veillées par une mère à l'« expression animale et céleste », qui n'est autre que la Thénardier. La confiance de Fantine est ainsi leurrée par ce « caprice du hasard[126] », selon la formule du narrateur, par les appâts d'une « souricière[127] » non préméditée, renforcée par un *détail* tragiquement ironique : la position de la Thénardier, caricature de femme-à-soldat, « minaudière hommasse[128] » lectrice de *romans*, dont la carrure de « colosse ambulant[129] » aurait pu alerter et effaroucher la pauvre voyageuse *si* (tout est dans ce « si » souligné par Hugo) elle n'avait été, au moment de la rencontre, assise et non debout. Cette double circonstance désigne alors l'auberge, aux yeux de Fantine, comme le « mystérieux ICI de la providence[130] », selon une obscure ironie de la destinée dont on ne sait s'il faut l'attribuer à Dieu, au Diable, au hasard pur, sans au-delà, ou à l'opacité des signes, mal interprétés par un esprit innocent :

> Si cette femme, qui était accroupie, se fût tenu droite, peut-être sa haute taille et sa carrure de colosse ambulant propre aux foires, eussent-elles dès l'abord effarouché la voyageuse, troublé sa confiance, et fait évanouir ce que nous avons à raconter. Une personne qui est assise au lieu d'être debout, les destinées tiennent à cela[131].

La position surplombante, mais nullement omnisciente, du narrateur (il n'y a pas d'*omniscience* possible) donne à lire, en une quasi-métalepse, les possibles de l'histoire en cours, comme si elle s'écrivait *au présent* (« ce que nous avons à raconter ») dans le grand livre du monde, non sans vertige devant les inexprimables arborescences du possible. Les indications de régie ont une portée métaphysique, le verbe de l'auteur laisse transparaître le Verbe énigmatique de Dieu ; de même que la destinée de Fantine et de Cosette eût pu être autre, le livre qui la raconte aurait pu ne pas s'écrire, ou s'écrire autrement. On aurait donc tort, selon nous, de ne voir dans cette fable cruelle à la Baudelaire – où triomphent les faux-semblants d'une providence trompeuse incarnée

126 V. Hugo, *M.*, I, IV, 1, p. 118.
127 *Ibid.*, p. 123.
128 *Ibid.*, p. 121.
129 *Ibid.*
130 *Ibid.*, p. 120.
131 *Ibid.*, p. 121.

par la Thénardier, féroce et sentimentale, et où ne manque pas même la vision d'un effroyable joujou du pauvre transfiguré en une « escarlopette à chérubins[132] » – qu'un ressort de mélodrame inventé par un metteur en scène habile à manipuler les apparences et à ménager les coups de théâtre. On y lira bien plutôt le reflet d'une anxiété métaphysique qui trouve à s'exprimer, sur le mode contrefactuel, dans une méditation sur les possibles infiniment incertains de la « destinée ».

Anxiété métaphysique tout aussi perceptible dans l'extraordinaire récit final de l'errance souterraine de Jean Valjean au cœur de l'enfer parisien. La descente de ce nouveau Christ dans le dédale des égouts de Paris est éclairée par une série de *si* comme par autant de flambeaux disposés sur sa route, à chacune des stations de son chemin de croix. Non pas, du reste, pour dissiper les ténèbres où il est plongé, mais pour faire trembler dans la profondeur, à l'intention du seul lecteur, la lueur des égarements possibles et des impasses évitées. « *Si* [au lieu de descendre], insiste le narrateur, Jean Valjean eût remonté la galerie, il fût arrivé, après mille efforts, épuisé de fatigue, expirant, dans les ténèbres, à une muraille. Il était perdu[133]. » Il s'agit moins d'accuser l'aveuglement de l'*homo viator* que de donner à lire sa tragique mise à l'épreuve par les noires « embuscades de la Providence[134] ». Mais s'il est vrai qu'errer n'est pas se tromper, comment ne pas voir que l'incertitude et l'angoisse, bue jusqu'à « la dernière goutte[135] », sont ici à leur sommet ? Il est bien difficile, dans ces conditions, de distinguer le salut de la perte : on peut *s'engloutir*[136] dans la Providence comme dans l'abîme. Et ce d'autant plus que, dans son harassante catabase, Jean Valjean n'a évité tous les pièges que pour être livré à une ultime « surprise » du « cloaque », qui fait coïncider, à la sortie de l'égout, la joie de la délivrance (la bouffée d'air libre) avec le guet-apens d'une « hideuse providence[137] », d'un faux « bon ange » sortant de terre sous la forme de Thénardier, surgi de la

132 *Ibid.*, p. 118. Première occurrence, dans le roman, de cette philosophie hugolienne du joujou qui relie l'escarlopette improvisée à la poupée emblématique.

133 *M*, V, III, 4, p. 1017. Voir encore *M*, V, III, 1, p. 1010.

134 *M*, V, III, 1, p. 1007.

135 *M*, V, III, 7, p. 1025.

136 « Il [Jean Valjean] allait devant lui, avec anxiété, mais avec calme, ne voyant rien, ne sachant rien, plongé dans le hasard, c'est-à-dire *englouti* dans la providence. » (V, III, 1, p. 1010, c'est moi qui souligne). Engloutissement compréhensible dans la perspective du salut par l'abîme, d'une théologie négative selon laquelle descendre, c'est monter.

137 *M*, V, III, 8, p. 1028.

nuit souterraine à laquelle, damné de l'enfer parisien, il appartient désormais corps et âme. Nouvelle illustration des détours *ironiques* de la Providence – si Providence il y a –, capable de revêtir un masque « horrible[138] », et dont le possible serpente dans un autre monde, à l'échelle, non de l'homme, mais de l'infini.

POSSIBLE ET UTOPIE

À relever cette série de regards obliques sur les marges virtuelles de l'événement, on mesure la tâche que demanderait une réflexion approfondie sur les rapports entre le possible et l'histoire. Vaste tâche, que nous n'entreprendrons pas ici. Parce que nous avons choisi de privilégier l'ontologie du possible, nous ne ferons qu'esquisser la perspective ouverte sur le possible *futur*, et notamment sur ce qui le relie à l'utopie du progrès.

Particulièrement emblématique apparaît, en ce sens, le dialogue final, dans *Quatrevingt-treize*, entre Cimourdain et Gauvain autour du possible, de sa réalisation, de sa soumission forcée au fait. La double question des rapports entre le possible et son actualisation et entre l'utopie du progrès et la religion occupe le foyer brûlant du conflit cardinal qui oppose, d'un côté, le partisan de l'action (et de la Terreur), Cimourdain, et, de l'autre, celui d'un prolongement religieux de l'utopie. À celui qui affirme « voul[oir] réaliser le possible », imposer à l'utopie « le joug du réel », « l'encadrer dans le fait », Gauvain répond avec la douceur rêveuse du condamné à mort : « Le possible est plus que cela », il ne se laisse pas réduire à son actualisation, il « est un oiseau mystérieux toujours planant au-dessus de l'homme », et qu'on risquerait de tuer à vouloir « le prendre[139] », le saisir par la force, voire par la terreur. La dimension politique du possible se révèle ainsi indissociable de l'horizon métaphysique que Gouvain réintroduit avec l'assentiment visible de Hugo ; l'appel à conserver la dimension rêveuse (et presque poétique) du possible, cet oiseau fragile, ne trouve sens que dans un contexte religieux, invitant à entrevoir « derrière l'œuvre

138 « C'était la providence apparaissant horrible » sous l'aspect de Thénardier, « bon ange » infernal, embusqué dans l'abîme (*M*, V, III, 8, p. 1026).

139 *Quatrevingt-treize*, *Œuvres complètes, Roman* III, III, VII, 5, p. 1058.

visible » « l'œuvre invisible[140] ». Le tort de Cimourdain, le prêtre renégat, est d'oublier Dieu (« Tu ne parles pas de Dieu[141] », lui reproche Gauvain). Le possible n'est pas seulement ce que peut l'homme, ni même ce qu'il peut réaliser, mais le possible selon Dieu, selon la puissance mystérieuse de Dieu, le possible, immaîtrisable, incalculable, celui de l'événement, ou de la grâce, ou de la prière, auquel une Providence mystérieuse suspend, en dernier ressort, l'action humaine, comme vient de le montrer la transfiguration miraculeuse de Lantenac au cœur de la haine universelle.

On ne voudrait pas toutefois donner l'impression d'ignorer la foi optimiste de Hugo dans le possible de l'action humaine, fût-elle obscurcie et contrebalancée par le sens du tragique – sens du tragique qu'on nous reprochera peut-être de surévaluer dans ces pages. L'homme n'est pas seulement le *patient des événements*, mais aussi l'acteur audacieux du possible et l'inventeur de lui-même. À l'imminence incertaine du possible, il faudrait faire correspondre une *éthique du possible*[142], une dramaturgie de l'événement reposant sur l'exercice d'une liberté capable de briser, dans l'enthousiasme, toute logique déterministe, ce que vient aussi prouver, en un sens, le revirement brutal, absolument imprévisible, de Lantenac, en dehors de toute raison (sociale, politique, matérielle) assignable. Dans un article important[143], Claude Millet insiste ainsi sur la mise en scène, dans le roman et le drame historique, d'une « événementialité obscure », du moins au regard de l'homme, sur cette logique apocalyptique qui fait de l'événement historique (révolutionnaire) une irruption, une effraction brutale de la colère – colère des hommes conjuguée avec la colère de Dieu, ce grand impatient –, mais aussi une inspiration géniale surgie des profondeurs, brisant le bloc du « fait-tyrannie » comme celui de la résignation pétrifiante. Le *possible* ferait ainsi coïncider, dans la mesure (démesurée) de l'événement, une dramaturgie historique de l'inspiration humaine, de l'*enthousiasme*, de l'invention héroïque, avec une dramaturgie providentielle de la fulgurance divine.

140 *Ibid.*, p. 1056.

141 *Ibid.* Sur le possible futur, qui croise la question complexe du *progrès* chez Hugo, nous renvoyons à l'article nuancé de Myriam Roman, « "Ce cri que nous jetons souvent" : le Progrès selon Hugo », *Romantisme*, n° 108, 2000, p. 75-90.

142 Suggestion de Florence Naugrette, que nous remercions.

143 Claude Millet, « Bloc, événement », *Choses vues à travers Hugo. Hommage à Guy Rosa*, études réunies par Claude Millet, Florence Naugrette et Agnès Spiquel, Presses universitaires de Vincennes, 2007, p. 93-108.

Car, dans le contexte de la méditation utopique ou prophétique, comme celle qui anime l'esprit de Gauvain devant la mort, la réalisation du possible dépend *aussi* (mais pas seulement) de la puissance *poïétique* du rêve. Hugo connaît-il l'article « Utopie » publié dans l'*Encyclopédie nouvelle* dirigée par Pierre Leroux et Jean Reynaud[144] ? Il aurait pu y trouver à la fois une extraordinaire célébration de la force du Rêve, alliée à la force motrice du désir[145], et la conviction que toute possibilité imaginée, désirée, pressentie est appelée à l'existence dans l'avenir. Et ce pour une raison fondamentale, qui tient à la théorie de la perfectibilité indéfinie : c'est que la réalité n'est pas « définitive », non plus que les souffrances ou les déceptions qu'elle génère. Dans cette perspective infiniment consolante, le possible, substantivé, se confond avec la prescience rêvée de l'idéal ; il est l'idéal pressenti, imaginé, souhaité, ou l'idée en germe, contenue dans l'*enveloppement* d'une conscience encore confuse, et attendant son *développement* futur dans l'histoire. C'est ainsi que l'état de Rêve est situé dans l'enfance de l'homme comme dans l'enfance des nations :

> Qui ne se souvient de cet âge où, n'ayant pour mesure de la vie que sa propre virtualité, l'âme s'épanouit librement, indéfiniment, non dans le réel qu'elle ne connaît pas, mais *dans le possible* ? Rêve prophétique, où l'homme s'entrevoit un instant dans sa destinée infinie ! rêve nécessaire ! Tout ce qui s'accomplit sur la terre de beau et de grand a là son type ainsi que sa première réalité[146].

---

144 « Utopie », *Encyclopédie nouvelle. Dictionnaire philosophique, scientifique et industriel*, publiée sous la direction de MM. P. Leroux et J. Reynaud, Librairie de Charles Gosselin, Librairie de Furne et Cie, 1837, t. VIII, p. 575-579. On sait qu'il a lu, dans le tome III, l'article « Ciel » où J. Reynaud développe l'immense perspective ouverte par la pensée des métempsycoses interstellaires. Sur la philosophie religieuse de J. Reynaud, voir Guillaume Cuchet, « Utopie et religion au XIXe siècle. L'œuvre de Jean Reynaud (1806-1863), théologien et saint-simonien », *Revue historique*, 2004/3, n° 631, p. 577-599.

145 « Quand la réalité ne le contente plus, l'homme, par le rêve, lui échappe ; il dessine, il poursuit à travers l'idéal un état meilleur. Et il a raison ; car cette réalité dont il souffre n'a rien de définitif ; car ce n'est pas en vain qu'au-dessus de toute réalité l'esprit reste libre ; et pour que l'état meilleur devienne réalité à son tour, il faut que longtemps d'avance il ait été pressenti, espéré, conçu dans l'idéal, réalisé dans l'imagination. Le désir qui, sous sa condition normale et légitime, se confond dans l'espérance, est donc véritablement, ainsi que le Christianisme l'a entrevu, l'une des forces fondamentales de la vie humaine. C'est le lien de l'avenir avec le présent, c'est l'aile motrice de la vie, comme la Foi en est la lumière, comme l'Amour en est le repos et la plénitude. » (*Ibid.*, p. 575).

146 *Ibid.*, p. 575, c'est moi qui souligne.

L'auteur de l'article[147] va même jusqu'à soutenir, contre les contempteurs positivistes du Rêve et des Rêveurs, que « tout ce qu'on nomme illusions est vrai, et d'une vérité éternelle[148] ». L'erreur ne procède pas directement du rêve, mais des difficultés de la réalisation, de la délicate application de l'idéal à la réalité, de leur dissociation nécessaire – car l'idéal « plane[149] » au-dessus du réel comme l'oiseau mystérieux du possible, sans se confondre avec lui, du moins tant que l'heure de l'accomplissement n'est pas venue : n'est-ce pas contre la réalisation forcée, anticipée, de l'idéal que proteste Gauvain dans son dialogue avec le zélateur de la Terreur, trop prompt à « rudo[yer] l'utopie[150] » ? Il n'empêche que, malgré les obstacles, toutes nos croyances, tous nos pressentiments, toutes nos visions, si naïves soient-elle en apparence, sont estimées vraies et réalisables, sinon sur cette terre, du moins dans l'infini et dans l'éternité, où l'idéal et le réel se rejoignent – de même que, selon Hugo, « le point de rencontre » entre le réel et le possible (dont il est l'*asymptote*) se situe « à l'extrémité de l'infini[151] » :

> Toutes [ces croyances naïves que l'on nomme des illusions] sont vraies, toutes se réaliseront : lors même que la terre n'y suffirait pas, il reste l'infini, l'éternité ; le rêve de l'homme n'est point seulement pour la terre. Si infinis que soient nos vœux, dès qu'ils sont légitimes, soyons sûrs qu'ils seront satisfaits ; car, dans l'infini le réel ne fait qu'un avec l'idéal ; toute vérité est réalité, *toute possibilité est existence*[152].

Cette « corrélation nécessaire[153] » entre la réalité et l'idéal, entre les vœux et les choses, n'est effective qu'en vertu d'une forme d'harmonie préétablie orientée vers l'accomplissement du meilleur des mondes

---

147 Il s'agirait de Pierre Leroux lui-même, selon Jacques Viard (« Le parti intellectuel contre le mouvement ouvrier », *Du Forez à la Revue socialiste : Benoît Malon (1841-1893)*, Gérard Gâcon, Claude Latta dir., Publications de l'Université de Saint-Étienne, 2000, p. 224, n. 19). Il ne saurait être question d'évoquer ici les rapports, assez conflictuels, de Hugo et de Leroux, ni d'épuiser la vaste question de la fonction et de la portée de l'utopie selon Hugo. On se contente d'en donner un aperçu sous l'angle exclusif du *possible* futur. Selon la formule de Hugo, définissant l'utopie, l'impossible est « le fœtus du possible » (« Les génies appartenant au peuple », *Critique*, *op. cit.*, p. 591).

148 *Ibid.*, p. 577.

149 *Ibid.*

150 *Quatrevingt-treize*, *op. cit.*, p. 1058.

151 *La Mer et le Vent*, *op. cit.*, p. 691.

152 « Utopie », *op. cit.*, p. 577. C'est moi qui souligne.

153 *Ibid.*

possibles. La promotion utopique de la notion de possible – de sa priorité sur le réel, de la croyance dans la « puissance créatrice » de l'homme et du rêve – prolonge ainsi l'héritage de Leibniz, non sans l'infléchir ni le déformer sensiblement. Mais, à la différence de l'auteur de l'article « Utopie », et contrairement à la sentence inexorable de Cimourdain, tout disposé à forcer le cours de l'histoire, Gauvain ne considère pas que « [l]e possible se réalise toujours[154] ». Rêveur, prophète, *poète* du possible, Gauvain – et sans doute Hugo à travers lui – continue à inscrire le surgissement de l'événement dans une logique de la manifestation, et non de la stricte réalisation instrumentale. Il y a toujours quelque chose qui échappe dans le possible, cet « oiseau mystérieux » et délicat : une part d'incertitude irréductible, un *quid divinum* qui expose à une interrogation sans fin.

POSSIBLE ET PRODIGE

On voit à quel point Hugo est prêt à graduer l'approche tâtonnante du réel, de l'incertain au certain, en passant par le possible et le probable, en mettant en œuvre ce qu'on pourrait appeler un réalisme conjectural. Mais le possible n'est pas seulement un degré sur l'échelle modale de l'incertitude. Fondamentalement rapporté aux « faits de frontière » monstrueux, où se concentrent la présence et la pression de l'infini, il s'inscrit plus largement dans une poétique du *prodige*. Nul mot, on le sait, dont Hugo soit plus prodigue que celui de prodige[155]. Mais le mot coïncide avec la chose : c'est que l'Être est lui-même « prodigieux » (« le prodigieux être multiple[156] »), c'est qu'il est un « miracle innombrable[157] », un « précipice de prodiges[158] », un « déchaînement éternel [de] prodiges[159] ». Tout est prodige dans l'univers de Hugo.

154 *Quatrevingt-treize*, *op. cit.*, p. 1058.
155 Voir le bel article Jean-Pierre Reynaud, « L'esthétique du prodige », *L'Arc*, n° 57, 1974, p. 15-22.
156 *Préface de mes œuvres*, *op. cit.*, p. 703.
157 *Philosophie*, *op. cit.*, p. 490.
158 *Ibid.*, p. 489.
159 *William Shakespeare*, *op. cit.*, p. 336.

L'art lui-même, on l'a dit, parce qu'il est apparenté à l'infini, a droit au « prodige[160] » : son possible à lui, c'est l'impossible (l'impossible de la démesure, l'impossible de l'immanence naturelle). Dans les grands textes philosophiques de l'exil, le point de départ de la pensée philosophique et religieuse est toujours l'émerveillement (ou l'effroi sacré) devant les prodiges illimités de l'infiniment grand et de l'infiniment petit, comme s'il fallait imposer ce vertige à l'esprit pour l'éveiller à la conscience du réel, du réel dans toute sa démesure, couramment masquée par les routines étriquées qui limitent le champ de son rayon visuel.

Il serait fastidieux de relever toutes les occurrences du terme multipliées dans cet hymne à la prodigalité naturelle. Ce qui nous importe ici, c'est la convergence du possible et du prodige. Parce qu'il renvoie à la surnature immanente à la nature, le possible, insolite sans être irréel ni irrationnel, ne désigne ni une forme de merveilleux naturel (le naturel est surnaturel), ni une forme de merveilleux surnaturel (le surnaturel est naturel), mais bien ce qu'on pourrait appeler, à la suite de Catherine Kintzler, commentant la préface de Boileau au *Traité du sublime de Longin*, un *merveilleux sublime*, pour peu qu'on suive la définition éclairante qu'elle en donne : « Le merveilleux sublime produit l'extraordinaire, non pas en se portant aux extrémités de l'ordinaire ["sur la dernière limite des possibles", comme l'affirme Marmontel dans l'article "Merveilleux" du *Supplément* de *L'Encyclopédie*, également cité], mais en faisant exploser ces extrémités. L'impossible y surgit au cœur du possible par un excès qui a quelque chose d'absolu : l'infini s'y montre[161]. » La mesure du possible, affirme encore le même critique, y « donne la démesure de l'impossible[162] ». C'est précisément l'absence de *commune mesure*, le heurt entre possible et impossible qui fait advenir le sublime à partir de l'expérience ordinaire. Mais, se place-t-on comme Hugo du point de vue cosmique, il faut dire que le rapport entre ordinaire et extraordinaire se trouve complètement inversé : le régime normal, naturel de l'Être, c'est le *prodige*. Ou l'(im)possible.

Ce merveilleux immanent, accordé aux possibilités sans limites de la nature, précisons également d'emblée (nous aurons l'occasion d'y

---

160 *Le Goût*, *op. cit.*, p. 569.

161 Catherine Kintzler, *Théâtre et opéra à l'âge classique*, Fayard, 2004, chap. IX (« Du merveilleux et du sublime : nature lacunaire, surnature, contre-nature »), p. 203.

162 *Ibid.*, p. 204.

revenir), qu'il n'oppose pas la merveille et le monstre comme deux réalités distinctes. La merveille et le monstre sont les deux faces à la fois contraires et complémentaires, et donc réversibles, du prodige naturel dans sa démesure et sa fondamentale ambivalence *aux yeux de l'esprit humain*. En outre, comme le suggère Jean Céard dans sa synthèse classique[163], en rappelant l'origine étymologique la plus probable du mot *monstre* (de *monere*, avertir), la poétique du prodige implique l'effacement de l'ordre de la causalité (de toute façon inaccessible) au profit de l'ordre énigmatique des *signes*, des prémonitions, des avertissements, des signatures et augures naturels : si tout est possible, tout est signe. De là, bien sûr, l'orientation prophétique ou apocalyptique des romans de Hugo, mais aussi, plus largement, le choix qui y est fait de déplacer l'accent de la cause vers l'effet, de promouvoir le jeu des *coïncidences* merveilleuses et la discontinuité stupéfiante des épiphanies. L'ontologie hugolienne de la démesure implique une approche phénoménologique : les deux se rejoignent dans ce qu'on pourrait appeler une *ontophanie*. L'attention privilégiée aux manifestations toujours mystérieuses de l'Être prodigieux et multiple appelle notamment une pratique de la restriction de champ, toute une mise en scène du regard qui a été bien commentée[164]. Beaucoup plus complexe que ne laisse croire un préjugé tenace, celle-ci ne se réduit pas aux ficelles d'une rhétorique de feuilletoniste, habile à retrancher derrière le masque des apparences ce qui n'est un mystère pour personne. Loin de se limiter à un procédé mélodramatique de dissimulation artificielle, elle trouve sa justification profonde dans la définition primordiale de l'être-au-monde, soumis à la friction incessante du possible et de l'impossible, de la mesure et de la démesure, et au jeu incertain de la *manifestation*.

En somme, on pourrait presque dire que le possible est la modalité du *phénomène*, non pas au sens kantien, mais au sens hugolien de prodige : « Le prodige, c'est le phénomène à l'état de chef-d'œuvre[165] ». C'est ce que montre, magnifiquement, l'ouverture cosmique de *Promontorium somnii*, qui place la célébration du Songe universel sous le signe de l'astre lunaire, dans le sillage d'une vieille tradition de la mélancolie. Hugo

163 Jean Céard, *La Nature et les prodiges* (1977), Genève, Droz, 1996.
164 Voir Myriam Roman, *op. cit.*, IIIe partie, Livre III, chap. 1, II (« L'espace d'un regard »), p. 649 *sqq.*
165 *La Mer et le Vent*, *op. cit.*, p. 682.

y rapporte l'expérience proprement sublime qu'il vécut, en 1834, sur la plate-forme de l'Observatoire de Paris, sous la conduite d'un guide, l'astronome Arago, nouveau Virgile athée et républicain. Tout prend en effet l'allure d'une initiation sacrée au mystère sidéral. D'abord on ne voit rien à travers le télescope, rien d'autre que « la plénitude du noir[166] ». Mais ne rien voir, c'est déjà voir quelque chose, le rien, qui n'est pas rien, une brusque arrivée de ténèbres, et c'est commencer à subir la pression de l'ombre immense, à penser et à rêver sous la pression de l'infini. Comme toujours, chez Hugo, on rêve et on pense dans le vertige d'un sursaut héroïque, d'un vigoureux changement de perspective – favorisé ici par l'usage du télescope. D'emblée, le choix est fait de mettre en scène le saisissement du moi par l'approche phénoménologique du réel, et de différer le moment de l'explication savante, pour faire naître la virginité et la franchise d'une pure capacité d'émerveillement. Aussi le texte ne se contente-t-il pas d'évoquer le résultat de la découverte, il retrace tout le processus de l'observation, toutes les étapes du dévoilement graduel. D'abord, la lente accommodation de l'œil qui, passant du rien au presque rien, en vient à discerner des reliefs et des contours, encore vagues, dans l'ombre du segment lunaire observé ; puis la deuxième étape décisive : la brusque prise de possession de l'ombre par la lumière, le *Fiat lux* qui illumine tout et dévoile le visage ignoré de la lune. L'aventure est d'abord celle de la perception prolongée par le songe, et celle de l'esprit bouleversé par ce que Hugo situe à chaque fois à l'origine de toute pensée : l'*horreur sacrée* devant la révélation sublime de l'infini. Les causes, la science, ou la fausse science, sont rejetées à l'arrière-plan, au profit du spectacle sublime de la manifestation.

C'est que l'approche phénoménologique opère, dira-t-on, une forme de *réduction*. Si, dans un premier temps, on ne voit rien alors qu'il y a tant à voir, c'est peut-être parce qu'on ne sait pas regarder ; la litanie des invites bienveillantes du guide initiatique est un encouragement à regarder (« Regardez ») ce qu'on ne voit pas ou ne sait pas voir, ce qui apparaît, ce qui surgit dans la lumière d'une véritable apocalypse progressive. « Qui que nous soyons, nous sommes des ignorants. Ignorants de ceci, sinon de cela. Nous passons notre vie à avoir besoin de révélations. Il nous faut à chaque instant la secousse du réel[167]. » C'est le non-savoir

166 *Le Promontoire du songe*, *op. cit.*, p. 4.
167 *Ibid.*, p. 7.

qui est le point de départ du savoir véritable. Pour voir la réalité, pour voir toute la réalité de la lune, il faut secouer les fausses évidences et se défaire de l'encombrante « science de la lune[168] » composée de clichés poétiques, de clichés mythologiques, de croyances superstitieuses, ainsi que des hypothèses diminuantes de la science étroitement positive, qui réduit la lune en la mesurant. Il faut se défaire de la « lune métaphorique » des poètes et de la « lune algébrique » des savants, pour voir la lune telle qu'elle est, « entre les deux[169] », en dehors du cadre étroit d'une familiarité trompeuse. C'est alors de l'absence de formes, de l'informe, du « chaos[170] » mental que peut surgir l'expérience proprement religieuse du saisissement par le prodige : la nuit initiale a fait la nuit dans l'esprit ; elle a effacé les préconceptions fallacieuses. La révolution de vision s'accompagne d'une révolution mentale ; l'esprit est forcé à une véritable table rase, condition préalable à la naissance de l'étonnement et au vertige sacré de l'infini.

De sorte que, non seulement la vue se dépasse en vision, mais l'observation se trouve prolongée par le songe. Apercevoir le Promontoire du songe relève déjà du songe. Entrer dans la science-songe, dans le rêve-savoir suppose de ne pas dédaigner l'hypothèse, au contraire du positivisme étroit. Aussi la perception se « compliqu[e] »-t-elle de « conjectures », d'« ébauches de la pensée essayée hors du connu[171] », de questions posées à l'*autre* réalité qui se dévoile au regard et à l'esprit. La rêverie cosmologique, qui pousse à l'abandon de tout géocentrisme comme de tout anthropocentrisme, débouche sur l'hypothèse de la pluralité et de la relativité des mondes, dans le sillage de Camille Flammarion[172] notamment. On est saisi de stupeur rêveuse à l'idée que la lune soit un monde, le « centre conjectural[173] » d'une création différente de la nôtre, peuplée d'une faune et d'une flore inouïes, de monstres et de d'habitants inconnus, elle aussi gagnée par « le fourmillement de la vie universelle[174] » qui essaime partout dans l'espace. À l'idée vertigineuse,

168 *Ibid.*, p. 12.

169 *Ibid.*, p. 11-12.

170 *Ibid.*, p. 7 (« un chaos dans mon cerveau »).

171 *Ibid.*

172 Camille Flammarion, *La Pluralité des mondes habités* (1862), Flammarion (30e édition), 1921.

173 *Le Promontoire du songe*, *op. cit.*, p. 7.

174 *Ibid.*, p. 13. La formule de la « vie universelle » est sans doute empruntée à Flammarion (*op. cit.*, p. 149, par exemple).

également, que notre terre pût devenir un « rêve » pour ce « songe » céleste où nous devinons « une terre[175] ». Au comble de ce vertige conjectural, on ne s'étonnera pas de voir resurgir, associée à la puissance heuristique du songe, la notion de possible, dans un emploi strictement adjectival qui désigne une sorte de latence monstrueuse du prodige : « On rêve le monstre *possible* dans ce prodige[176] » qu'est la lune. Remarquable formule qui signale l'équivalence du monstre et du prodige, également démesurés, leur réversibilité toujours possible du point de vue de l'infini. C'est bien un autre monde *possible* (hypothétique, mais coexistant) qui se profile ici à travers la vision éblouie de ce nouveau Dante conduit, non en enfer, mais dans le ciel, par un nouveau Virgile. On peut fort bien lire cette vision-méditation comme une rêverie sur le *possible*, tout autant que sur l'invisible dévoilé au regard.

Sur le possible comme avers de l'impossible. Les deux notions, à la fois contraires et complémentaires, renvoient sans cesse l'une à l'autre, ici comme ailleurs. Le propre du prodige est d'être à la fois impossible et réel : « Cela semble impossible, et cela est[177] ». Et, comme dans les textes précédents, toute cette mise en scène éblouie de la merveille ou du monstre cosmique est sous-tendue par l'antagonisme du possible et du vraisemblable. Est vraisemblable la « science de la lune » banalisante dont il faut se détacher pour voir la « lune réelle[178] » : pour la voir telle qu'elle est, c'est-à-dire prodigieuse et stupéfiante. Le régime normal de l'Être, vu du côté de l'infini et non des certitudes limitées de l'homme, c'est l'extraordinaire. Dans l'univers tel que le conçoit Hugo, il n'y a que des prodiges ou des monstres. La science va de merveille en merveille et le texte nous fait épouser à sa suite un crescendo de l'émerveillement. Au réveil de la lumière extérieure correspond dans l'esprit le réveil de

175 *Ibid.*, p. 7.

176 *Ibid.*, p. 13. C'est moi qui souligne.

177 *Ibid.*, p. 12-13. Dans *Magnitudo parvi*, écrit en février 1855, la contemplation formidable des mondes stellaires, régis par d'autres lois que le nôtre, provoque un même vertige onirique. Hugo insiste sur la réversibilité onirique du possible en impossible dans le trouble de l'effarement : « Ce monde est-il le vrai ? le nôtre est-il l'erreur ? / *Ô possibles qui sont pour nous les impossibles* ! / Réverbérations des chimères visibles ! » (« *Magnitudo parvi* », *Les Contemplations*, III, XXX, *op. cit.*, p. 244, v. 115-117 ; c'est moi qui souligne). L'usage du pluriel n'est sans doute pas sans rapport ici avec l'hypothèse de la pluralité des mondes, possibles en tant qu'hypothétiques, mais actuellement existants. Nous aurons l'occasion d'y revenir.

178 *Ibid.*, p. 12.

la lumière intérieure : pour voir les choses telles quelles sont, dans leur démesure réelle, il faut une secousse salutaire, doublement provoquée ici par l'usage dépaysant de l'instrument optique et par le vertige né du décentrement et de la relativisation des perspectives. Le possible se situe à la frontière des points de vue et des mondes ; il invite à percevoir le réel *de l'autre côté*, comme on échoue à le voir d'ordinaire, à cause de la pesanteur routinière de l'esprit et, plus gravement encore, en raison d'une forme d'hostilité première à l'égard de l'infini (hostilité du reste réciproque), de déni de grandeur, de crainte de l'incommensurable. Déni épouvanté dont le nihilisme positiviste, doublement négateur de l'invisible et du possible, n'est peut-être à vrai dire que le symptôme, dans sa défiance *a priori* à l'égard du sentiment religieux de l'infini.

L'essentiel de l'expérience vécue se trouve alors résumé dans cette formule paradoxale, déjà citée : « la secousse du réel[179] ». Celle-ci peut s'entendre selon les deux sens du génitif : la secousse imposée à notre conception ordinaire du réel, et la secousse produite par le réel. Formule paradoxale, car, dans le même temps, Hugo assimile l'effet vertigineux du voyage optique à une « perte du réel ». Le saisissement sublime est doublement défini comme « la secousse du réel » et comme la « perte du réel » : « L'effet de profondeur et de perte du réel était terrible. Et cependant le réel était là. Je touchais les plis de mon vêtement, j'étais, moi. Eh bien, cela aussi était. Ce songe était une terre[180]. » La perte de repères est telle que Hugo n'est pas loin d'éprouver l'effet d'un scepticisme vertigineux, d'un doute radical à la Descartes : l'effondrement du sens du réel dans l'abîme du rêve. Ce sont bien la solidité et l'évidence supposées du réel qui se trouvent soudain ébranlées par la plongée de l'esprit dans l'inconnu.

Cette impression de vertige, à la fois accablante et exaltante, Hugo choisit de la traduire par une équivoque généralisée sur le sens (le double sens) du mot réel. La perte du réel et la secousse du réel ne sont pas incompatibles, si l'on considère l'ambiguïté même de la notion de réel – laquelle désigne dans un cas *notre* réel, notre habitude du réel, le réel *selon nous*, et dans l'autre le dévoilement non de l'irréel, mais du réel *plus loin*, le dévoilement de toute la profondeur ignorée du réel élargi. La perte du réel est bien l'effet de la secousse libératrice, et la secousse

---

179 *Ibid.*, p. 7.
180 *Ibid.*, p. 6-7.

révélatrice la condition d'un gain en réalité : ce gain en réalité, qu'est-ce d'autre que le possible, en un sens ? Ce que suggère Hugo, c'est que le réel ordinaire n'est jamais qu'une partie du réel ; l'habitude de la courte vue restreint notre horizon au connu. Loin de prendre le réel pour une évidence, Hugo met en question l'évidence du réel ; il la soumet à l'interrogation philosophique, non par le moyen d'une démonstration abstraite, mais à la faveur d'une expérience vécue, transformée en fable exemplaire : l'épreuve et la mesure du réel, c'est le vertige vécu.

Vertige du réel, vertige du rêve, tout aussi bien. Hugo traduit le vacillement radical des repères perceptibles et mentaux par d'incessants échanges métaphoriques entre le réel et le rêve : la lune est une *chimère*, un *songe*, une *vision* pour laquelle, on l'a dit, nous sommes nous-mêmes un rêve, le rêve d'un rêve. L'indétermination flottante de la vision donne lieu à l'épanchement généralisé du songe dans le réel : voir l'incertain et l'ignoré, c'est voir comme en rêve. Hugo a cette image sublime, suscitée par le sublime de la vision : dans le silence des espaces infinis, la présence extraordinaire du phénomène « vous serre le cœur », elle a l'effet sidérant des « *grands fantômes*[181] ». Tout se résume finalement dans la notion de *simulacre*, que Hugo emploie sans doute ici, prioritairement, dans sa signification archaïque virgilienne (celle de fantôme), comme le suggère l'identification finale de la lune à un « monde spectre » suspendu dans l'immensité. Fantôme, simulacre, spectre, tout renvoie à cette paradoxale *irréalité* du réel, dès lors qu'il est vu autrement, dans sa démesure, comme un impossible possible.

Nulle confusion baroque, cependant, entre le réel et le songe. L'hésitation constante de la vision entre les deux pôles, dans le vertige du doute, ne vient que refléter ici l'expérience subjective de la désorientation. Le réel ne s'en trouve pas affecté pour autant d'une inconsistance ou d'une évanescence durables. Le doute salutaire que suscite l'épreuve sacrée du saut dans l'inconnu n'est pas comparable à la table rase du doute cartésien, qui ne fait droit à l'argument sceptique du rêve universel que pour affirmer la priorité ontologique de la pensée. Comme dans le texte d'*Océan*[182] où il réfute, avec cohérence, le doute cartésien (son nihilisme relatif) au nom de la priorité ontologique de l'axiome irréfutable, celui du moi (« je suis » précède « je pense » : dans le *cogito* hugolien, c'est *ego*

181 *Ibid.*, p. 13. C'est moi qui souligne.

182 *Océan, Œuvres complètes*, R. Laffont, coll. Bouquins, (1re éd. 1989), 2002, p. 39-42. Fragment philosophique daté de 1852-1853.

qui compte), Hugo oppose ici à la tentation du chimérisme universel la certitude intuitive primordiale, et indémontrable : « j'étais, moi », donc « cela aussi était[183] ». Ce qui provoque la déroute provisoire de l'esprit, ce n'est pas l'annulation sceptique du réel dans les brumes du songe, mais bien sa confrontation avec la démesure du Tout qui le déborde et le dépasse : l'évidence inaperçue de la préexistence du Tout et de sa priorité, dira-t-on ontologique, sur la pensée.

La portée philosophique de ce texte vertigineux est considérable. Le réel n'est plus une évidence, on l'a dit, mais une question ; la considération de son statut paradoxal impose de régresser en amont vers les critères mêmes du jugement de réalité, c'est-à-dire vers les critères théoriques de la connaissance. À la limite, comme l'affirme M. Dixsaut[184], dans un livre récent sur la pensée nietzschéenne des antinomies, la notion de réalité est dépourvue de tout contenu stable, elle est un « marqueur flottant » susceptible de s'appliquer à des contenus différents, voire opposés. Quand elle réussit à lui imposer sa forme, la connaissance marque ce contenu du sceau de la réalité, et le disqualifie comme irréel si elle n'y parvient pas. Cette partie rejetée du réel, c'est l'incommensurable monde du possible. La limite n'est donc pas dans les choses, elle est d'abord dans l'esprit. Ce que produit ici le saisissement du prodige, c'est bien une forme de dessaisissement : le dessaisissement des critères et des formes habituels de la connaissance.

Le plus troublant, c'est que l'ouverture phénoménologique au possible débouche sur une interrogation proprement ontologique. La difficile reconnaissance du phénomène hors cadre et hors de mesure introduit un véritable flottement ontologique que Hugo traduit ici de manière frappante. Le simulacre de la lune vue-rêvée, située entre le cliché poétique et la réduction algébrique, se défait et se recompose, oscille sans cesse entre l'être et le non-être, dans l'interrogation inquiète des apparences, toujours vacillante et toujours relancée : « j'étais, moi. Eh bien, cela aussi était[185]. » ; « Est-il vrai que cela soit ? » ; « Cela semble impossible, et cela est[186]. » ; « Oui, cette chose est[187]. » ; « cela n'est peut-être pas[188]. » De là

183 *Ibid.*, p. 7.
184 Monique Dixsaut, *Nietzsche par-delà les antinomies*, Vrin, 2012, p. 276-279.
185 *Le Promontoire du songe*, *op. cit.*, p. 7.
186 *Ibid.*, p. 12.
187 *Ibid.*, p. 13.
188 *Ibid.*, p. 14.

la proximité du réel et du songe : comme le rêve, ou comme le monde poétique, cela est et cela n'est pas en même temps. Ou plutôt cela est et cela ne *semble* pas être selon la catégorie ordinaire de la « réalité ». Le flottement de l'être renvoie d'abord au flottement de l'esprit.

Il est toutefois un moment qui semble arrêter ce flottement indécis des apparences : c'est celui où, saisissement suprême, le phénomène que vous regardez paraît à son tour « vous regard[er] ». Oui, la lune vous regarde. « Elle vous tient[189] », elle vous tient sous son regard. Vous êtes pris par la fascination. Ce que le texte de Hugo décrit, c'est le *ricochet de la fascination*, pour reprendre une formule de *L'Homme qui rit*, appliquée à l'apparition sidérante et sidérale de Josiane au théâtre, autre phénomène médusant. Comme si la réalité se fixait, se condensait, passait de l'informe à la forme sous l'effet de ce croisement (de ce *chiasme*, dirait Merleau-Ponty) entre le voyant et le visible. L'*adhérence* à la surnature immanente est le fruit d'un décentrement vertigineux : la réalité commence à *tenir* quand nous sentons qu'elle nous tient.

Comme le suggère ce dernier exemple, on ne saurait se contenter de reporter sur l'esprit, et sur ses limites intérieures, la cause du vertige ontologique. Il faut aussi tenir compte de la dynamique même de la révélation. Le moment déterminant est celui où le segment obscur de la lune se trouve brusquement envahi par la lumière, comme si « la grande parole » biblique, proprement sublime, « venait d'être dite » à nouveau, dans toute son efficace : *Fiat lux*[190]. Les ignorants que nous sommes ont besoin de révélations ; c'est à une sorte d'apocalypse visuelle qu'il nous est donné d'assister ici, dans le saisissement d'un premier matin du monde. Le sujet semble ainsi épouser l'élan dynamique d'une co-naissance, accompagner de l'esprit et du regard ce qui naît et apparaît dans la lumière. Se trouverait pleinement justifié l'emploi du terme *phénomène* – si le phénomène est bien ce qui se porte de lui-même à la lumière. Mais la référence biblique au *Fiat lux* peut sembler étonnante. Car un double réseau métaphorique fait conjointement de cette expérience sidérante une *révélation*, un dévoilement, et une *création* : le dévoilement progressif de ce monde existant mais ignoré est aussi présenté comme un moment créateur, comme si au gain en visibilité correspondait un gain en être, comme si accéder à la lumière c'était aussi accéder à l'être ; comme si ce

189 *Ibid.*, p. 13.
190 *Ibid.*, p. 16.

qui n'était pas visible était, dans une certaine mesure, pénétré de néant. C'est du reste ce que suggère l'analogie ultérieure entre l'éclipse de la lune et l'éclipse du génie : si les œuvres sont des mondes, comme le soutient Hugo, alors l'obscurité dans laquelle est plongée la création colossale du génie (celle de Shakespeare, ignorée de la postérité) la fait confiner à une quasi-inexistence : « Cette œuvre fait partie de ce qui n'existe pas ; elle est nivelée par l'ombre avec le néant. » L'ignorance universelle, ce linceul, est décrite comme un anéantissement. Il faut attendre le phénomène prodigieux de la gloire réparatrice pour tirer de l'ombre et du néant, comme l'autre monde lunaire, le monde obscurci de l'art.

L'hésitation entre révélation et création est notamment perceptible dans la métamorphose du *masque* en *visage* chargée de signifier l'exhumation glorieuse du monde spectre : « La lumière avait fait de toute cette ombre soudain vivante quelque chose comme un masque qui devient visage[191]. » Faut-il comprendre que le masque enfin levé laisse apparaître le visage ? Ou que le masque *devient* visage par un double passage de la mort à la vie (l'ombre soudain ravivée) et du chaos à la forme ? Résurrection, plus que dévoilement, comme si le monde, dans son instabilité foncière, avait toujours besoin d'être arraché aux velléités de reprises du chaos sur la création. De sorte que la révélation est assimilée à une seconde *Genèse*, ou à une genèse toujours recommencée. Par cette ambiguïté, dira-t-on qu'on se trouve projeté au cœur du mystère de l'ontologie hugolienne ? La consubstantialité est telle, comme l'a magnifiquement établi G. Poulet[192], entre le sujet et l'objet chez Hugo, qu'il n'est guère possible de faire la distinction dans son œuvre entre ne pas être et ne pas être pensé, vu, rêvé ; entre l'ombre comme voilement, et l'ombre comme néant. On se risquera même à suggérer que le rapport entre révélation et création n'est pas seulement d'ordre métaphorique ici. L'invisible est en souffrance et en puissance ; la lumière apporte l'être. Peut-être même n'y aurait-il pas à distinguer vraiment entre l'*invisible* et le *possible* (le possible comme ébauche) : ce qui n'est pas, ce qui hésite entre être et néant au bord de l'abîme (la face cachée de la lune réelle) ne finit-il par « *exist[er] magnifiquement*[193] » dans l'éblouissement de l'illumination cosmique ?

---

191 *Ibid.*

192 G. Poulet, *Études sur le temps humain* II (1952), Plon, Presses Pocket, 1989, chap. VI, p. 194-230.

193 *Le Promontoire du songe*, *op. cit.*, p. 16. C'est moi qui souligne.

« L'INCOMMENSURABLE MONDE » DU POSSIBLE

L'« AQUARIUM DE LA NUIT »

À lire la fiction heuristique du télescope d'Arago, on mesure combien il est artificiel de séparer le sujet et l'objet dans l'ordre du possible. Sans cesse le possible substantivé glisse de la signification épistémique vers la signification ontologique. L'ouverture du possible est en même temps l'ouverture au possible. Le terme désigne à la fois la disposition conjecturale de l'esprit et l'extension du réel au-delà de ses limites cognitives habituelles. La mesure de l'esprit, et la mesure du réel, la mesure du réel comme *démesure.* De la limite intérieure, débordée par l'énormité de l'immanence naturelle, nous sommes fatalement renvoyés à une autre limite, située non dans l'esprit, mais dans la nature. Le possible semble alors recouvrir une région ignorée du réel, et presque un monde dans le monde. De la signification épistémique, isolée dans un premier temps pour les besoins de l'analyse, l'on passe à ce qu'on pourrait appeler la signification *cosmologique* du possible.

C'est que, comme l'avait suggéré la métaphore de l'arabesque appliquée, dans *La Mer et le Vent*, à la ligne sinueuse du possible, l'exubérance de la création, excessive dans le chaos comme dans l'harmonie, déborde en une pluralité de mondes, se ramifie en directions multiples, selon une conception de l'unité qui, à l'échelle de l'infini, n'exclut nullement la multiplicité. La « réalité universelle » est composée de « zones » diverses qui « se tordent, au-dessus et au-dessous de notre horizon, en spirale sans fin. La vie est le prodigieux serpent de l'infini[1]. » Dès lors, en présence des profondeurs, « rêver est notre seule puissance. Notre conception, vite

1 *La Mer et le Vent*, *op. cit.*, p. 690.

essoufflée, ne peut suivre la création, cette immense haleine. Nos hypothèses, qui sont des effarements, considèrent avec stupeur les *arborescences inexprimables du possible*, et les dilatations de la réalité dans toutes les directions[2]. » *Arborescences du possible* qui trouveraient dans la poétique de la digression leur répondant exact, non plus à l'échelle de l'infini, mais à celle, analogue, de cette création seconde, polycentrique, creusée de prolongements multiples, qu'est le roman pour Hugo – à l'image des arborescences naturelles de la grotte des *Travailleurs de la mer*.

Pour illustrer ce glissement du possible épistémique au possible cosmologique, comment ne pas songer à l'un des plus beaux passages des *Travailleurs de la mer* : celui où, précisément, Hugo évoque « la vaste ouverture du possible » qui met le songeur nocturne en contact avec une *autre* réalité ignorée, confusément entrevue à travers – sublime formule – « l'aquarium de la nuit ». Nous nous proposons de le citer entièrement, puisqu'il nous paraît essentiel de le commenter entièrement, sans dissocier les deux parties, apparemment disjointes, qui le composent :

> [Gilliatt] voyait la nature un peu étrangement.
>
> De ce qu'il lui était arrivé plusieurs fois de trouver dans l'eau de mer parfaitement limpide d'assez gros animaux inattendus, de formes diverses, de l'espèce méduse, qui, hors de l'eau, ressemblaient à du cristal mou, et qui, rejetés dans l'eau, s'y confondaient avec leur milieu, par l'identité de diaphanéité et de couleur, au point d'y disparaître, il concluait que, puisque des transparences vivantes habitaient l'eau, d'autres transparences, également vivantes, pouvaient bien habiter l'air. Les oiseaux ne sont pas les habitants de l'air; ils en sont les amphibies. Gilliatt ne croyait pas à l'air désert. Il disait : puisque la mer est remplie, pourquoi l'atmosphère serait-elle vide ? Des créatures couleur d'air s'effaceraient dans la lumière et échapperaient à notre regard; qui nous prouve qu'il n'y en a pas ? L'analogie indique que l'air doit avoir des poissons comme la mer a les siens; ces poissons de l'air seraient diaphanes, bienfait de la prévoyance créatrice pour nous comme pour eux; laissant passer le jour à travers leur forme et ne faisant point d'ombre, et n'ayant pas de silhouette, ils resteraient ignorés de nous et nous n'en pourrions rien saisir. Gilliatt imaginait que si l'on pouvait mettre la terre à sec d'atmosphère, et que si l'on pêchait l'air comme on pêche un étang, on y trouverait une foule d'êtres surprenants. Et, ajoutait-il dans sa rêverie, bien des choses s'expliqueraient.
>
> La rêverie, qui est la pensée à l'état de nébuleuse, confine au sommeil, et s'en préoccupe comme de sa frontière. L'air habité par des transparences vivantes,

2 *Ibid.* C'est moi qui souligne.

ce serait le commencement de l'inconnu ; mais au-delà s'offre *la vaste ouverture du possible.* Là d'autres êtres, là d'autres faits. Aucun surnaturalisme ; mais la continuation occulte de la nature infinie. Gilliatt, dans ce désœuvrement laborieux qui était son existence, était un bizarre observateur. Il allait jusqu'à observer le sommeil. *Le sommeil est en contact avec le possible, que nous nommons aussi l'invraisemblable.* Le monde nocturne est un monde. La nuit, en tant que nuit, est un univers. L'organisme matériel humain, sur lequel pèse une colonne atmosphérique de quinze lieues de haut, est fatigué le soir, il tombe de lassitude, il se couche, il se repose ; les yeux de chair se ferment ; alors dans cette tête assoupie, moins inerte qu'on ne croit, d'autres yeux s'ouvrent ; l'Inconnu apparaît. Les choses sombres du monde ignoré deviennent voisines de l'homme, soit qu'il y ait communication véritable, soit que les lointains de l'abîme aient un grossissement visionnaire ; il semble que les vivants indistincts de l'espace viennent nous regarder et qu'ils aient une curiosité de nous, les vivants terrestres ; une création fantôme monte ou descend vers nous et nous côtoie dans un crépuscule ; devant notre contemplation spectrale, une vie autre que la nôtre s'agrège et se désagrège, composée de nous-mêmes et d'autre chose ; et le dormeur, pas tout à fait voyant, pas tout à fait inconscient, entrevoit ces animalités étranges, ces végétations extraordinaires, ces lividités terribles ou souriantes, ces larves, ces masques, ces figures, ces hydres, ces confusions, ce clair de lune sans lune, ces obscures décompositions du prodige, ces croissances et ces décroissances dans une épaisseur trouble, ces flottaisons de formes dans les ténèbres, tout ce mystère que nous appelons le songe et qui n'est autre chose que l'approche d'une réalité invisible. Le rêve est l'aquarium de la nuit.

Ainsi songeait Gilliatt[3].

Rien ne relie en apparence les deux parties du texte ; elles sont pourtant profondément indissociables. Dans un premier temps, on retrouve la signification épistémique du possible, doublement associé à la rêverie (qui n'est autre que « la pensée à l'état de nébuleuse ») et à la conjecture. Gilliatt, l'homme du songe, le voyant de la nature, est précisément doué – à la différence du savant étroitement positif, adepte des hypothèses diminuantes – de la capacité de prolonger l'observation par la rêverie, de voir « la nature un peu étrangement », c'est-à-dire un peu autrement, plus loin. Toute la première partie du texte est ainsi occupée par le déploiement rêveur d'une hypothèse apparemment folle, ou cocasse, dont l'étrangeté ne renvoie qu'à l'étrangeté même de la nature prodigieuse.

3 Victor Hugo, *Les Travailleurs de la mer*, *Œuvres complètes de Victor Hugo*, publiées par Paul Meurice, puis par Gustave Simon, Ollendorff, 1911, I, I, 7, p. 79-80 (c'est moi qui souligne). Voir également *TM*, p. 154-156. Toutes les citations ultérieures dont l'origine n'est pas mentionnée renvoient à cet extrait.

Ici, la rêverie conjecturale prend le tour de l'analogie : puisqu'il a pu constater l'existence de transparents de la mer, de l'espèce méduse, Gilliatt est porté à conclure qu'il doit aussi exister des transparents de l'air. « L'analogie indique que l'air doit avoir ses poissons comme la mer a les siens ; ces poissons de l'air seraient diaphanes, bienfait de la prévoyance créatrice pour nous comme pour eux ». Gilliatt en vient même à imaginer « que, si l'on pouvait mettre la terre à sec d'atmosphère, et que si l'on pêchait l'air comme on pêche un étang, on y trouverait une foule d'êtres surprenants. Et, ajoutait-il dans sa rêverie, bien des choses s'expliqueraient. » Extraordinaire inversion surréaliste des coordonnées du réel. Le ciel est rêvé comme l'analogue de la mer, comme son image inversée : un gouffre d'en haut ; rien ne s'oppose donc à ce qu'on puisse y pêcher des créatures inconnues comme on pêche des poissons dans la mer. La rêverie prend bien la forme d'une induction ; de même que le possible a sa pente, elle a sa logique à elle, proprement *poétique* : voir les choses un peu étrangement, qu'est-ce d'autre ici que les saisir, de côté, ou à l'envers, par l'*analogie*, en poète – seul moyen sans doute de pénétrer le monde inversé du prodige ?

Dira-t-on qu'il s'agit là d'un mode de raisonnement primitif, poétique, préscientifique ? Ce serait méconnaître son utilisation constante par les contemplateurs de la nature, comme Charles Bonnet – fût-elle nuancée de scrupules, et rejetée en théorie au profit de l'observation jugée plus sûre. Car l'analogie, qui est l'« un des flambeaux de la physique[4] », ne saurait en dissiper toutes les ombres, estime Bonnet. Il faudrait mettre en regard de ce texte les pages où le naturaliste genevois se range, avec Réaumur et Trembley, parmi les observateurs de la nature, ennemis des systèmes taxinomiques et des lois générales (c'est Buffon qui est visé). L'apparition du polype, véritable prodige, suffit à elle seule à prouver les limites de l'analogie, si l'on entend par analogie la tendance à prendre le connu pour « modèle » de l'inconnu :

> Les polypes nous ont étonné, parce qu'à leur apparition, ils n'ont trouvé dans notre cerveau aucune idée analogue, et que nous avions pris grand soin d'en écarter jusqu'à la possibilité de leur existence. Combien existe-t-il encore d'animaux plus étranges encore que les polypes, et qui confondraient tous nos raisonnements si nous venions à les découvrir ? Il nous faudrait alors inventer une nouvelle langue pour décrire ce que nous observerions. Les

4 Ch. Bonnet, *Contemplation de la nature*, *op. cit.*, VIIIe partie, chap. XVI, p. 348.

> polypes sont placés sur les frontières d'un autre univers, qui aura un jour ses Colombs et ses Vespuces[5].

Seule une véritable franchise du regard est à même de faire surgir les merveilles inconnues que recèle la nature, merveilles naturelles qui ne sont des prodiges (à nos yeux) qu'autant qu'elles dépassent nos capacités limitées de perception et de connaissance. Mieux vaudrait donc l'observation (au besoin élargie par le microscope) que l'analogie, trop entachée de conjecture : « Il n'est aucune branche de la physique qui soit plus propre que l'histoire naturelle à nous faire sentir avec quelle réserve l'on doit user de l'analogie dans l'interprétation de la nature. [...] la voie de l'observation doit toujours être préférée, comme la plus sûre[6]. »

Ce qui n'empêche nullement Bonnet de prolonger la science par la philosophie et d'utiliser lui-même l'analogie dans son hymne à l'harmonie préétablie de la nature. Et de façon assez comparable, qui plus est, à la démarche – faut-il toujours dire naïve ? – de Gilliatt, qui combine l'induction analogique et la rêverie finaliste : s'il existe des transparents de la mer, à peine visibles, il *doit* aussi y avoir des poissons de l'air, trop diaphanes pour être aperçus et connus de nous. Les présupposés de Gilliatt sont sensiblement les mêmes que ceux du naturaliste : ils semblent emprunter à la vulgate leibnizienne à la fois l'idée de la prévoyance créatrice, celle de la diversité infinie de la nature, et surtout celle de sa plénitude. Selon le principe de plénitude, dont le livre classique de Lovejoy[7] a retracé l'historique, tout le possible est appelé à l'existence ; tout est, tout est plein, il n'y a pas de lacunes dans la nature ; la présence des poissons de la mer *implique* celle des poissons de l'air, fût-elle invisible. Cet argument téléologique détermine une certaine conception du possible que Gilliatt, à tout le moins, semble épouser ici. Au point que se trouverait presque inversée la charge de la preuve : à la science, non pas de prouver l'existence des transparents de l'air, mais de prouver qu'ils ne peuvent pas exister. Étant donnée l'harmonie supposée de la nature, leur existence en fait semble découler de leur droit à l'existence. Qui nous prouvera qu'il n'y en a pas ? Donc, il *doit* y en avoir.

---

5 *Ibid.*, p. 344.
6 *Ibid.*, p. 348.
7 Arthur O. Lovejoy, *The Great Chain of Being. A Study of the History of an Idea* (1936), New York, Harper and Row Publishers, 1960.

Osera-t-on suggérer également que Hugo se souvient, dans ce passage, des *Hymnes* de Ronsard, de son grand texte sur les *Daimons*[8] (qu'on a pu rapprocher de *Promontorium somnii*), lorsqu'il prête à Gilliatt une rêverie héritée d'une longue tradition sur les habitants du ciel ? Selon une thèse très répandue, qu'on trouve véhiculée par Paracelse et Ficin, Ronsard rappelle la volonté de Dieu de ne laisser point de lieux « vagues dans l'Univers », mais de les remplir d'êtres accordés à la nature de chacun d'eux. Il faut donc que l'air aussi ait ses propres créatures, les démons, intermédiaires entre la terre et le ciel, entre Dieu et les hommes, tantôt bienfaisants, tantôt malveillants, et prompts à hanter le sommeil de l'homme dans l'épouvante. Comme celui de Gilliatt dans l'*aquarium de la nuit*. On pense à ces démons qu'évoque une voix prophétique, au seuil du gouffre, dans le poème *Dieu* – démons aquatiques, et non aériens : « méduses du rêve aux robes dénouées », jetant « des lueurs dans [le] sommeil » du songeur[9].

La rêverie analogique ouvre ainsi le connu à l'inconnu, à la profondeur invisible de la nature : à ce qu'il faudrait appeler, au sens conjectural du terme, un *possible* de la nature, non démontrable par les voies de la pensée objective. Les créatures diaphanes de l'air sont une possibilité hypothétique, transformée par l'optimisme finaliste de Gilliatt en une manière de nécessité. Mais la rêverie ne s'arrête pas à cette analogie conjecturale ; elle passe de l'observation de la nature, prolongée par l'hypothèse, à l'observation du sommeil ; de la frontière entre la mer et le ciel (frontière interne à la nature), à cette autre frontière, située entre la nature et la surnature, que permettrait de traverser le songe. Encore faut-il préciser que cette deuxième limite, en apparence extérieure à l'ordre des choses, est également immanente à la nature. Rien n'est en dehors de la nature, pas même Dieu. Hugo rappelle ici, dans son commentaire réflexif, l'un de ses articles de foi essentiels, répété dans les grands textes philosophiques de l'exil : naturalisme et surnaturalisme sont des termes impropres, le surnaturalisme n'est que « la continuation occulte de la nature infinie » – formule capitale. D'une frontière à l'autre, on voit ainsi se dessiner la pente de la rêverie indifféremment naturaliste et surnaturaliste : elle conduit le songeur d'une analogie à l'autre, et d'un monde à l'autre, par le prolongement de l'observation au-delà des limites mêmes du visible.

8 Voir Jean Céard, *La Nature et les prodiges*, *op. cit.*, p. 204-205.

9 *Dieu, Œuvres complètes, Poésie IV*, *op. cit.*, p. 589-590.

Car l'homme du songe qu'est Gilliatt est aussi, comme l'indique le commentaire du narrateur, le « bizarre observateur » du sommeil. Il vaut la peine de s'arrêter sur cette formule ô combien paradoxale, tant rien ne semble plus se dérober *a priori* à l'observation que le sommeil livré à l'inconscience. Le songeur se voit conférer le pouvoir inouï d'observer l'inobservable, ce qui excède le champ normal de l'observation : *bizarre* observation, en effet, que celle de l'invisible. Les exemples précédents avaient eu beau risquer l'observation aux limites extrêmes du visible, et du possible (l'invisible marin, l'invisible aérien), le sommeil la fait dériver, plus étrangement encore, vers l'exploration vertigineuse de l'invisible nocturne. Hugo ne fait du reste que prêter à Gilliatt sa propre anxiété du sommeil et sa propre curiosité pour les apocalypses nocturnes. Lui aussi a pu se définir comme un observateur du sommeil : « Je suis l'homme qui fait attention à sa vie nocturne[10] », a-t-il superbement déclaré. Il s'est même attaché à consigner, dans des carnets intimes recueillis par H. Guillemin[11], ses propres observations sur le sommeil, sa hantise des sombres avertissements nocturnes, le récit de ses cauchemars hantés de présences hostiles. Il a tenu le journal, plus ou moins régulier, de ses rêves bons ou mauvais (surtout terribles), ses « nocturnales[12] », avec le souci constant d'en interroger la signification et la portée prophétique. On sait également que *Les Travailleurs de la mer* furent fortement marqués dans leur genèse fiévreuse par les angoisses nocturnes de Hugo[13]. Ils en portent l'empreinte : ils sont faits de l'étoffe du songe. *Les Travailleurs de la mer*, c'est le roman du songe écrit par un songeur suprême et inquiet, dont le héros se voit lui aussi prêter cette existence à demi *somnambulique*[14], propice aux visitations nocturnes, mais aussi dangereusement exposée aux égarements terribles.

10 *Océan*, *op. cit.*, p. 274 (formule datée de 1858).

11 Henri Guillemin, « Hugo et le rêve », *Mercure de France*, 1er mai 1951, p. 5-32.

12 Néologisme forgé par Antoine Charma, soucieux d'écrire, nuit après nuit, les « mémoires de [s]on sommeil », de tenir le journal de ses nuits (*Du sommeil*, Hachette, 1851). Sur la pratique scientifique de l'auto-observation, et sur l'histoire passionnante des « nuits savantes », voir la somme récente de Jacqueline Carroy, *Nuits savantes. Une histoire des rêves (1800-1945)*, Éditions de l'École en hautes études en sciences sociales, 2012.

13 Voir J.-B. Barrère, *La Fantaisie de Victor Hugo*, t. II, Klincksieck, 1973, p. 354 *sqq.*

14 Le rapprochement a déjà été fait, par Michel Collot notamment, dans un bel article (« Entre chaos et cosmos : l'esthétique du paysage dans *Les Travailleurs de la mer* », repris dans *Paysage et poésie du romantisme à nos jours*, Corti, 2005, p. 191) entre Gilliatt, le poète et le voyant de la nature, rêvant à l'unisson du grand rêve océanique, et l'autoportrait de

L'effort même de Hugo pour consigner ses observations nocturnes reposait à la fois sur la conviction d'une puissance heuristique ou prophétique du rêve, et sur l'idée, fondamentale, de la *continuité* entre les états de veille et de sommeil. Continuité que vient souligner ici, justement, la pente même de la rêverie : pensée à l'état de nébuleuse, la rêverie voisine avec le sommeil, qui n'est que sa frontière et non son anéantissement ; elle glisse dans le songe avec une curiosité anxieuse et une sorte d'horreur sacrée, sans rupture véritable, sans abandonner toute lucidité ni toute conscience. C'est là un point capital, remarquablement établi par Tony James[15] : la défiance de Hugo à l'égard du rêve nocturne inconscient et aveugle, assimilé à la mort. Hugo croit l'attention capable de veiller dans le rêve, d'éclairer le monde du songe d'une forme de lucidité peut-être amoindrie, mais préservée – à moins que cette flamme lucide ne soit cultivée à force de pratique et par la grâce d'une nécessaire hygiène mentale et morale. Comme Gilliatt ici, l'observateur du sommeil est capable de s'observer lui-même dans le sommeil et d'observer le sommeil en lui, dans un état intermédiaire entre la voyance et l'inconscience pure (« le dormeur, pas tout à fait voyant, pas tout à fait inconscient ») : état flottant et visionnaire qui dispose aux révélations de la nuit. Autrement dit, ce texte magnifique ne fait que confirmer la croyance de Hugo dans l'existence d'un sommeil lucide, ou à demi lucide, étranger à la césure rationaliste (faut-il dire cartésienne ?) entre la veille et le sommeil[16]. Chez Hugo, on rêve les yeux ouverts. Le rêve nocturne n'est pas l'abîme de

Hugo en « somnambule de la mer », écrivant, pour ainsi dire, sous la dictée de la mer, amalgamant, comme son héros, à son propre travail « le prodigieux travail inutile de la mer » : « Je vis dans une solitude splendide, écrit Hugo de Guernesey en avril 1856, comme perché à la pointe d'un rocher, ayant toutes les vastes écumes des vagues et toutes les grandes nuées du ciel sous ma fenêtre ; *j'habite dans cet immense rêve de l'océan, je deviens peu à peu un somnambule de la mer*, et devant tous ces prodigieux spectacles et toute cette énorme pensée vivante où je m'abîme, je finis par ne plus être qu'une espèce de témoin de Dieu. C'est de cette éternelle contemplation que je m'éveille de temps en temps pour écrire. Il y a toujours sur ma strophe ou sur ma page un peu de l'ombre du nuage et de la salive de la mer ; ma pensée flotte et va et vient, comme dénouée par toute cette gigantesque oscillation de l'infini. » (*Océan*, *op. cit.*, p. 273 ; c'est moi qui souligne). Rêver à la mer, c'est être compris dans le rêve de la mer.

15 A. R. W. (Tony) James, « Le songe et le réel », *Idéologies hugoliennes*, Anne-Marie Amiot dir., Nice, Éditions Serre, 1985.

16 Sur la transgression de la frontière entre veille et sommeil dans les phénomènes de l'hallucination et du somnambulisme, voir le livre classique de Tony James, *Vies secondes*, Gallimard, 1997. Et sur le songe lucide selon Descartes (sans rapport avec la lucidité extatique du songe hugolien), du même, *Le Songe et la raison. Essai sur Descartes*, Hermann, 2010.

la conscience, mais, tout au contraire, comme le suggère notre passage, la conscience de l'abîme.

C'est cette même lucidité révélatrice du dormeur qui se trouve célébrée dans un autre texte, exactement convergent, situé dans *Le Promontoire du songe.* On proposera d'en lire un large extrait, tant la proximité est grande entre les deux méditations quasi contemporaines :

> L'assoupissement des corps est-il un réveil des facultés inconnues, et nous met-il en relation avec les êtres doués de ces facultés, lesquels ne sont point perceptibles à notre organisme quand la bête le complique, c'est-à-dire quand nous sommes debout, allant et venant en pleine vie terrestre ? Les phénomènes du sommeil mettent-ils la partie invisible de l'homme en communication avec la partie invisible de la nature ? Dans cet état les êtres dits intermédiaires dialoguent-ils avec nous ? jouent-ils avec nous ? jouent-ils de nous ? Ce n'est pas ici le lieu d'aborder ces questions, plus scientifiques que ne le croit l'ignorance d'une certaine science. Nous nous bornons à dire que ceux qui observent sur eux-mêmes la surprenante vie du sommeil font beaucoup de remarques. Le problème de la chair au repos a de tout temps sollicité et tourmenté les métaphysiciens sérieux. L'assoupissement a des parties transparentes : une vague étude est possible dans ce nuage, et la fouille du sommeil tente les chercheurs. C'est une sorte de pêche aux perles dans l'océan inconnu[17].

Celle-là même qu'accomplit ici Gilliatt dans l'aquarium de la nuit, après avoir conjecturé la possibilité d'une pêche aux poissons invisibles de l'air. Les deux textes s'éclairent l'un l'autre. Non seulement Hugo y affirme conjointement sa filiation avec les grands « observateurs du sommeil[18] » que sont Jouffroy et Nodier[19], non cité, mais présent à demi-

17 *Le Promontoire du songe*, *op. cit.*, p. 22-23.

18 *Ibid.*, p. 23.

19 Le texte de Hugo dialogue, ouvertement, avec l'article important du spiritualiste Jouffroy (« Du sommeil », paru dans *Le Globe* en 1827 et repris dans les *Mélanges philosophiques* (1833), Genève, Slatkine, 1979) : tous deux se rejoignent dans le postulat du maintien de l'attention dans le sommeil, et dans celui de la continuité entre les états de rêverie (de « Châteaux en Espagne ») et de rêve. Dialogue qui ne peut lui-même se comprendre que sur le fond d'une opposition commune, sous-jacente, à la thèse de Maine de Biran – le premier à s'intéresser aux « phénomènes du sommeil » (selon sa propre formule) – qui tend à assimiler le rêve à un état automatique, à un abîme de la volonté et de la conscience, non sans nuances du reste, dans ses *Nouvelles considérations sur le sommeil, les songes et le somnambulisme* (1809), *Œuvres*, Vrin, 1984, t. V. La magnifique rêverie de Nodier sur les phénomènes du sommeil (« De quelques phénomènes du sommeil », *Revue de Paris*, février 1831) est bien connue de Hugo ; comment aurait-il pu ne pas retenir la déclaration provocante qui l'ouvre, sans doute inspirée par Mesmer : « Il peut paraître extraordinaire, mais il est certain que le sommeil est non seulement l'état le plus puissant, mais encore le

mot ; leur conviction commune d'une clairvoyance nocturne (aux yeux de Nodier, il s'agit même d'un état de lucidité supérieure, propice aux créations immortelles du génie : le sommeil est la Muse suprême). Mais ce que Hugo suggère ici, prudemment, à titre d'hypothèse vérifiée par l'expérience de ces nuits étroitement surveillées, c'est que les « phénomènes du sommeil » (formule empruntée à Nodier) « mettent la partie invisible de l'homme en communication avec la partie invisible de la nature » : l'assoupissement du corps donne lieu à un « réveil des facultés inconnues », capables d'entrevoir la « surprenante vie du sommeil ». C'est affirmer la portée *métaphysique* des observations du sommeil, négligée par la science positive : dans la nuit du songe, les yeux de la chair se ferment, « d'autres yeux s'ouvrent », les yeux de l'âme, qui voient ce qu'on ne voit pas. L'observation rêveuse est relayée par la « contemplation spectrale » de l'invisible, et la passerelle du songe assure le glissement d'un monde à l'autre : au-delà du visible « s'offre la vaste ouverture du possible ».

Comme l'indique l'usage du substantif, le possible n'est plus seulement ici le monde flottant de la conjecture, mais le monde auquel ouvre la conjecture : la « vaste ouverture du possible » est l'ouverture d'un monde, d'un monde autre, ou d'une autre région du réel infini, la « continuation occulte » de la nature dans la surnature. Plus précisément, une double frontière semble avoir été franchie par l'esprit dans son glissement de la rêverie vers le songe : celle qui sépare le connu de l'inconnu ; puis celle qui sépare, dira-t-on provisoirement, le réel du possible. Dans sa progression quasi méthodique, la méditation hugolienne dessine une curieuse gradation, de l'inconnu au possible, comme s'il s'agissait de deux variations différentes sur les frontières ; comme s'il s'agissait surtout de marquer, de l'un à l'autre, une progression supplémentaire dans les profondeurs occultes de la nature : « L'air habité par des transparences vivantes, ce serait le commencement de l'inconnu ; mais au-delà s'offre la vaste ouverture du possible. » Plus même qu'une avancée supplémentaire dans l'inconnu, le possible semble requérir un saut hors du monde, hors de notre monde. Avec les transparences de l'air, si étranges et hypothétiques pussent-elles paraître, on ne quittait pas la législation naturelle. Mais, avec les transparences vivantes de la

---

plus lucide de la pensée [...] » (Charles Nodier, *Œuvres complètes*, Genève, Slatkine, 1968, t. V, p. 160) ? *Promontorium somnii* peut se lire comme un double hommage (implicite) aux rêveries de Nodier sur le sommeil et sur le fantastique.

nuit et du songe, c'est un *autre* monde qui s'ouvre, obéissant à d'autres lois ignorées, à une législation incompréhensible, éclairé comme la grotte par une lumière inconnue. On n'a plus affaire à une variation sur les possibilités du même monde ; mais à autre monde possible. Ce qui se trouve franchi, ce n'est plus la frontière entre deux « mondes » (marins et aériens) au sein du monde, mais celle qui sépare notre monde d'un autre monde, parallèle, ignoré de nous et peut-être nous ignorant, celui des esprits intermédiaires, anges ou spectres, peuplant l'envers nocturne de la nature, situés à un degré supérieur, ou inférieur, dans l'échelle ascendante ou descendante des êtres.

La notion de possible semble alors relever, dans cet emploi particulier, d'un paradigme cosmologique. Hugo insiste tout spécialement dans le texte des *Travailleurs de la mer* sur ce qui fait du « monde nocturne » un *monde*, un *univers* à part entière (« Le monde nocturne est un monde. La nuit, en tant que nuit, est un univers. »), régi soit par d'autres lois que les nôtres, soit par une anarchie inquiétante, soit par une sourde hostilité. « Là d'autres êtres, là d'autres faits », précise-t-il ; un autre monde, celui de la vie extrahumaine, et non le même monde vu autrement. Encore convient-il de corriger, comme le fait du reste Hugo lui-même, ce que la gradation de l'inconnu au possible pourrait avoir de trop abrupt : *stricto sensu*, c'est bien toujours le même monde prolongé dans l'occulte. Le possible, entendu au sens cosmologique, paraît dès lors s'intégrer dans une médiation globale sur la coexistence mystérieuse de mondes divers, voisins, aux frontières plus ou moins poreuses, comme celles de la vie et de la mort rapprochées par le sommeil.

On se risquera, peut-être imprudemment, à suggérer l'idée que Hugo a pu trouver l'origine de cet étrange échafaudage conjectural dans sa rêverie cosmologique sur la pluralité des mondes. Rappelons qu'il a été fasciné, comme le prouvent certains passages décisifs de ses proses philosophiques[20], par la théorie de la pluralité des mondes possibles – *possibles*, non pas en tant que virtuels (ils sont postulés comme réels et coexistent avec le monde terrestre), mais en tant que conjecturaux : leur possibilité reste hypothétique. La source principale de Hugo est le livre à succès de Camille Flammarion (*La Pluralité des mondes habités*, 1862[21]), largement diffusé, excellent exemple d'une science conjecturale

20 Voir *Philosophie*, *op. cit.*, § 8, § 10 ; *Les Choses de l'infini*, *op. cit.*, § 4, § 5.
21 Camille Flammarion, *La Pluralité des mondes habités*, *op. cit.*

prompte à marier physique et métaphysique, à compléter l'observation, nécessairement limitée, par l'*analogie* et par la pensée des *causes finales* et du plan divin de la Création (Dieu ne fait rien en vain). Ajoutons que la critique du géocentrisme et de l'anthropocentrisme, le rabaissement constant de l'orgueil de l'homme à l'aune de l'infini contribuent à une forme de relativisme vertigineux qu'épouse volontiers l'esprit visionnaire de Hugo (« La vie universelle n'est que relation[22] »). L'hypothèse de la pluralité des mondes oblige à considérer que « notre possibilité de vivre », comme l'admet Hugo lui-même, ne soit pas « l'unique[23] », ni peut-être la meilleure. Un tel vertige relativiste suscite l'imagination d'une infinité de *formes de vie*, et donc de *mondes* possibles, variables selon les conditions physico-chimiques des milieux planétaires : les fictions de l'infini qu'a rêvées Camille Flammarion évoquent leur coexistence fascinante dans l'espace sidéral. La rêverie sur la pluralité des mondes habités ouvre ainsi l'esprit à la contemplation d'un univers infini et polycentrique, d'un monde constitué d'une myriade de mondes, où l'unité et l'universalité des principes se conjuguent harmonieusement, comme chez Leibniz, avec la multiplicité des combinaisons diverses, où la cohérence d'un *cosmos* unifié par la loi de la solidarité universelle trouve à s'équilibrer – non sans tensions – avec le vertige de l'infini, et où chaque monde est, en quelque sorte, le *possible* d'un autre. « Autant de mondes, autant de vies[24] », selon la formule conclusive du paragraphe 5 des *Choses de l'infini*, parfaitement fidèle, comme du reste l'ensemble du paragraphe, aux hypothèses de Camille Flammarion[25].

---

22 *Les Choses de l'infini*, § 5, p. 676. Formule qui fait directement écho aux développements de Camille Flammarion sur le principe de la relativité : « L'absolu n'existe pas dans la physique, *tout est relatif.* » (*op. cit.*, p. 250, c'est moi qui souligne) ; « La science humaine tout entière, de l'alpha à l'oméga de nos connaissances, n'est que l'*étude des rapports.* » (*ibid.*, p. 253, c'est moi qui souligne).

23 *Les Choses de l'infini*, § 5, p. 676.

24 *Ibid.*

25 Sur Camille Flammarion – et notamment sa défense de la *contemplation* méditative contre la routine d'une astronomie à l'aveugle, vouée au calcul mathématique, voir l'article d'Isabelle Pantin, « Camille Flammarion et *L'Astronomie populaire* », *La Tradition du savoir*, G. Bedouelle, Chr. Belin, S. de Reyff dir., Academic Press Fribourg, Studia Friburgensia n° 112, 2011, p. 171-189. Voir aussi la biographie de Ph. de La Cotardière et de P. Fuentes, *Camille Flammarion*, Flammarion, 1994 ; ainsi que l'étude de Michel Nathan, « La rêverie cosmique de Camille Flammarion », *Romantisme*, 1976, n° 11, p. 75-85. Steven J. Dick a retracé l'histoire multiséculaire de l'idée de pluralité (voire celle d'infinité) des mondes (*La Pluralité des mondes* (1982) trad. M. Roland, Arles, Éditions Actes Sud, 1989), depuis

On ne reviendra pas ici sur les détails de sa théorie, mais on soulignera deux arguments centraux développés dans la partie physiologique du traité, qui est en même temps la partie analogique[26]. Comme le raisonnement premier de Gilliatt, la démarche de Camille Flammarion – elle aussi fondée sur le principe de plénitude, sur la nécessaire implication de l'existence par l'essence, de l'habitation par l'habitabilité[27] – tire argument, par analogie, de la diversité infinie de la nature pour conclure à la pluralité des mondes, et de là à l'expansion universelle de la vie, dont « la coupe » est « toujours pleine[28] ». Non seulement, estime C. Flammarion, la fécondité inépuisable de la nature a donné naissance a une diversité zoologique illimitée au sein même de notre monde terrestre, diversité patente, impossible à nier ; mais tout laisse à penser que cette diversité déborde très largement nos capacités de connaissance et surtout les limites de nos sens, et qu'il existe, à côté de nous, proches ou lointains, des êtres dont nous ignorons l'existence, et qui, pour invisibles qu'ils soient, n'en existent pas moins[29]. Comme le dit Hugo dans *La Mer et le Vent*, pour justifier l'existence sous-marine de créatures d'effroi : « La création est pleine de formations vertigineuses qui nous enveloppent et dont nous doutons[30]. » Nous ne sommes jamais seuls, mais toujours frôlés par des présences invisibles. Comment, dès lors, nier *a contrario* que la même prodigalité infinie, la même toute-puissance génésiaque ne puisse créer d'autres mondes que le nôtre, habités par d'autres êtres, régis par d'autres lois, si notre monde contient déjà en son sein une variété presque infinie de « mondes » connus ou inconnus ?

> Les considérations suggérées par l'infini dans la vie, ici-bas, s'unissent [...] à toutes celles qui résultent des études cosmologiques, pour fonder solidement

---

la théorie atomiste d'Épicure et de Lucrèce jusqu'à la théologie naturelle issue du newtonisme.

26 Camille Flammarion, *La Pluralité des mondes habités*, *op. cit.*, III, II (« La vie »).

27 « *l'idée d'habitation se lie immédiatement à l'idée d'habitabilité* » (Camille Flammarion, *La Pluralité des mondes habités*, *op. cit.*, p. 138.)

28 *Ibid.*, p. 146.

29 « C'est alors que les découvertes microscopiques sont venues nous annoncer que la puissance créatrice ne s'est pas mise en peine que l'on connût la plus faible partie des êtres existants, en nous révélant que la vie invisible est infiniment plus étendue sur les continents et dans les eaux que la vie apparente, et que, sur notre monde seul, la somme des êtres perçus et susceptibles d'être étudiés à l'aide de nos sens n'est pas comparable à la somme des êtres qui sont au-delà de nos moyens de perception. » (*Ibid.*, p. 141-142).

30 *La Mer et le Vent*, *op. cit.*, p. 690.

> et inébranlablement la doctrine de la pluralité des mondes. Nous sommes bien petits sur la scène de la création ; nous avons l'infini au-dessous de nous dans l'économie vivante, comme nous avons l'infini au-dessus de nous dans les cieux. Or, si la nature ne s'est pas mise en peine que nous connussions la plus faible partie des êtres existant sur la Terre, si elle a voulu nous prouver ainsi qu'au-delà des créatures qui tombent sous nos sens il en est une multitude d'autres qu'elle n'a pas même songé à nous faire connaître, et cela dans notre propre demeure, combien, à plus forte raison, devons-nous étendre cette intention suprême aux merveilles qu'elle opère dans des régions qui nous sont interdites par leur antagonisme et leur distance ! [...] C'est ainsi que la nature nous apprend que, de même qu'il est ici-bas, au-dessous de l'homme, une infinité de créatures dont nous ignorons jusqu'à l'existence, ainsi l'immensité des cieux est peuplée d'une infinité de mondes et d'une infinité d'êtres qui peuvent être bien supérieurs à notre monde et à nous-mêmes[31].

Selon cette argumentation téléologique, reprise par Hugo dans les passages des proses philosophiques[32] où sa rêverie sur l'infini le conduit à esquisser l'hypothèse d'une pluralité de mondes habités, la diversité zoologique *prouve* la pluralité des mondes. Les limites de la perception sont retournées en affirmation et en confirmation de l'*omniprésence* de l'invisible autour de nous.

Il faut ajouter que l'hypothèse analogique fonctionne dans les deux sens : si la diversité zoologique sert de point d'appui analogique pour conjecturer l'existence de la pluralité des mondes possibles, réciproquement, le modèle cosmologique de la pluralité des mondes tend à être appliqué, métaphoriquement, à la coexistence, au sein du réel, de milieux, de mondes divers, inconnus les uns des autres – sur lesquels le microscope, notamment, a pu jeter la lumière par une brusque épiphanie. On perçoit dès lors la parenté entre la rêverie zoologique initiale sur les transparents de l'air et la méditation conduite par le narrateur sur l'*autre* monde du songe et de la nuit. Lui aussi, le « monde nocturne » est bien rêvé, sur le double modèle zoologique et cosmologique, *en raison même de son étrangeté*, comme un monde parallèle au nôtre, habité par une faune bizarre et par une végétation extraordinaire, hanté par le fourmillement inexplicable des prodiges : des transparents de la mer aux transparents de l'air, et des transparents de l'air aux transparents du songe, c'est toute

31 C. Flammarion, *op. cit.*, p. 155-156. Cet éloge de la prodigalité illimitée de la nature s'achève par la référence aux deux infinis de Pascal, également familière à Hugo.

32 Voir *Philosophie*, *op. cit.*, VIII, p. 485 ; X, p. 488 (« Les modes d'existence, même les plus voisins de nous, nous ne pouvons les concevoir. »).

la continuité scalaire des êtres et des mondes qui se dessine, et qui se prolonge dans l'autre monde de la nuit. Monde possible, si l'on entend possible au sens d'hypothétique ; mais dont l'existence est bien présupposée, et même éprouvée, avec une lucidité effarée, par l'observateur du sommeil, puisque le songe n'est pas seulement connaissance, mais *expérience*, celle du voyage de l'âme hors des limites du corps.

Suit-on les indications de cette rêverie cosmologique, on conviendra donc qu'il faut situer le possible à un degré supplémentaire dans l'échelle des prodiges, au-delà de l'inconnu. À nouveau, tout suggère que le possible est un « fait de frontière » : apparenté au prodige – monstre ou merveille –, il marque l'achèvement d'un monde et le commencement d'un autre, à la façon dont le polype, créature hybride, constitue le chaînon manquant entre les règnes végétal et animal, dans la hiérarchie scalaire de la nature. C'est bien dans « les faits de frontières », dans les « phénomènes extrêmes, les merveilles hideuses ou splendides », comme la pieuvre, qu'éclate la « présence infinie[33] » de Dieu. « Ce sont en effet des commencements de régions. Ceci atteint, ceci constaté, ceci enregistré et subi, nous ne comprenons plus rien. L'imagination renonce à plonger et à planer ; la science refuse de tâtonner. Au-delà du monstre, il n'y a plus que le fantôme[34]. » La rêverie sur les zones frontalières de la réalité universelle finit par s'étendre jusqu'aux limites de la vie terrestre : après le monstre, le fantôme. La gradation indiquée de l'inconnu au possible se rapporte sans doute aussi à la gradation scalaire qui, dans l'ordre des mondes et des êtres, prolonge l'homme par l'esprit.

Gradation scalaire, mais aussi progression future. Car le possible n'est pas seulement envisagé *ensuite* par le contemplateur (l'inconnu, *puis* le possible) : il est *ultérieur*. Il recouvre le monde de la vie extrahumaine, de la vie *future* dans la mort et de la mort. Mais le paradoxe est que cette vie future est déjà contemporaine du dormeur clairvoyant : la spatialisation du possible s'explique par une synchronie quasi-nervalienne, par la coexistence de la vie terrestre et de la vie extraterrestre, par la cohabitation possible des vivants et des morts, par la porosité de la frontière flottante entre les mondes, s'il est vrai, comme le soutient Camille Flammarion dans sa rêverie cosmologie sur les « régions futures de notre immortalité » (les astres, les planètes) – rêverie partagée par

33 *La Mer et le Vent*, *op. cit.*, p. 690.
34 *Ibid.*

Hugo, on le sait –, que « *l'éternité future n'est autre que l'éternité présente*[35] ». Seulement, ici, la vie posthume ne peuple pas la nuit du ciel ; elle fourmille dans la nuit de l'Océan.

Par là, le texte des *Travailleurs de la mer* se rattache à tous les textes intimes où, comme nous l'avons dit, Hugo a consigné ses observations nocturnes, notamment sous l'influence des tables tournantes[36]. Combien de fois n'a-t-il pas confié sa conviction sereine ou terrifiée d'être hanté en rêve par des présences invisibles, hostiles ou bienfaisantes, par des spectres, des âmes, des êtres intermédiaires, anges ou démons, des fantômes aimés comme Léopoldine dont il appelle souvent l'intercession consolante au cœur de l'angoisse nocturne ? À « la création visible », affirme Hugo dans *Les Choses de l'infini*, est amalgamée une « création invisible », « une création mêlée à nous-mêmes qui nous enveloppe et nous touche mystérieusement », comme elle presse et enveloppe Gilliatt, « inaccessible à nos sens, saisissable seulement à notre esprit ; monde inexprimable, vie profonde et inconnue, d'où l'on sort par le berceau et où l'on rentre par la tombe[37] », ses deux seules ouvertures – avec celle du rêve. Car, dans le sommeil, s'établit la communication entre la création visible et la création invisible, cette « création fantôme », évoquée par le texte des *Travailleurs de la mer*, qui double la nôtre, la frôle et se laisse

---

35 Camille Flammarion, *La Pluralité des mondes habités*, *op. cit.*, V, III, p. 320. Puisque le temps, comme l'espace, est une donnée relative, C. Flammarion estime que, à l'échelle de l'infini sidéral, règne une manière de *présent éternel* (*ibid.*, p. 178) : le présent, le passé et le futur deviennent *contemporains*. On voit ainsi, plus largement, que l'astronomie contient une métaphysique ; elle débouche, comme chez Jean Reynaud (*Terre et Ciel*, 1854), bien connu de Hugo et de Flammarion, sur les rêveries eschatologique de l'occultisme. Elle inspire la divination de la vie future ; elle est mise au service de la méditation sur l'expiation et l'immortalité de l'âme, sur sa transmigration vers des planètes punies ou récompensées dans l'au-delà, sur la métempsycose stellaire. Ou encore elle sert de flambeau à la rêverie spirite sur les *habitants de l'autre monde*, selon le titre donné par Camille Flammarion, astronome *et* spirite, à l'un de ses livres (*Les Habitants de l'autre monde. Révélation d'outre-tombe*, 1862), – monde passé ou futur, mais aussi étrangement présent, et perméable au nôtre. Dans la pluralité des mondes habités, il faut aussi compter les mondes posthumes, habités par les esprits extrahumains.

36 Voir l'article d'Henri Guillemin, « Hugo et le rêve », *Mercure de France*, 1er mai 1951. À la date du 7 décembre 1867, Hugo écrit sous la pression du « sommeil visionnaire » : « Le succube existe-t-il ? Les invisibles, démons aussi bien qu'anges, ont-ils prise sur l'homme, la nuit ? J'ai souvent de ces rêves où l'on sent des présences ; rêves parfois charmants, souvent hideux. Tout le sondage de l'inconnu est à recommencer. *Non* ne résout rien. »

37 *Les Choses de l'infini*, § 4, p. 674. « Toutes les créations, la visible et l'invisible, ajoute Hugo, sont concentriques à Dieu. »

parfois pénétrer ; dans le sommeil, les âmes des vivants dégagés des liens du corps entrent en relation avec les âmes des morts.

Une note d'H. Guillemin[38] livre un fragment, daté du 24 juin 1854, du journal d'Adèle où Hugo revient sur une « séance de tables » qui avait eu lieu la veille à Marine-Terrace : « Cette séance, dit-il, confirme dans mon esprit l'idée que je me faisais du phénomène des rêves : le sommeil prend le corps ; l'âme s'envole et va dans le monde inconnu qu'habitent les âmes des morts et celles des vivants endormis. » L'année suivante, le 29 avril 1855, la Table, par la voix de Platon, dictera cette prophétie hallucinée de la « vie mortuaire » anticipée dans le rêve – prophétie recueillie à minuit trois-quarts, au plus fort de la nuit :

> Je viens vous parler du rêve. Quand le vivant s'endort, il s'établit immédiatement une communication entre son lit et sa tombe. [...] L'endormi devient le réveillé de l'ombre. Il n'est pas immobile, il vole dans l'immensité, il n'est pas aveugle il voit l'infini ; il n'est pas sourd, il entend dans l'espace ; il n'est pas muet, il parle dans la mort ; il n'est pas couché, il est ailé ; il n'est pas étendu, il est planant ; il n'est pas tombé, il est ressuscité. L'endormi est l'assaillant de la nuit ; tout sommeil fait le siège du mystère ; le jour tu vis, la nuit tu meurs. Les millions de soleils percent ton plafond et se mettent à éclairer ta chambre, ta veilleuse est éteinte, un astre s'y allume ; ta lampe pendant toute cette nuit va consumer une des gouttes de la Voie lactée ; les cierges de l'ombre vont scintiller autour des funérailles nocturnes, l'infini va prendre tes draps de lit et t'en ensevelir jusqu'à demain dans la fosse commune du sommeil ; vivant, tu vas te mettre en contact avec ta vie mortuaire ; ta chair va sentir ta cendre ; tes membres vont sentir tes os, ta tête va sentir ton crâne ; ton squelette est ton formidable vêtement de guerre de la nuit. [...][39]

Saisissante vision de la vie effarée de l'endormi, ce « réveillé de l'ombre ». Non seulement le rêve apparaît comme une épreuve anticipée de la mort (presque une métamorphose macabre, au goût de cendre), et risquée, dangereuse, menacée, vouée à l'hostilité de la nuit assaillie et assaillante – qu'on ne saurait approcher qu'armé, protégé par un « formidable vêtement de guerre », selon la métaphore filée de la poliorcétique (« Ô assiégeur de la forteresse obscure ; mets, ô vivant, cette armure d'ivoire devant le donjon d'ébène et vois[40] »). Mais « le pont mystérieux des

38 *Ibid.*, n. 43, p. 21.

39 V. Hugo, *Le Livre des Tables. Les séances spirites de Jersey*, Patrice Boivin éd., Gallimard, coll. Folio classique, 2014, p. 539.

40 *Ibid.*, p. 539-540.

rêves[41] », suivant une magnifique formule tirée des carnets intimes, fait se rejoindre le monde des vivants et celui des morts – monde futur, situé au-delà, mais aussi mystérieusement *présent*, à la fois peuplé d'archanges redoutables, exécutants d'une terrible Némésis nocturne (comme si la nuit était, outre le réveil des facultés inconnues, celui de la Conscience, et le seul tribunal auquel on ne puisse échapper), et visité par des fantômes adorés, comme « la fille chérie » dont le retour est secrètement espéré et attendu[42]. Nul doute, également, que les « vivants indistincts de l'espace » qui nous côtoient, nous les vivants terrestres, au sein de cette « création fantôme » de la nuit parallèle à la nôtre, ne répondent, dans le texte des *Travailleurs de la mer*, à la conviction intime, chère à Hugo, d'une *présence* visible, palpable, des esprits dans le rêve.

Dans sa méditation vertigineuse sur l'autre monde possible de la nuit et du songe, Hugo va même jusqu'à imaginer, de façon stupéfiante, la réciprocité de la curiosité : les vivants terrestres avides de prendre pied dans l'autre monde (comme par une expérience anticipée de la mort) voient leur curiosité pour les esprits reflétée par la curiosité réciproque, supposée, des esprits pour les vivants. Soudain, ceux que nous regardons par les yeux de l'âme nous regardent à leur tour, nous sommes comme guettés par une fascination en miroir, de l'autre côté de la frontière (de la vitre) du sommeil. La même soif de rencontre et de contact est pressentie chez les invisibles qui nous frôlent dans un voisinage exaltant et inquiétant. Le rêve devient le théâtre prodigieux de visitations réciproques, celles des vivants par les morts et celles des morts par les vivants.

Mais ce contact ne semble pas se limiter au voisinage de la mort. Comme le suggère une déclaration frappante de Hugo, recueillie dans *Tas de pierres*, « Le rêve n'est autre chose que la vision confuse des réalités qui peuplent l'infini[43] » – de *toutes* les réalités obscures hantant l'immanence naturelle, et non seulement de la vie d'outre-tombe. De

41 H. Guillemin, art. cité, p. 22.

42 « Rêves, venez, tombez sur l'endormi – continue l'invocation prophétique de Platon –, vous êtes les visions douces ou terribles ; vous jaillissez de Vénus souriante ou de Saturne irrité. Vous êtes le baiser de l'archange ou le coup de couteau du spectre ; vous êtes les amours ou les crimes ; vous êtes les revenants de l'âme ; vous êtes le rendez-vous de la femme adorée, vous êtes le retour de la fille chérie ; vous êtes aussi le guet-apens de la victime et vous poignardez le sommeil des assassins […] » (V. Hugo, *Le Livre des Tables*, *op. cit.*, p. 540).

43 Cité par H. Guillemin, art. cité, *ibid.*

même, le texte des *Travailleurs de la mer* envisage une communion plus intime et plus large entre « la partie invisible de l'homme » et « la partie invisible de la nature », pour reprendre la formule décisive du *Promontoire du songe*, entre les deux abîmes du moi et du monde. Hugo rejoindrait ainsi une intuition centrale de la *Naturphilosophie* : par le songe, l'homme communique avec l'envers nocturne de la Nature[44]. Ainsi s'expliquerait la seconde analogie matricielle du passage, qui vient redoubler celle des transparents marins et des transparents aériens : l'analogie de la mer et de la nuit, elle-même complétée par celle de la mer et du songe. Le « monde nocturne » est assimilé au gouffre océanique. L'extraordinaire formule finale : « Le rêve est l'aquarium de la nuit » condense en un *concetto* rêveur toute la substance poétique du texte ; elle est le point d'orgue d'une métaphore filée commencée dans la deuxième partie, mais déjà esquissée dans la première, par l'allusion aux créatures diaphanes de la mer : la métaphore de la nuit océanique, peuplée d'« animalités étranges », de « végétations extraordinaires », de « lividités terribles ou souriantes », de « larves », de « masques », d'« hydres », régie par un Pourquoi inexplicable, et approchée avec un effroi sacré. Comme l'affirme Hugo avec force, la nuit et l'océan sont deux abîmes analogues : « Le gouffre est analogue à la nuit[45] ».

Notons, du reste, que la métaphore est réversible. Si le sommeil est une sorte de « pêche aux perles dans l'océan inconnu », selon la formule déjà citée ; si l'imagination est « la grande plongeuse[46] » ; si le songe a ses naufragés, les fous, comme Swedenborg ou Pascal[47] ; si donc le songe est un océan, la réciproque est également vérifiée dans *Les Travailleurs de la mer* : l'océan est un songe, le « sommeil » de « la conscience[48] » (au sens moral du terme), « la conscience » en « sommeil » de la création, son envers criminel et monstrueux, où, dans une paix affreuse hantée

---

44 Sur ce point, voir le livre classique d'Albert Béguin, *L'Âme romantique et le rêve*, Corti, 1939.

45 *TM*, I, VI, 1, p. 304.

46 *William Shakespeare*, *op. cit.*, p. 343 : « l'imagination est profondeur. Aucune faculté de l'esprit ne s'enfonce et ne creuse plus que l'imagination ; c'est la grande plongeuse. »

47 *Le Promontoire du songe*, *op. cit.*, p. 47. Florence Dumora (*L'Œuvre nocturne. Songe et représentation au XVIIe siècle*, Champion, 2005, p. 69) nous apprend que cette analogie a une histoire : depuis Aristote, on a coutume de comparer les images résiduelles des songes aux mouvements de la houle après la tempête, une fois le calme rétabli. Analogie également exploitée par l'onirocritique humorale (*ibid.*, p. 103).

48 *TM*, p. 304 : « Là aussi il y a sommeil, sommeil apparent du moins, de la conscience de la création. »

d'ébauches monstrueuses, semble régner l'irresponsable. Dans l'océan, s'entrevoit « l'imagination de l'Inconnu[49] » dans son côté nocturne et terrible, le cauchemar de la nature, créateur de monstres comme la pieuvre. L'océan est l'abîme du rêve ; le rêve est un abîme océanique. Telle est de même, dans son double sens (l'océan-rêve et le rêve-océan), l'analogie centrale qui sous-tend l'ensemble de ce roman du songe qu'est *Les Travailleurs de la mer*. La première nuit passée par Gilliatt sur l'écueil inhospitalier des Douvres – dans ce lieu de nulle part, seulement visible de Dieu, qui est comme l'envers nocturne de notre monde – en donne un aperçu saisissant : entrant dans la vie somnambulique qui le suspend entre veille et sommeil, l'ermite solitaire de l'écueil, le voyant de la nature entre dans le songe (« il était désormais dans un songe[50] »), dans la chimère ambiante, dans « l'immense songe » de la nature et du « travail perdu[51] ». Lui, le travailleur et le rêveur, l'homme du « désœuvrement laborieux[52] » – selon l'extraordinaire formule du texte qui le désigne comme un poète, accordé à la *poïèsis* secrète de la nature –, le voilà désormais voué à rêver avec le rêve de la mer, et contre lui.

Mais, ce que suggère notre texte, où elle se trouve méditée et pesée, c'est que cette analogie n'est pas une simple métaphore. Elle relève de ce que Baudelaire appellerait la « rhétorique profonde » ; elle est puisée dans le réseau vivant de l'universelle analogie. Comme l'indiquent les deux chapitres voisins, *sub re* et *sub umbrâ*[53], la nuit et l'océan ne sont pas seulement deux abîmes analogues : ils sont le *même* abîme. C'est le « pont mystérieux du rêve » qui les fait communiquer. Dire que « Le rêve est l'aquarium de la nuit », c'est doublement suggérer que l'océan est le rêve de la nuit et que la nuit est le rêve de l'océan ; c'est affirmer que le songe dévoile l'envers nocturne de la nature et se confond avec l'imagination même du cosmos qui rêve en nous. Les « obscures décompositions du prodige » sont celles du songe et celles de la mer, indifféremment. La métaphore du songe-océan s'enracine dans une ontologie.

C'est qu'il n'y a pas de solution de continuité entre l'abîme intérieur du songe et l'abîme extérieur de la nature. La pente même de la rêverie nous fait anticiper sur nos développements ultérieurs. Mais comment

49 *Ibid.*
50 *TM*, II, I, 8, p. 408.
51 *Ibid.*, II, I, 10, p. 419.
52 *Ibid.*, I, I, 7, p. 155.
53 *Ibid.*, II, II, 4 et 5.

ignorer l'un des enseignements fondamentaux de ce texte : la *dimension cosmique* du songe, impossible à réduire aux limites subjectives d'un inconscient psychique, et donc irréductible à toute psychologie. Disons-le d'emblée : le rêve n'est pas psychologique chez Hugo ; il est cosmique. Selon l'extraordinaire formule recueillie dans *Océan*, datée de 1840, « L'imagination n'est autre chose que le reflet de la nature [création] dans l'âme de l'homme[54]. » Si le rêve est évoqué comme un monde, c'est bien parce qu'il est la continuation occulte du monde en nous : rêver, c'est être traversé par le rêve de la nature. Fondamentalement, le songeur qu'est Gilliatt n'est pas présenté ici comme le sujet, mais comme la proie du songe, comme le foyer des visitations nocturnes, comme le théâtre du rêve traversé et débordé par des présences flottantes. Ou encore comme un spectateur, un témoin lucide, situé, selon la définition même du possible, « à la fenêtre de l'inconnu ». C'est le cas de dire que le possible est « la fenêtre du rêve ouverte sur le réel », ou sur l'autre réalité entrevue à travers *l'aquarium de la nuit*.

De là, aussi, cette remarquable dignité épistémologique conférée au songe par Hugo. Prolongement de la pensée au-delà d'elle-même, y compris dans la demi-lucidité du sommeil, le songe n'est nullement assimilable à un égarement de la conscience (même si cette plongée dans l'inconnu et le possible n'est pas sans risques), mais bien à une puissance visionnaire, à une forme de connaissance non rationnelle, ou plutôt de *co-naissance*, pour reprendre le jeu de mots profond de Claudel. Car le passage de l'inconnu au possible consacre aussi le dépassement de la connaissance en co-naissance, en *contact*, en participation : le songe est l'expérience d'affinités secrètes et d'aimantations sympathiques, l'épreuve sacrée d'une *mise en contact* avec le possible[55] qui n'est ni le surnaturel (tout est naturel) ni l'irréel.

Dignité épistémologique, mais aussi dignité ontologique. La parenté étroite du songe avec le possible, l'ouverture du songe sur le possible le soustrait à l'accusation d'inconsistance. Elle le suspend au contraire à une forme d'apocalypse, à la révélation d'une province ignorée, d'un *possible* du réel, inaccessible à l'enquête rationnelle. Le possible, c'est bien la nature *trop loin*, non pas l'autre du réel, mais la réalité *autre*, ou vue autrement. Selon la méditation finale du texte, qui vient ramasser

54 *Océan*, *op. cit.*, p. 59.

55 *TM*, p. 155 : « Le sommeil est en contact avec le possible ».

en une suite de sentences décisives la portée philosophique et ontologique du rêve, « tout ce mystère que nous appelons le songe [...] n'est autre chose que l'approche d'une réalité invisible. » C'est « de la réalité d'espèce inconnue, mais de la réalité[56] », pour citer une autre formule capitale de Hugo. En d'autres termes : du *possible.*

LES « FANTÔMES DU SOMMEIL »

Un autre texte remarquable, tiré cette fois de *L'Homme qui rit*, semble développer la même signification cosmologique du possible. C'est celui qui évoque, au début du roman, l'entrée du pauvre « petit errant », Gwynplaine, dans la ville endormie de Melcomb-Regis :

> Le petit errant subissait la pression indéfinissable de la ville endormie. Ces silences de fourmilière paralysée dégagent du vertige. Toutes ces léthargies mêlent leurs cauchemars, ces sommeils sont une foule, et il sort de ces corps humains gisants une fumée de songes. Le sommeil a de sombres voisinages hors de la vie ; la pensée décomposée des endormis flotte au-dessus d'eux, vapeur vivante et morte, et se combine avec *le possible qui pense probablement aussi dans l'espace.* De là des enchevêtrements. Le rêve, ce nuage, superpose ses épaisseurs et ses transparences à cette étoile, l'esprit. Au-dessus de ces paupières fermées où la vision a remplacé la vue, une désagrégation sépulcrale de silhouettes et d'aspects se dilate dans l'impalpable. Une dispersion d'existences mystérieuses s'amalgame à notre vie par ce bord de la mort qui est le sommeil. Ces entrelacements de larves et d'âmes sont dans l'air. Celui même qui ne dort pas sent peser sur lui ce milieu plein d'une vie sinistre. La chimère ambiante, réalité devinée, le gêne. L'homme éveillé qui chemine à travers les fantômes du sommeil des autres refoule confusément des formes passantes, a, ou croit avoir, la vague horreur des contacts hostiles de l'invisible, et sent à chaque instant la poussée obscure d'une rencontre inexprimable qui s'évanouit. Il y a des effets de forêt dans cette marche au milieu de la diffusion nocturne des songes[57].

---

56 J.-B. Barrère cite dans son livre (*op. cit.*, t. II, p. 370) un extrait des carnets intimes daté du 31 janvier 1866, où Hugo, consignant l'une de ses « observations nocturnes », relate l'expérience bouleversante, mais lucide, de la nuit précédente, troublée par la présence hostile d'êtres inconnus : « Je crois être sûr que je ne dormais pas. Cela n'avait rien d'un rêve. C'était de la réalité d'espèce inconnue, mais de la réalité. »

57 *HR*, I, III, 4, p. 456. C'est moi qui souligne. Toutes les citations ultérieures dont l'origine n'est pas mentionnée sont tirées de ce passage.

Extraordinaire évocation de la « diffusion nocturne des songes », peut-être sans précédent dans la littérature française. Si l'on s'en tient à la notion de possible, ce texte entretient un rapport de parenté évident avec celui des *Travailleurs de la mer* où le sommeil est présenté comme « la vaste ouverture du possible[58] ». S'y exprime la même conviction profonde, confortée par les expériences spirites, selon laquelle le sommeil non seulement voisine avec la mort, mais s'offre comme une expérience anticipée de la mort, comme une rencontre, parfaitement réciproque, entre le monde des vivants et celui des esprits. Hugo ne ferait somme toute que se rattacher, dans ces deux passages concordants, à l'antique tradition de la migration de l'âme, du *spirito pelegrino*, reprise et prolongée par les néoplatoniciens[59] : le songe est le moment où l'âme prisonnière du corps se libère de ses attaches matérielles et, comme le dit Hugo lui-même, hasarde ses « quelques pas quotidiens [...] hors de nous », fait chaque nuit « le tour du préau du songe[60] ». Le rêve est bien considéré comme le théâtre des visitations nocturnes.

Mais ce que décrit ici Hugo, c'est encore autre chose : c'est l'épaisseur même de la nuit. C'est l'enchevêtrement, l'amalgame, le brouillard presque palpable formé par la combinaison des « pensées décomposées » des endormis avec les pensées et les présences invisibles de l'espace. Autrement dit, il ne s'agit plus d'évoquer seulement, comme dans le texte des *Travailleurs de la mer*, la frontière poreuse du sommeil et de la mort, mais bien celle de la veille et du sommeil, tout aussi perméable que l'autre : la diffusion nocturne des songes se répand au-delà même de la frontière entre les vivants éveillés et les vivants endormis. Le résultat de cette dissémination onirique et sépulcrale n'est pas rien, mais presque rien, un pêle-mêle, un agrégat, un nuage, une vapeur, une fumée, selon les métaphores employées, flottant au-dessus des corps. Avec toutes les ressources de l'indéterminé, Hugo excelle à conférer une existence presque tangible à ce qui n'a pas d'existence (selon les critères de la raison). Le petit errant solitaire pénétrant dans la ville endormie de Melcomb-Regis est comme Cosette dans la forêt[61], environné de pré-

58 *TM*, I, I, 7, p. 155.

59 Sur ce point, voir le livre-somme de Florence Dumora, *op. cit.*, p. 45 *sqq.*

60 Selon le témoignage de Charles Hugo dans *Victor Hugo en Zélande*, Michel Lévy, 1868, p. 115-116 (cité par H. Guillemin, art. cité, n. 44, p. 22).

61 *M*, II, III, 5, p. 306-310. Nous aurons l'occasion de commenter ce magnifique passage plus en détail.

sences invisibles et hostiles, soumis à la *pression* de la nuit et du songe, contraint de s'enfoncer dans l'épaisseur trouble des rêves et des existences mystérieusement amalgamées comme dans un brouillard. Cette épaisseur palpable de la nuit, c'est ce que Hugo appelle « la chimère ambiante », la chimère diffusée et dilatée dans l'espace, l'espace même devenu tout entier chimérique.

C'est là que surgit la notion de possible, dans un emploi inédit. Au cœur de ce brouillard diffus des rêves, la pensée décomposée des endormis se combine avec la pensée dilatée du possible : « avec le possible qui pense probablement aussi dans l'espace ». Stupéfiante formule, qui conjugue les ressources de la substantivation et celles de la métonymie. D'une part, l'utilisation concrète du substantif abstrait fait se mélanger la pensée et le réel, le général et le particulier, et confère au possible non seulement une existence quasi objective, mais une présence animée, voire hostile : nul exemple ne montre mieux l'abandon de la signification épistémique du possible au profit de son enracinement dans les choses. D'autre part, l'usage que fait Hugo de la notion semble opérer un double déplacement métonymique : du possible vers le lieu du possible, cette zone indécise qui double le réel, cette région flottante de l'espace qui étend le réel au-delà de ses limites visibles ; et du possible vers le *sujet* impersonnel du possible. Par un rapide coup sonde dans l'envers nocturne du songe, à la faveur de cette animation fantastique du possible, Hugo nous fait entrevoir l'autre côté du réel, ou plutôt nous fait-il voir le réel de l'autre côté, à partir de ses marges, depuis l'horizon même de l'immanence formidable, tel qu'il est pensé et rêvé par d'autres vivants inconnus. Le sommeil ferait se rencontrer et s'amalgamer, comme en miroir, par delà la limite de la mort, le rêve des vivants et le rêve réciproque de la nuit, la pensée des endormis et la pensée de l'infini, le sujet et l'objet lui-même animé d'intentions obscures.

Dira-t-on que le possible retrouve ici sa signification cosmologique ? Tout suggère que, dans l'immanence, coexistent et s'interpénètrent des réalités, des mondes, des créations frontalières, comme la création vivante et la « création fantôme[62] » qui la borde. Le rêve, et la ville elle-même, cet immense réceptacle des songes collectifs, sont le creuset où se fondent l'une dans l'autre les réalités amalgamées. Ici, plus particulièrement, les pensées des vivants et celles des esprits, mêlées dans le brouillard du

62 *TM*, p. 156.

songe. Ce que désigne le possible, c'est donc bien à nouveau l'ouverture d'un monde, celui de la vie extrahumaine, les « sombres voisinages hors de la vie », et la présence pensive ou rêveuse de l'invisible autour de nous.

De sorte qu'il convient de prendre en considération ce fait stupéfiant : la ville endormie n'est pas seulement peuplée des vivants abîmés dans le sommeil ; elle est aussi peuplée des morts qui la traversent. Qui chemine, comme Gwynplaine, parmi les « fantômes du sommeil » refoule constamment des « formes passantes », subit le contact horrifiant de spectres invisibles et hostiles, sent à chaque pas la présence d'une nuit animée et vivante. Ce n'est pas seulement s'enfoncer dans « la chimère ambiante », ce brouillard du rêve habité d'étranges transparences de l'air ; c'est se heurter à une *foule*, la foule des sommeils amalgamés. Dans le siècle littéraire des foules, Hugo a inventé la foule des songes. Originalité supplémentaire : le songe n'est aucunement perçu comme étroitement subjectif. Le sommeil individuel n'a pas de bords ; ce qui s'élève de la ville endormie, c'est la vapeur du sommeil collectif, des sommeils enchevêtrés qui forment masse. L'antique aphorisme d'Héraclite, diffusé par Pétrarque, trouve ici un extraordinaire démenti : « Quand nous veillons, nous avons un monde commun ; quand nous rêvons, chacun a le sien propre[63]. » Dans notre texte, tout au contraire, les sommeils entrelacés et désindividualisés ont l'étendue diffuse d'un monde commun aux contours flous, que l'on peut traverser éveillé. Car c'est là un dernier aspect décisif : même éveillé, on est contraint de subir le sommeil des autres. Non seulement le sommeil et le songe sont soustraits aux limites de la subjectivité ; mais, dans leur diffusion nocturne, ils en viennent à acquérir une curieuse consistance ontologique et à exercer une *pression* sur ceux qui ne dorment pas. L'homme éveillé n'est pas séparé. Il ne peut échapper à la pression et au fourmillement de la nuit. Sans rêver lui-même, il entre par force, avec une horreur sacrée, dans l'épaisseur du songe répandu autour de lui. Il rêve tout éveillé avec le rêve des autres. Sa solitude est une solitude hantée. Ainsi, le « petit errant » continue, après la vision effroyable du pendu amalgamé à la nuit, son errance dans la forêt inextricable des songes.

Ce que consacre le songe, c'est donc le franchissement d'une double limite : celle de la veille et du sommeil, et celle du sommeil et de la

63 Héraclite, *Fragment* 89-9 (Conche trad.), cité par Fl. Dumora, *op. cit.*, p. 155.

mort. Comme le possible, il s'agit d'un *fait de frontière*. En aucun cas, cependant, il ne saurait se confondre avec le repliement étroit du sujet sur l'abîme intérieur. L'imagination est bien cette faculté qui nous relie au monde (au monde des vivants comme au monde des morts), et non ce qui nous en sépare. Dans la diffusion nocturne du songe, pas de solution de continuité entre le sujet et l'objet, entre le moi et le non-moi, mais un vaste réseau de sympathies (ou d'antipathies) occultes et d'aimantations mystérieuses.

Nous aurons l'occasion de revenir sur cet enseignement précieux. Mais ce que nous retiendrons, pour l'heure, c'est le glissement qui s'opère dans ce texte, à la faveur du songe, du possible comme monde au possible comme origine de la pensée ou du rêve. Sans perdre aucunement son statut conjectural, le possible a cessé d'être l'objet de la pensée. Il est devenu le *sujet* (sujet énigmatique, impersonnel) du songe cosmique. On est bien forcé d'admettre qu'en l'inscrivant dans le réel, Hugo renforce la portée ontologique du possible jusqu'à l'identifier avec la pensée et le rêve de la nature. Le possible de la nature semble être aussi ce qui se rêve ou s'ébauche en elle. Surprenante suggestion, mais qui va précisément se trouver confirmée par un autre emploi de la notion, associé à la prodigalité originelle de la nature.

LA MATRICE DU POSSIBLE

Le possible avant l'être

On ne sera guère étonné d'apprendre que cet emploi nouveau surgit dans le roman des *Travailleurs de la mer* au point même où se croisent la notion de possible et l'interrogation métaphysique sur le monstre – ce possible de la nature, produit par la « matrice formidable » du Possible. Il s'agit d'un chapitre cardinal[1], celui où l'apparition médusante de la pieuvre fait l'objet d'un commentaire *a posteriori* de la part du narrateur, dominé par la lancinante question du mal. Toutes les significations déjà relevées du possible s'y trouvent condensées. Mais, selon une évolution décisive, la priorité est donnée, on va le voir, à l'une des déterminations ontologiques du possible : le possible avant l'être, comme état originaire, suspendu entre l'être et le non-être, flottant dans la nuit de l'abîme originel à la manière d'une création ébauchée ou rêvée.

Comme dans l'épisode de la « maison visionnée », Hugo propose ici une manière de discours de la méthode et met en scène, de façon réflexive, la progression de la méditation, en intégrant d'abord à sa perspective globale la démarche de la science[2]. Non sans railler au préalable sa prudence excessive (ou la prudence excessive d'une certaine science) devant les phénomènes de la nature, sa préférence pour les hypothèses diminuantes, sa tendance à la réduction microscopique – comme si elle avait peur de la démesure naturelle et se barricadait contre elle. Dans le tableau à demi ironique que Hugo dresse de son activité méticuleuse et méthodique, la science triomphe dans la nomenclature, dans la soumission bête de la nature à la division en espèces, à la classification et à la nomination. Après avoir dépassé sa méfiance *a priori* pour les monstres et tous les phénomènes qu'elle ne comprend pas, qu'elle ne peut *comprendre* dans ses grilles préalables, après les avoir soigneusement classés et étiquetés, elle s'en débarrasse et les oublie :

---

1 *TM*, II, IV, 2, p. 535-539.
2 *Ibid.*, p. 535-536.

> Ces étranges animaux, la science les rejette d'abord, selon son habitude d'excessive prudence, même vis-à-vis des faits, puis elle se décide à les étudier ; elle les dissèque, elle les classe, elle les catalogue, elle leur met une étiquette ; elle s'en procure des exemplaires ; elle les expose sous verre dans les musées ; ils entrent dans la nomenclature ; elle les qualifie mollusques, invertébrés, rayonnés ; elle constate leurs voisinages [...] ; elle les divise en grande, moyenne et petite espèce ; elle admet plus aisément la petite espèce que la grande, ce qui est d'ailleurs, dans toutes les régions, la tendance de la science, laquelle est plus volontiers microscopique que télescopique ; elle regarde leur construction et les appelle céphalopodes, elle compte leurs antennes et les appelle octopèdes. Cela fait, elle les laisse là[3].

Ce que Hugo vitupère ici, c'est bien la soumission des phénomènes de la nature à un protocole objectivant, et leur réduction à la dimension appauvrissante de faits calculables, mesurables, exprimables, qui nie leur démesure fondamentale – et surtout le *continuum* irréductible de la nature, ses prolongements et ses continuations occultes au-delà des limites du visible et du pensable. Hugo, évoquant *in fine* la controverse entre Bonnet et Buffon[4], presque aussi célèbre que celle de Cuvier et de Geoffroy Saint-Hilaire, n'est pas sans faire sienne ici l'hostilité du naturaliste genevois aux *systèmes* de la nature, aux nomenclatures qui ont le tort d'imposer à la continuité naturelle des divisions artificielles. Et ce, d'autant plus que le monstre, comme le polype dont la description a fortement impressionné Hugo et inspiré en partie celle de la pieuvre, ce gant réversible, est précisément un *fait de frontière* entre deux règnes ou entre deux mondes : il est un *commencement*, le commencement d'autre chose ou d'une autre région cachée de la nature, si l'on suit l'hypothèse leibnizienne de Bonnet sur la gradation scalaire des espèces et sur l'art de la transition dans la nature. Qu'est-ce que le prodige, mais aussi le possible en un sens – comme le suggère Hugo dans ce texte (comme dans celui de « l'aquarium de la nuit ») –, sinon « la transition de notre réalité à une autre[5] », ou la transition d'une espèce à une autre (les monstres sont des interrègnes) ?

Il convient toutefois de nuancer. L'activité de la science n'est pas présentée comme entièrement dérisoire, mais comme limitée, parce

3 *Ibid.*

4 *Ibid.*, p. 538 (« Bonnet de Genève, ce mystérieux esprit exact, qui fut opposé à Buffon, comme plus tard Geoffroy Saint-Hilaire l'a été à Cuvier. »). Sur cette querelle, voir le livre de J. Marx, *op. cit.*, I, chap. IV.

5 *TM*, p. 537.

qu'elle s'arrête au *fait*, à la *description*, et ne s'occupe en somme que d'un niveau ou d'une dimension inférieurs du réel, en négligeant sa double profondeur : l'*invisible* et le *possible*. C'est pourquoi la vraie science, comme on l'a dit, est au contraire celle qui, d'une part, ne nie et ne rejette rien *a priori*, ne se barricade pas, par excès de frilosité, contre l'infini ; et, d'autre part, celle qui ne dédaigne pas l'hypothèse, celle qui est capable de prolonger la raison par le songe. Ici, la science se voit assigner une limite – celle, à vrai dire, qu'elle se donne à elle-même –, la limite du fait visible, négateur du fait latent. Et c'est pourquoi, estime Hugo, la philosophie commence là où s'arrête la science : « Où la science les lâche [ces monstres inclassables], la philosophie les reprend. / [...] Elle va moins loin et plus loin que la science. Elle ne les dissèque pas, elle les médite[6]. » Elle médite *le possible*, s'il est vrai que le possible désigne le franchissement d'une limite dans l'esprit, qu'il expose la raison à la reconnaissance de ses limites. Après « le scalpel », « l'*hypothèse*[7] » ; après la dissection du phénomène, qui s'en tient au comment, le cap avancé, le promontoire escarpé de l'hypothèse, qui ouvre sur l'abîme du pourquoi et des « cause[s] finale[s][8] ». Véritable profession de foi antipositiviste : car non seulement l'esprit positif opère la réduction de la nature au fait visible et mesurable, la réduction de l'infini au fini, mais il considère comme chimérique la prise en compte des causes finales qui intéressent au premier chef le philosophe et le songeur. Autrement dit, le monstre, comme scandale logique, mais surtout comme scandale moral, est l'objet d'une méditation métaphysique inquiète qui se prolonge jusqu'à la fin du chapitre : méditation sur l'énigme du mal dont la pieuvre est l'incarnation médusante et incompréhensible. Le possible s'inscrit bien dans le prolongement d'une interrogation philosophique sur la logique mystérieuse de l'immanence.

Il y aurait un troisième niveau dans l'approche du réel : non plus celui du philosophe, mais celui des mages, visionnaires, comme Jean ou Dante, qui auraient « aperçu », sinon « soupçonné[9] » cette présence énigmatique du Possible, qui auraient vu ou entrevu avec effroi et restitué dans leurs visions apocalyptiques la descente infernale de la nature

6 *Ibid.*, p. 536.
7 *Ibid.*
8 *Ibid.*
9 *Ibid.*, p. 537.

dans les sombres spirales de l'abîme. Le texte s'achève par la conjecture terrible d'un *enfer*, qui ne fait que réactiver la signification biblique de la mer comme abîme et comme chaos[10]. Cette conjecture est clairement associée à l'une des déterminations possibles du possible : à l'esquisse vertigineuse d'un creusement infernal de l'abîme sous-marin.

Même si la signification épistémique du possible reste sous-jacente dans tous les emplois relevés, c'est bien l'orientation ontologique qui tend à prédominer ici, l'inscription du possible dans le réel lui-même, comme sa doublure, son prolongement, sa frange indéterminée. Ou comme une région ignorée ou ébauchée du réel, puisqu'il existe, on l'a dit, des « zones[11] » dans la réalité universelle, qui se tordent en spirale au-dessus ou au-dessous de notre horizon (au-dessous, faudrait-il dire ici de préférence). Le possible se trouve ainsi étrangement spatialisé à travers la récurrence d'une même formule énigmatique : « dans le possible[12] ». Sans doute ne peut-on comprendre cette extension spatiale du possible sans la rattacher, d'une part, au prodige, et, d'autre part, aux ramifications multiples de la création, aux « dilatations de la réalité dans toutes les directions[13] ». Comme dans le texte de « l'aquarium de la nuit », le possible est associé à une rêverie sur les frontières : à la nécessité de dépasser les limites artificielles imposées par l'intelligence rationnelle au *continuum* de la nature illimitée. Dans sa méditation anxieuse, Hugo va jusqu'à regarder les monstres (dont la pieuvre) comme des « amphibies » à cheval sur la vie et la mort, situés à l'extrémité de la « frontière humaine » et de la « limite chimérique[14] ». Il les dépeint, en une vision hallucinée, comme « l'extrémité visible des cercles noirs[15] » – à supposer que de tels monstres, marquant la transition d'un cercle à l'autre de l'abîme, appartiennent aux « commencements d'êtres »

10 « *L'Abîme* » était le titre initial du roman : il faut l'entendre dans son sens biblique (*abyssus*, du grec *abyssos*, « sans fond » : « la profondeur impénétrable des eaux »). L'eau primordiale, enveloppe matricielle du monde en ses commencements, est devenue synonyme de *chaos* au XIIe siècle ; par glissement sémantique, l'océan (l'abysse) a fini par être assimilé aux *enfers* (le séjour des morts) et à l'*enfer* (le séjour des démons) – également désignés par le grec *abyssos* dans le *Nouveau Testament*, comme le rappelle Danielle Lecoq dans « Des eaux primitives à l'océan infranchissable », *La Mer. Terreur et fascination*, A. Corbin et H. Richard dir., Seuil, 2004, p. 19-55.

11 *La Mer et le Vent*, *op. cit.*, p. 690.

12 *TM*, p. 529 et 537.

13 *La Mer et le Vent*, *op. cit.*, p. 690.

14 *TM*, p. 537 : « Ils sont les amphibies de la mort. »

15 *Ibid.*

et de réalités « terribles » que « le songeur entrevoit confusément » à travers, non « l'aquarium de la nuit », mais « le soupirail de la nuit[16] ». La parenté entre les textes est scellée par la proximité des métaphores : de « l'aquarium de la nuit » au « soupirail de la nuit », l'océan reste le théâtre du songe immense, mais c'est la verticalité terrible de l'abîme qui s'ébauche désormais dans les profondeurs du possible.

Il semble bien, comme nous l'avons suggéré, que se croisent ici deux modèles. Celui, zoologique, de l'échelle des êtres, qui porte à insister sur les transitions, les passages, les ébauches intermédiaires, la continuité ininterrompue de la nature – au risque (dont Hugo a parfaitement conscience) de voir se prolonger la chaîne des êtres dans l'abîme, en un mouvement de régression symétrique de l'ascension scalaire, en une progression à rebours dans l'aggravation qui de la pieuvre obligerait à descendra jusqu'à Satan. Et un autre modèle, d'ordre cosmologique, qui laisserait supposer la coexistence de mondes parallèles, ou plutôt de régions parallèles de la nature, puisqu'il n'y a pas de surnature à proprement parler. C'est en fonction de ce double modèle qu'on pourrait tenter de comprendre le sens de la gradation esquissée de l'invisible au possible, comparable à celle qui menait, dans le texte précédent des *Travailleurs de la mer*, de l'inconnu au possible : « ces prolongements de monstres, *dans l'invisible d'abord, dans le possible ensuite* [...][17] ». Elle semble indiquer un usage spécifique du terme possible, distinct de l'invisible. Comme si l'invisible était l'horizon du visible, et le possible le commencement d'un *autre* monde, celui de l'abîme marin et infernal, avec sa faune, ses monstres, sa végétation extraordinaire, univers entièrement négatif livré au chaos et soustrait, du moins en apparence, à la législation naturelle. Le possible serait à nouveau le point de jonction avec une autre réalité, abyssale, ou bien cette autre réalité elle-même, épiée non sans terreur « par le soupirail de la nuit ». L'invisible serait un premier creusement (« d'abord ») dans la profondeur du réel ; le possible une descente plus vertigineuse encore (« ensuite ») dans l'Ignoré et l'Inconnu.

Dans une assez longue méditation, recueillie dans *Océan*[18], Hugo avait dressé le tableau de la hiérarchie des mondes, organisés en cercles concentriques. La création y était présentée sur le modèle de la sphère,

16 *Ibid.*, p. 537.
17 *Ibid.* C'est moi qui souligne.
18 *Océan*, p. 45 (vers 1860).

« ayant à la fois Dieu pour centre et pour périphérie ». « Cette sphère, précisait Hugo, est composée d'une série infinie de mondes ou de règnes concentriques, allant, nuance à nuance, transformation à transformation, du matériel à l'idéal, du visible à l'invisible ». Ce sont les créatures hybrides, intermédiaires, monstres ou amphibies, qui viennent remplir les lacunes apparentes de la création et assurer la transition entre les mondes et les règnes : « le zoophyte termine le monde végétal et commence le monde vie ; l'homme finit le monde vie et commence le monde esprit ». Seulement ici, l'hypothèse pessimiste fait parcourir l'échelle en sens inverse, en direction de l'abîme : les cercles de l'enfer dantesque font place aux chaînes serrées de la création, descendant en spirale jusqu'à Satan, dans l'horreur du gouffre.

L'essentiel, toutefois, pour notre propos, c'est que ce texte consacre une avancée décisive dans l'exploration du possible. Du possible spatialisé en une région, une zone de la « réalité universelle[19] », il nous fait glisser au « Possible », exhaussé et allégorisé par la majuscule, comme « matrice formidable ». C'est l'abîme qui fait l'unité de ces deux occurrences ; l'abîme où s'entrevoit l'imagination de la Nature, du côté terrible. Ce glissement d'un sens à l'autre est déjà anticipé dans la première interrogation stupéfaite sur l'origine onirique du monstre – texte prodigieux sur la naissance du prodige :

> À de certains moments, on serait tenté de le penser, l'insaisissable qui flotte en nos songes rencontre *dans le possible* des aimants auxquels ses linéaments se prennent, et de ces obscures fixations du rêve il sort des êtres. L'inconnu dispose du prodige, et il s'en sert pour composer le monstre. Orphée, Homère et Hésiode n'ont pu faire que la Chimère ; Dieu a fait la pieuvre.
>
> Quand Dieu veut, il excelle dans l'exécrable[20].

Qu'on ne se méprenne pas : c'est peut-être le songe qui donne accès au possible, à la région du possible, mais ce n'est pas *notre* songe qui crée le possible. La formulation impersonnelle (« l'insaisissable qui flotte dans nos songes ») invite à dépasser le songe individuel vers le songe immense de la Nature. Si nous rêvons, c'est avec le rêve de la nature ; c'est l'imagination de la nature qui se prolonge et rêve en nous. Comme dans les exemples précédemment étudiés, le songe se trouve

19 *La Mer et le Vent*, *op. cit.*, p. 690.
20 *TM*, p. 529. C'est moi qui souligne.

« désubjectivé » et inscrit au cœur de l'immanence naturelle. Notre rêve n'est que le réceptacle de présences flottantes et instables, tout juste ébauchées, qui se fixent et se concrètent en monstres. Nous sommes traversés par l'insaisissable et par ce qu'il faut bien appeler, avec Hugo, « l'imagination de l'Inconnu » :

> Voir le dedans de la mer, c'est voir l'imagination de l'Inconnu. C'est la voir du côté terrible. Le gouffre est analogue à la nuit. Là aussi il y a sommeil, sommeil apparent du moins, de la conscience de la création. Là s'accomplissent en pleine sécurité les crimes de l'irresponsable. Là, dans une paix affreuse, les ébauches de la vie, presque fantômes, tout à fait démons, vaquent aux farouches occupations de l'ombre[21].

Les deux passages se répondent exactement. À travers l'aquarium ou le soupirail de la nuit, ce n'est pas l'abîme de la psyché que nous découvrons, mais le lieu même, indéterminé, où il s'évase, s'élargit et rejoint l'abîme du cosmos. Ce que Hugo nous donne à entrevoir ici, en une extraordinaire rêverie cosmique, c'est le processus même, originel, de l'imagination naturelle. Le passage de l'ébauche à l'œuvre ou au chef-d'œuvre, si hideux soit-il ; le passage du *possible* à l'*être*. Hugo a rêvé le grand cauchemar de l'abîme, producteur de monstres.

Qu'est-ce, du reste, que la pieuvre, cette perfection dans le mal, si ce n'est, comme l'indique le texte, l'équivalent de la Chimère païenne dans l'ordre de la Création ? La pieuvre est bien à sa manière une chimère, à la fois en tant que monstre, et en tant que produit du rêve et du cauchemar. Il faudra revenir sur cette analogie. Mais, si l'on s'en tient pour l'instant à la considération de sa genèse monstrueuse, on est amené à se demander ce qu'indique la comparaison hyperbolique entre les créateurs humains de la Chimère (Homère, Hésiode) et Dieu, créateur de la pieuvre, célébrée *a contrario* comme supérieure, comme un « chef-d'œuvre » inégalé et inégalable ? Les hommes n'ont pu faire que la Chimère ; Dieu a fait la pieuvre. On pourrait croire que la création humaine et la création divine se distinguent par leur degré de réalité : d'un côté, une fiction mythologique ; de l'autre, le réel. Mais la réalité est elle-même à demi chimérique, elle procède du rêve : la création semble avoir été d'abord rêvée par un Dieu songeur. Quant aux créations secondes de l'art, Hugo ne les estime pas moins réelles que la création

---

21 *Ibid.*, I, VI, 1, p. 304.

divine directe. La supériorité paradoxale de la pieuvre sur la chimère reflète plutôt sa supériorité dans le mal. S'agit-il de suggérer l'écart entre la Chimère païenne et la Chimère chrétienne, la seconde étant expressément inscrite dans une théologie du mal étrangère à la première ? Sans doute, car ce qui fait la réussite suprême de la pieuvre, ce n'est pas sa densité ontologique supérieure, mais bien sa perfection dans le mal. De sorte que la pieuvre pourrait être « voulue » par un Dieu méchant et criminel – hypothèse gnostique plus inquiétante encore que celle du manichéisme et qui pousse très loin le sens du scandale et du tragique.

Le passage se fait alors tout naturellement, par une sorte de glissement métonymique, de la région originelle où s'accomplit cette réussite paradoxale dans le mal, de l'abîme où prend corps le cauchemar de la nature, à la puissance génésiaque de la *natura naturans* capable d'engendrer des monstres :

> *Le Possible est une matrice formidable.* Le mystère se concrète en monstres. Des morceaux d'ombre sortent de ce bloc, l'immanence, se déchirent, se détachent, roulent, flottent, se condensent, font des emprunts à la noirceur ambiante, subissent des polarisations inconnues, prennent vie, se composent on ne sait quelle âme avec le miasme, et s'en vont, larves, à travers la vitalité. C'est quelque chose comme les ténèbres faites bêtes. À quoi bon ? à quoi cela sert-il ? Rechute de la question éternelle.
>
> Ces animaux sont fantômes autant que monstres. Ils sont prouvés et improbables. Être est leur fait, ne pas être serait leur droit. Ils sont les amphibies de la mort. Leur invraisemblance complique leur existence. Ils touchent la frontière humaine et peuplent la limite chimérique. Vous niez le vampire, la pieuvre apparaît. Leur fourmillement est une certitude qui déconcerte notre assurance. L'optimisme, qui est le vrai pourtant, perd presque contenance devant eux. Ils sont l'extrémité visible des cercles noirs. Ils marquent la transition de notre réalité à une autre. Ils semblent appartenir à ce commencement d'êtres terribles que le songeur entrevoit confusément par le soupirail de la nuit[22].

Le possible n'est plus le produit, l'objet de la conjecture, mais le producteur, la *dynamis* paradoxale, la puissance naturante de la nature qui, dans sa prodigalité illimitée, enfante monstres et prodiges. La rêverie hugolienne nous transporte au lieu même de l'Origine, dans le creuset de l'abîme où s'ébauchent les êtres, dans l'énigmatique laboratoire de l'ombre. En d'autres termes, le possible, allégorisé par la majuscule, est à la fois une puissance, la Puissance génésiaque, la « matrice formidable »

---

22 *TM*, p. 536-537. C'est moi qui souligne.

de la nature ; et un état originaire et négatif de la Création, peut-être assimilable au Chaos[23]. Les monstres qui s'ébauchent dans les profondeurs troubles de l'abîme sont les doubles produits du rêve et de la nuit : ce sont les songes errants d'un cerveau malade ; les effets d'une création entièrement négative, d'une anti ou d'une contre-création

23 La « matrice formidable » du Possible n'est peut-être en effet rien d'autre que le chaos (du grec « *khaos* » : « gouffre ténébreux ») de l'abîme. On ne saurait analyser ici en détail la question si complexe du chaos chez Hugo, de son statut problématique, de ses rapports avec le cosmos : il faudrait lui consacrer une étude entière. Sur la mythologie du chaos chez Hugo, sur la mer comme permanence ou survie du chaos dans la création, comme « partie du monde en proie à la folie », on se reportera au livre classique de P. Albouy, *La Création mythologique chez Victor Hugo*, Corti, 1985, p. 328 *sqq.* (le chaos est à la fois l'informe et la genèse, p. 330). Mais sans doute convient-il d'insister, comme nous l'avons déjà suggéré, sur ce qui relie la représentation de la mer à la tradition biblique de l'Abîme comme « Océan primordial ». La notice que lui consacre André-Marie Gérard (*Dictionnaire de la Bible*, R. Laffont, coll. Bouquins, 1989) rappelle tout ce que la Bible doit aux récits babyloniens et à l'idée (qui les anime) que notre monde a été arraché à une sorte de chaos initial (« tohu-bohu », c'est-à-dire « désert et vide », selon le texte de la *Genèse*) *à travers les eaux.* Il mentionne notamment l'œuvre épique dite *Poésie de la création*, qui admet la perpétuation, après la création du monde, d'une lutte entre le dieu créateur, principe du bien, et les eaux, principes du mal, où sont dispersés les monstres malfaisants : sans cesse les cataclysmes tendent à rétablir sur le monde créé l'empire perdu de l'Abîme et des abîmes. Rien de tel dans la Bible : l'Abîme primordial et les abîmes marins, avec les monstres qui les hantent, sont totalement livrés à l'absolue puissance de Dieu, créateur et maître de tout ce qui existe. Dira-t-on que Hugo se situe sur la ligne de crête qui sépare les deux conceptions de l'abîme ? L'Océan, « matrice formidable », producteur de monstres, animé d'une sourde volonté mauvaise et hostile, n'est-il pas assimilé à l'envers *nocturne*, inconscient, du cosmos, au reste de chaos mêlé à la création ? La tempête ne fait-elle pas triompher « on ne sait quelle velléité de reprise du chaos sur la création », selon la formule de *L'Homme qui rit* (I, II, 7, p. 418) – velléité qui ne semble jamais éteinte, comme si le *chaos* et le *cosmos* continuaient à coexister, voire à lutter, comme dans la variante « manichéenne » du mythe de l'Abîme, comme si la Création était toujours travaillée par la menace de l'anarchie et de la confusion primordiales ? Au plus fort du combat de Gilliatt avec la tempête – le texte évoque clairement les premiers efforts du travailleur de l'abîme comme une *genèse* recommencée, comme un *hexaméron* (*TM*, p. 404, 409) : le *travail* est à entendre doublement au sens épique et au sens biblique –, c'est bien la confusion, l'indistinction initiale, la nuée ténébreuse d'avant la séparation des eaux qui semble se rétablir au détriment de l'ordre cosmique. Mais, dans la mesure où le travail humain – insuffisant malgré sa grandeur héroïque – est appelé à se résoudre en *prière*, il appartient à Dieu, à sa double capacité de création et de destruction, de restaurer la paix de l'accord universel. Il y a aussi une fécondité *esthétique* du chaos chez Hugo : non seulement le génie tient de l'abîme sa démesure et sa folie, mais il y a un génie de l'abîme, son « harmonie à lui se compose de chaos ». L'extraordinaire description du paysage de Portland contenait initialement toute une poétique démesurée et déraisonnable de l'Océan (voir le *Reliquat* de *L'Homme qui rit*, p. 1088-1090). Sur cette esthétique de l'abîme, on pourra lire la belle étude déjà mentionnée de Michel Collot, « Entre chaos et cosmos », *op. cit.*, p. 192-216.

infernale, « les ténèbres faites bêtes », selon l'extraordinaire formule de Hugo. Loin de constituer le récipient séminal et nourricier de la vie universelle, comme chez Michelet, la mer semble être prise en flagrant délit de genèse monstrueuse et criminelle.

On trouverait un emploi comparable du terme possible dans un passage du poème *Dieu*, laissé inachevé, qui évoque également, à travers la voix de l'aigle, l'ébauche sublime de la création, ce rien qui n'est pas tout à fait rien, et qui précède la naissance de la vie. Hugo choisit justement d'appeler *possible* cet être d'avant l'être, qui contient l'être en germe :

> Avant la créature, était le créateur ;
> Le temps sans fin était avant le temps qui passe ;
> Avant le monde immense était l'immense espace ;
> Avant tout ce qui parle était ce qui se tait ;
> *Avant tout ce qui vit le possible existait* ;
> [...][24]

Commencement des choses auquel est « mêlé », selon la magnifique vision finale de *Promontorium somnii*, « le tâtonnement terrible du rêve[25] ». La création, avant de prendre son équilibre, « a oscillé de l'informe à la forme, elle a été nuée, elle a été monstre, et aujourd'hui encore, l'éléphant, la girafe, le kangourou, le rhinocéros, l'hippopotame nous montrent, fixée et vivante, la figure de ces songes qui ont traversé l'immense cerveau inconnu[26]. » Comme le Dieu de Jacob Boehme, celui de Hugo a rêvé le monde avant de le créer, ou plutôt en le créant. Les monstres antédiluviens sont les rêves incarnés de l'immanence naturelle et divine. En eux, comme dans leurs répondants actuels, on peut lire l'empreinte de la démesure originelle et de l'exubérance génésiaque de la nature et surprendre, dans ses *figures*, l'imagination de Dieu en acte – comme dans les grands poèmes collectifs de l'Inde, monstrueux et inspirés, qui « ont l'ampleur sinistre du possible rêvé par la démence et raconté par le songe[27] ». Dans tous ces exemples, comme dans notre texte, la notion de possible recouvre donc le grand rêve ou le grand cauchemar originel de la nature. Mais elle laisse à penser également que cette puissance

24 *Dieu, L'Océan d'en haut*, v (*Poésie IV, Œuvres complètes*, *op. cit.*, 1986, p. 658). C'est moi qui souligne.

25 *Le Promontoire du songe*, *op. cit.*, p. 99.

26 *Ibid.*

27 *William Shakespeare*, *op. cit.*, p. 284.

génésiaque et rêveuse de la « matrice formidable » est toujours en travail, comme si Hugo se souciait surtout d'épouser la dynamique poétique (au sens propre) de la *natura naturans*, sans s'arrêter aux produits figés de la *natura naturata* ; comme s'il lui était impossible d'admettre l'achèvement de la création et que se rejouât sans cesse, dans son œuvre, le grand drame d'une cosmogonie éternelle[28].

Le possible en vient donc à recouvrir une portée ontologique fondamentale. Identifié à la « matrice formidable » de l'abîme, il désigne la puissance *poétique* de la nature, ses tentatives chaotiques et brouillonnes, son exubérance primitive, ses métamorphoses incessantes, sa richesse illimitée en *possibles*. Mais aussi, assimilé à l'état originaire de l'être avant l'être, il relève de l'*ébauche* ou du songe, dans une signification assez voisine de *l'en-puissance*, de l'*energeia* ou de la *dynamis* aristotéliciennes[29] : il nomme un stade intermédiaire et flottant entre le non-être et l'être, dont la destination reste toutefois indéterminée. Enfin, il sert aussi à désigner, plus largement, ce qui échappe à la disjonction supposée des contraires, être et non-être, soit en amont, dans le vertige indéfini de la grande rêverie cosmique originelle, soit en aval : ce mélange d'être et de non-être qui compose le réel dans son infinité et sa démesure stupéfiante. Ainsi la pieuvre tient-elle à la fois du « fantôme » et du « monstre », tant son existence avérée semble problématique et, pour tout dire, chimérique. Elle est « prouv[ée] et improbabl[e] », « être est [son] fait, ne pas être serait [son] droit » ; elle touche « la frontière humaine » et « la limite chimérique[30] ».

28 De là sans doute la concurrence problématique, dans le vocabulaire métaphysique de Hugo, entre *travail* (le travail de *l'immanence*, *La Mer et le Vent*, *op. cit.*, p. 685) et *création*. Hugo n'est jamais loin de souscrire, comme les poètes et penseurs de la Renaissance, à l'idée d'une création continuée, en travail permanent, soumise à un *perpetuum mobile*, tout en s'effrayant des conséquences métaphysiques (panthéistes) d'une telle vision païenne du monde. Sur ce point, voir le livre de Michel Jeanneret, *Perpetuum mobile. Métamorphoses des corps et des œuvres de Vinci à Montaigne*, Macula, 1997.

29 Voir Gwenaëlle Aubry, *Dieu sans la puissance. Dunamis et Energeia chez Aristote et chez Plotin*, Vrin, 2006, notamment p. 120 *sqq.*

30 *TM*, p. 537. Dans un article fort suggestif (« Réalité, possible et chimère dans *Les Travailleurs de la mer* », *Recherches et Travaux*, « Hugo et la chimère », n° 62, 2003, p. 49-57), Pierre Laforgue a fait de la chimère l'emblème de cet « état problématique de la réalité ». Qu'est-ce que la *chimère*, sinon « une espèce d'entre-deux indéfinissable, où le partage entre l'être et le non-être n'a plus cours » (p. 52-53) ? L'ordre propre à la chimère est à la fois « en deçà et au-delà de la réalité, dans on ne sait quelles limbes » (p. 53). L'« ontologie de la chimère » « procède à une réflexion sur les limites de l'Être » (p. 54). Sur la

« Pour croire à la pieuvre, il faut l'avoir vue[31] ». Le tremblement indéterminé du réel s'explique d'abord par l'effet que produit, chez le témoin supposé, la confrontation avec le monstre ou le prodige, c'est-à-dire avec les deux faces complémentaires de la démesure naturelle. Effet de stupeur, de vertige, d'horreur sacrée devant le Pourquoi inconnu de la nature, qui nous déborde, « se dépense dans l'effroi comme dans la splendeur[32] », déclare Hugo dans l'excursus supprimé de *La Mer et le Vent* : le monstre n'est pas croyable, bien qu'il existe, dans la mesure, précisément démesurée, où il heurte à la fois notre logique et notre morale. L'irruption stupéfiante du monstre vient confirmer la réversibilité du possible et de l'impossible dont nous avons parlé : le possible n'est pas le possible pour nous, mais le possible pour Dieu ou l'immanence formidable de l'abîme, et l'impossible pour nous ; le monstre consacre l'effraction sidérante de l'impossible au cœur du possible (de notre possible). Ce que *peut* Dieu dans le bien comme dans le mal, dans la noirceur comme dans la splendeur, dépasse infiniment la capacité limitée de l'homme. Ainsi s'explique la pente de l'esprit, heurté dans sa mesure rationnelle et raisonnable, à douter de l'existence de ce qu'il ne *comprend* pas. De sorte que, en un paradoxe vertigineux, le réel et le rêve finissent ici par échanger leurs qualités, comme dans le préambule du *Promontoire du songe*. C'est ce qu'indique un passage de *La Mer et le*

---

pieuvre comme « bête *border line* » et comme *chimère*, voir p. 54-56. À notre connaissance, l'article de Pierre Laforgue est le seul à avoir tenté d'esquisser une ontologie du possible. En envisageant la chimère et le possible sur le modèle de la configuration fictionnelle, l'analyse de Judith Wulf (« Chimère et référence dans *L'Homme qui rit* », *ibid.*, p. 59-71) se situe dans une perspective constructiviste difficilement compatible, à notre sens, avec l'ontologie développée par Hugo. Perspective continuée et précisée dans la somme récente qu'elle a publiée, *Étude sur la langue romanesque de Victor Hugo. Le partage et la composition*, Éditions Classiques Garnier, 2015, p. 431-436 : si nous sommes enclin à souscrire à son analyse des *structures hypothétiques* (usage ponctuel des indéfinis, comme *autre* ; ébauche des embranchements narratifs), suggérant la coexistence de différentes « versions » et visions possibles du réel, il nous paraît en revanche exclu de faire servir la notion de possible, en la coupant de tout socle ontologique, à l'exténuation fantomatique de la « référence », produite, c'est-à-dire construite, par le langage. Négation du *donné* difficilement admissible, selon nous, dans le cadre d'une phénoménologie du réel et des ses marges, ouvrant sur une ontologie. Nous ne saurions donc soutenir, avec J. Wulf, que « Le monde chez Hugo, finalement, n'est que le "Possible", c'est-à-dire l'ensemble des versions actuelles ou virtuelles qu'on peut construire » (p. 437). Voir encore, sur l'opposition du vraisemblable et du possible, *ibid.*, p. 48.

31 *TM*, p. 529.

32 *La Mer et le Vent*, *op. cit.*, p. 690.

Vent, où la réalité est déclarée bien supérieure en puissance onirique et fabuleuse aux pauvres capacités humaines d'invention et de songerie. Non seulement la nature produit les mythes, mais elle est le creuset de créatures fabuleuses, de chimères réelles et incarnées, d'inventions incroyables, mais vraies. Impossible de rivaliser avec l'imagination divine dans l'exubérance et la démesure. La nature va toujours plus loin que nous : « Le rêve de l'homme est un essai toujours dépassé par la création ; il y a quelque chose de plus nocturne que le songe, c'est le fait ; la réalité distance le cauchemar. Nos fantômes sont des avortements. La nature, après nous, ou avant nous, les crée, plus complets[33]. » Comme l'affirme Hugo dans notre texte, la Chimère mythologique n'est rien à côté de la Chimère créée par Dieu : Gilliatt est amené à vivre un cauchemar vivant et réel. Et qu'est-ce que la pieuvre, justement, sinon cette Chimère réelle produite par l'incommensurable fiction divine ? Qu'il y ait un envers nocturne et songeur du fait, voilà qui est bien de nature à ébranler la foi positiviste dans la solidité objective du fait brut. Le fait est aussi une invention de l'immense songe cosmique ; il n'est pas séparable de sa profondeur latente. On peut perdre pied dans le cauchemar du réel, comme Gilliatt confronté au regard médusant de la pieuvre, soudain saisi par l'impossible.

Si le possible et l'impossible sont au fond réversibles, c'est bien parce que, du point de vue cosmique auquel Hugo choisit de se placer, c'est le réel qui est prodigieux, incroyable, improbable. Il faudrait procéder à un vertigineux changement de perspective : c'est sur le modèle de l'imaginaire que Hugo inviterait à considérer l'Être. On se risquera à avancer qu'il n'est pas loin de proposer – devançant les intuitions profondes de Merleau-Ponty – une *ontologie de l'imaginaire*, ou, suggestion plus troublante encore, une *ontologie imaginaire*[34]. Si le rêve de l'homme est toujours dépassé par la création, c'est bien, comme le suggère le texte cité, parce que la création se modèle sur le rêve (sur le grand rêve

33 *Ibid.*

34 Selon l'extraordinaire formule de Merleau-Ponty, qui rejette très explicitement la conception sartrienne de l'imagination : « Toute ontologie est un type d'imagination, toute imagination est une ontologie. Il y a une imagination qui n'est nullement néantisation (position d'un irréel comme irréel), – qui est cristallisation de l'être. » (Note inédite, citée par Emmanuel de Saint Aubert, *Du lien des êtres aux éléments de l'être*, Vrin, 2004, p. 259). Autre *fusée* décisive : « Ontologie généralisée où réel et imaginaire sont deux provinces de l'être, et non dans le rapport du positif au négatif » (*ibid.*, n. 1, p. 259).

cosmique et divin). À la limite, on pourrait dire, à la suite de Jean-Luc Marion : le nom de Dieu, le seul nom possible, c'est le Possible, c'est-à-dire l'impossible pour nous.

On ne s'étonnera pas, dès lors, que Hugo oppose ici à nouveau le possible et le vraisemblable. L'« invraisemblance complique [l'] existence[35] » de ces monstres. Invraisemblance au sens logique : la logique de Dieu, si logique il y a, est celle de l'infini, elle ne saurait se restreindre au cadre étroit fixé par la nôtre. Invraisemblance au sens moral et métaphysique. Car le monstre est d'abord regardé par le philosophe sous l'angle métaphysique des causes finales (« À quoi bon ? à quoi cela sert-il ? »), avec une angoisse profonde. S'il est à la fois *prouvé* et *improbable*[36], selon le jeu de mots métaphysique de Hugo (sorte de dérivation oxymorique), c'est bien parce qu'en lui le *fait* (« prouvé ») et le *droit* (« improbable »), le réel et l'idéal sont *scandaleusement* disjoints : l'existence fantomatique de la pieuvre procède de son irréalité apparente (c'est le réel qui paraît irréel), et surtout de son inadéquation morale. Si, dans la perspective finaliste de Hugo, le fait et le droit, leur unité même constitue le réel, alors le monstre, inexplicable blasphème de la création contre elle-même, vient apporter un terrible démenti à toute cette ontologie axiologique et ruiner l'édifice entier de la métaphysique : il *est* alors qu'il ne *devrait* pas être. Telle est bien la puissance ravageuse de l'énigme du mal : avec la pieuvre, cette chimère, mais réelle, inexplicable et incontestable, comment continuer à se retrancher derrière l'argument lénifiant – dont la tradition a été inaugurée par saint Augustin dans la hantise même du manichéisme – assimilant le mal au *non-être* ? « En dépit de notre optimisme, comme l'affirme Hugo dans le passage déjà mentionné de *La Mer et le Vent*, il y a des créatures d'effroi. L'épouvante *existe*, en chair et en os. [...] La création est pleine de formations vertigineuses qui nous enveloppent et dont nous doutons. C'est trop de magnificence ou c'est trop de difformité. Ici exubérance d'harmonie, là excès de chaos. Dieu exagère[37]. »

L'optimisme finaliste se trouve ainsi dangereusement ébranlé par cette manifestation prouvée et improbable, réelle et incroyable, du Mal dans toute sa puissance de nuire, dans sa négativité radicale. Ce qui oblige à

35 *TM*, p. 537.
36 *TM*, p. 537.
37 *La Mer et le Vent*, *op. cit.*, p. 690.

considérer l'autre versant, métaphysique, du possible. Le possible-impossible possède aussi une portée métaphysique fondamentale. Il renvoie à cette grande question hugolienne : hasard, nécessité ou providence ?, à l'interrogation inquiète sur ce que Hugo appelle ailleurs la *logique de Dieu*[38], non sans craindre du reste qu'elle soit inexistante ou absurde. À quoi bon les monstres ? Il est remarquable que la méditation tourmentée de Hugo envisage avec effroi toutes les hypothèses possibles, en se plaçant du point de vue de l'intelligence limitée de l'homme, confronté au mystère irréductible du *quid divinum.* 1°/ La vision dantesque des cercles noirs de l'abîme aboutit à ce qui est l'une des tentations insistantes de Hugo, jamais complètement surmontée, même si elle se trouve ici écartée au nom de l'optimisme : celle du manichéisme, de la croyance au dieu double, au redoutable Janus bifrons, postulant la co-éternité, la lutte permanente et l'irréductibilité substantielle des deux principes du Bien et du Mal. Si l'on descend la chaîne des êtres dans les profondeurs régressives de l'enfer marin, la pieuvre à une extrémité prouve Satan à l'autre. 2°/ Plus inquiétante encore, l'hypothèse, que nous avons appelée gnostique, d'un Dieu méchant complice du mal, excellant dans la création des monstres, ces chefs-d'œuvre à rebours – hypothèse envisagée en préambule, avec un mélange de fascination horrifiée et de distance ironique. 3°/ À côté de ces deux argumentaires pessimistes, la résolution optimiste du problème. S'interrogeant non sans effroi sur le spectacle de l'entredévorement universel, symptôme des ravages du mal (il a pu en lire la description dans l'ouvrage de Camille Flammarion[39]), Hugo trouve en Charles Bonnet la ressource d'une justification téléologique et d'une solution palingénésique qui doit à l'optimisme finaliste de la *Théodicée* son argument central : devant l'énigme du mal, quel autre recours que de distinguer entre la partie et le Tout, entre le mal local et le plan divin de la Création, inaccessible à l'intelligence limitée de l'homme, mais organisé de telle sorte que le mal ponctuel, si scandaleux soit-il, sert à notre insu à la réalisation globale du meilleur des mondes possibles ? Méliorisme, plus qu'optimisme, qui laisse place pour

38 *William Shakespeare*, *op. cit.*, p. 344 : « Laissez passer la *logique de Dieu*. C'est dans cette logique-là qu'est puisée la fantaisie du poëte. » (C'est moi qui souligne). Passage capital où la fantaisie du poète comme Shakespeare se trouve justifiée par la « fantaisie » même de la destinée et par son goût déroutant de l'*arabesque*. L'arabesque est la forme que prend la « logique de Dieu ». Sur ce point capital, voir le livre déjà cité de D. Peyrache-Leborgne.

39 C. Flammarion, *op. cit.*, V, II, p. 277-278.

la contingence et le mal, et donc pour une certaine dose acceptable de scandale, mais à la condition de les subordonner à l'accomplissement mystérieux d'un maximum ou d'un optimum, au bénéfice de l'harmonie universelle. De sorte que le monstre le plus méchant et le plus cruel, le plus irréductible en apparence, trouverait quand même sa place et sa justification dans l'ordre de la Providence universelle. Telle est bien l'explication empruntée à l'auteur de la *Contemplation de la nature*[40], grand lecteur de la *Théodicée* et fervent leibnizien. En affirmant contre vents et marées que l'optimisme est « le vrai », Hugo retrouve sous sa plume (s'agit-il d'une simple coïncidence ou de l'effet d'une harmonie préétablie ?) une formule du commentateur contemporain de Leibniz, Félix Nourrisson : « Donc, l'optimisme est le vrai[41] ».

Mais, comme l'a bien vu Deleuze[42], l'optimisme leibnizien, ou celui que la tradition a tiré d'une certaine vulgate leibnizienne[43], n'est guère séparé du vertige de l'abîme pessimiste que par une frontière ténue, facile à franchir – car, en rompant avec la métaphysique essentialiste du Bien éternel, le méliorisme leibnizien ne s'emploie à conjurer la contingence qu'après l'avoir laissée s'introduire au cœur du Temple. Toute théodicée n'est jamais qu'une justification *a posteriori*. Il n'est pas exclu, en tout cas, que la grande interrogation hugolienne sur le Possible, on le voit, soit à resituer dans ce contexte philosophique plus général. Le possible est-il l'autre nom de la contingence, d'un monde livré au hasard et au chaos ? Ou reflète-t-il l'existence d'une logique qui, pour n'être pas compréhensible, n'en existerait pas moins, à l'échelle de l'infini (telle est l'hypothèse envisagée dans *La Mer et le Vent*[44]) ?

Si le Possible, distingué par la majuscule, désigne ici la Puissance terrible de l'abîme, on pourra se demander en effet qui est le *sujet* de cette puissance, l'*agent* de cette puissance. Il n'est pas nommé. Et sans doute ne l'est-il pas à dessein. De façon significative, le possible est apparenté ici à l'une des notions centrales de la philosophie hugolienne de l'exil, celle

40 Ch. Bonnet, *op. cit.*, p. 189-192.

41 F. Nourrisson, *La Philosophie de Leibniz*, *op. cit.*, p. 311.

42 G. Deleuze, *Le Pli. Leibniz et le baroque*, Les éditions de Minuit, 1988, p. 92.

43 À vrai dire, l'optimisme n'appartient pas au vocabulaire de Leibniz ; ce néologisme surgit en 1752, dans le contexte d'une critique hostile, sous la plume des jésuites français, accusant la philosophie de Leibniz de n'être qu'un « matérialisme déguisé », « un spinozisme spirituel ». Sur la généalogie complexe de ce terme polémique, promis à une durable postérité, voir la mise au point de Paul Rateau, *op. cit.*, p. 353 *sqq.*

44 *La Mer et le Vent*, *op. cit.*, p. 689. Voir *supra*.

d'*immanence* ; les deux termes apparaissent presque comme synonymes. Le possible est une puissance immanente, la puissance de l'immanence dans ce qu'elle peut avoir de formidable et d'accablant. Mais où faut-il situer la responsabilité de Dieu dans cette immanence noire de l'abîme, presque entièrement négative ? L'indétermination hypothétique du possible suspend dans l'incertitude la méditation angoissée sur le « sphinx possible[45] » de l'ombre. Dans son anonymat délibéré, elle dérobe à la conscience le sujet et le visage du mal.

45 *TM*, p. 498.

UNE « RÉALITÉ CHIMÉRIQUE »

L'être du non-être

« RIEN N'EST RIEN » : CONTRE LE NIHILISME

Le possible, « fenêtre du rêve ouverte sur le réel[1] », se trouve donc intégré à l'ontologie hugolienne : on en verra les conséquences, capitales, sur le plan de l'imaginaire et des rapports entre le songe et le réel. Mais, réciproquement, on pourrait dire que le possible est une remarquable « fenêtre » de la rêverie philosophique « ouverte » sur l'ontologie hugolienne. Dans la mesure où cet entre-deux indéterminé qu'est le possible constitue un moyen privilégié d'investigation heuristique pour approcher, sans les réduire, les gradations, les transitions, les passages entre être et non-être, toutes les nuances d'une ontologie douce, rétive aux modes de pensée disjonctifs de la métaphysique oppositionnelle.

Pour entrevoir les enjeux centraux de ce que nous avons appelé, d'après Bachelard, une *ontologie douce*, sans doute faut-il partir de la position polémique qui la sous-tend : de l'hostilité déclarée de Hugo à toutes les manifestations du *nihilisme moderne* qu'il voit triompher avec inquiétude chez ses contemporains, et qu'il entend combattre avec la plus grande vigueur. À toutes les manifestations, car Hugo n'oppose pas un argumentaire unique au bloc unifié du nihilisme. Il semble plutôt établir une gradation dans le nihilisme, en fonction du degré de virulence et surtout de la radicalité de la pensée négative. Avec Hugo, il faudrait donc distinguer entre un nihilisme relatif et un nihilisme radical, entre différents usages du nihilisme plus ou moins destructeurs, ou plus ou moins affirmatifs, si l'on ose dire, dans la négation. Le positivisme constituerait ainsi, sur

1 *William Shakespeare*, *op. cit.*, p. 283.

l'échelle du nihilisme, un degré intermédiaire. On a vu à quel point la promotion du possible conjectural était au départ inspirée et justifiée par la condamnation de l'attitude défiante et soupçonneuse de la science étroitement positive. Jusque dans son usage heuristique, la notion de possible nous est apparue indissociable d'une violente protestation contre l'esprit de négation enveloppé dans le positivisme : rien ne peut être nié *a priori*, non pour faire droit à la crédulité superstitieuse, mais parce que rien ne peut-être nié que l'absurde, le nihilisme, ce qui nie, et ce qui se nie lui-même dans le suicide – la destruction et l'autodestruction[2]. Extraordinaire profession de foi, qui retourne la défiance *a priori* du positivisme en ouverture et en affirmation. Le possible contient en lui une puissance d'affirmation à la fois prudente et irréductible, dirigée contre la puissance de négation relative que renferme le positivisme. Il faudrait-même dire la foi négative qui le soutient. Car il s'agit bien d'une croyance, dénoncée comme telle par Hugo, ou plus précisément d'une forme d'*idolâtrie*, symétrique de l'idolâtrie superstitieuse : d'un culte voué au visible au détriment de l'invisible. Le credo minimal du positivisme est le même que celui du superstitieux : lui aussi, le positiviste, *ne croit que ce qu'il voit*. Ce qui fait qu'il ne voit rien, qu'il ne voit pas ce qu'il y a à voir.

Idolâtrie qui est en même temps une auto-idolâtrie narcissique, on l'a également suggéré. Sur ce point, comme sur l'autre, Hugo se révèle étrangement proche de ses antagonistes supposés, Baudelaire et Flaubert. Car Hugo n'a cessé de s'opposer, à l'intérieur de son propre camp, aux dérives humanitaristes du positivisme dogmatique, au culte de l'humanité par elle-même – culte autolâtre qui est à ses yeux une hérésie dangereuse, doublement négatrice de l'infini, de la nécessaire *solidarité* de l'homme avec l'infini sans laquelle il ne saurait y avoir de réelle solidarité humaine ; et négatrice de l'homme lui-même, amputé de ce qui fait sa dignité métaphysique : son prolongement religieux. Pas de progrès possible sans progression dans l'infini ; pas de progrès sans religion ; l'homme limité à lui-même, à son moi dérisoire, à son bien-être matériel, sourd à l'appel de l'infini, est moins homme. Nous ne reviendrons pas sur la diatribe anti-humanitariste développée, avec quelle vigueur, dans les proses philosophiques de l'exil[3]. Nous mettrons plutôt

---

2 *La Mer et le Vent*, *op. cit.*, p. 691.

3 Voir *Philosophie*, *op. cit.*, II, p. 508 *sqq.* Sur la critique de l'humanitarisme, voir la mise au point fondamentale de Pierre Albouy, « La *Préface philosophique* des *Misérables* »,

l'accent sur l'autre versant, proprement philosophique, de l'autolâtrie moderne, le *subjectivisme*, lui aussi dénoncé par Hugo comme une dérive sceptique intenable. Et, par on ne sait quelle transmission occulte, Hugo rejoint l'identification première du nihilisme au subjectivisme, dans l'esprit même de la lettre de Jacobi[4], dont l'on peut faire dater l'émergence philosophique de la notion de nihilisme (originellement politique, anticléricale[5]). Il est un texte des *Misérables*, peu cité, où Hugo se montre, dès avant 1862, au courant de la diffusion des idées de « l'école du Nord », tout imprégnées de « brouillard » selon le cliché hostile – sans doute par le canal indirect des comptes rendus, plus ou moins bien informés, parus dans les revues avant 1860. Schopenhauer n'est pas nommé, mais on comprend bien que c'est lui qui est visé par l'objection qui est faite au nihilisme contemporain. La connaissance que Hugo peut avoir de sa philosophie se limite, à l'évidence, à de très vagues rudiments, mais ses attaques n'en ont pas moins en vue l'essentiel, le principe même d'une métaphysique de la *représentation*, selon laquelle « Tout devient "une conception de l'esprit" » :

> La négation de l'infini mène droit au nihilisme. Tout devient « une conception de l'esprit ».
>
> Avec le nihilisme, pas de discussion possible. Car le nihiliste logique doute que son interlocuteur existe, et il n'est pas bien sûr d'exister lui-même.
>
> À son point de vue, il est possible qu'il ne soit lui-même pour lui-même qu'« une conception de son esprit ».
>
> Seulement, il ne s'aperçoit point que tout ce qu'il a nié, il l'admet en bloc, rien qu'en prononçant ce mot : esprit.
>
> En somme, aucune voie n'est ouverte pour la pensée par une philosophie qui fait tout aboutir au monosyllabe Non.
>
> À : Non, il n'y a qu'une réponse : Oui.
>
> Le nihilisme est sans portée.
>
> Il n'y a pas de néant. Zéro n'existe pas. Tout est quelque chose. Rien n'est rien.
>
> L'homme vit d'affirmation plus encore que de pain[6].

Mythographies, *op. cit.*, p. 121-137.

4 Jacobi, *Lettre sur le nihilisme* (« Lettre à Fichte », 1799), *op. cit.*

5 Sur la généalogie de la notion, voir J.-P. Faye et Michèle Cohen-Halimi, *L'Histoire cachée du nihilisme. Jacobi, Dostoïevski, Heidegger, Nietzsche*, La Fabrique éditions, 2008. Voir également le numéro récent de *Modernités* (É. Benoit, D. Rabaté dir., n° 33, 2012) consacré aux « nihilismes » ; *Les Configurations du nihilisme*, M. Crépon, M. de Launay dir., Vrin, 2012.

6 *M.*, II, VII, 6, p. 410.

Passage capital, d'une portée philosophique considérable. À lire cette profession de foi, on ne saurait affilier Hugo, comme on a été tenté de le faire, à l'idéalisme postkantien : c'est le principe même d'une philosophie de la *représentation* qui se trouve sapé par la forte critique de Hugo, hostile à tout ce qui pourrait réduire la consistance du réel à l'évanescence d'une pure projection subjective. Le nihilisme moderne a un versant objectiviste : c'est le positivisme, accusé de réduire la phénoménalité du réel à la condition appauvrissante de l'objet ; et il a un versant subjectiviste, exactement symétrique : il consiste à tout rapporter à la puissance constituante du sujet. Ce que Hugo a bien vu, c'est que le subjectivisme (sous sa forme idéaliste comme sous sa forme empiriste : *esse est percipi*[7]), loin de consacrer le triomphe du sujet, précipite au contraire sa chute dans le néant, en même temps qu'il dissout le monde dans une évanescence sans remède. L'erreur serait d'attribuer à Hugo une position équivalente à celle qu'il dénonce : s'il accorde la priorité aux phénomènes, ce n'est nullement pour ériger le sujet en foyer de la représentation, mais pour guetter à travers eux, dans l'incertitude, les manifestations de l'Être, irréductibles aux configurations de l'esprit. Non seulement sa phénoménologie, on l'a dit, est indissociable d'une ontologie (forcément indirecte) ; mais elle présuppose la priorité et l'antécédence de ce qui apparaît. Le sujet est englobé et non englobant ; être, c'est être compris dans l'Être, c'est faire partie de ce qui est. Telle est la situation métaphysique originaire. Le moi est d'autant plus « original » qu'il n'est jamais le centre ni l'origine, mais le témoin, sidéré ou émerveillé, de ce qui s'impose à lui parce qu'il le dépasse[8].

Comme l'indique le texte des *Misérables*, ce que Hugo dénonce également avec cohérence dans le nihilisme moderne, c'est une pétition de principe non seulement absurde, mais intenable. Absurde dans son exigence même de démonstration *logique* : si le nihilisme est dénoncé comme un « nihilisme logique », c'est parce que la logique est, en un sens, déjà nihiliste. Car la puissance négatrice du doute sceptique ne surgit qu'à partir d'une attitude de défiance *a priori*, c'est-à-dire d'une

7 Voir le fragment capital recueilli dans *Océan*, *op. cit.*, p. 18-19 (1855) : « Dire : rien n'existe pour l'homme en dehors des perceptions de l'homme, c'est du nihilisme ; cela équivaut à dire : rien n'est ». Car « exister, c'est être en soi, essentiellement. »

8 Plus généralement, dans son livre fondamental (*L'Idée d'humanité*, Librairie générale française, coll. Le livre de Poche, 2006), Robert Legros a montré, à rebours du cliché habituel, combien il est abusif de réduire le romantisme au subjectivisme.

rupture *artificielle.* C'est parce que la pensée se met d'emblée en dehors de l'Être qu'elle échoue à le rejoindre, et s'en étonne.

Tel est précisément le grief adressé par Hugo au *cogito* cartésien, sans doute en partie à tort, dans une réfutation en règle recueillie dans la mosaïque d'*Océan*[9]. Dans le doute radical de Descartes, Hugo décèle une forme de *nihilisme* sceptique à la fois intenable et imparable. Nihilisme paradoxalement enveloppé dans la volonté critique de conjurer le nihilisme avec les armes de la certitude. On ne renverse pas le nihilisme absolu en se plaçant, comme lui, sur le terrain de la logique ou de l'intelligence conceptuelle : *on ne discute pas* avec le nihilisme. Le tort de Descartes est déjà de vouloir *prouver* au négateur absolu (ou même de vouloir se prouver à soi-même) : *Je suis.* Sans tenir compte en rien de sa dimension fondamentalement intuitive, Hugo tend à présenter le *cogito ergo sum* non comme une évidence, mais comme le résultat d'un syllogisme dont la majeure (*je suis*) serait refusée *a priori.* Or, pour penser, il faut être. Mais Hugo ne reproche pas seulement à Descartes de faire une erreur de logique ; c'est la logique même qui est une erreur. Descartes ne se trompe pas dans sa démonstration ; il se trompe en soumettant à la démonstration ce qui relève, selon Hugo, de l'*adhérence* première à l'être.

En ce sens, Hugo est profondément anticartésien[10]. On peut même dire qu'il se rapproche de la critique que la phénoménologie moderne adresse conjointement à l'empirisme et à l'intellectualisme, renvoyés dos à dos comme deux attitudes symétriques : ils manquent l'un et l'autre le monde (et le moi, son inscription dans le monde, son existence incarnée) faute d'en *postuler* l'existence. Comme le dit Hugo, avec plus de cohérence qu'on ne le croit : « Je suis est antérieur à Je pense. » Et il ajoute cette nuance capitale : « On se sent être avant de se voir penser[11]. »

9 V. Hugo, *Océan*, *op. cit.*, p. 39-42 (1952-1953).

10 On ne saurait suivre la suggestion, faite par Charles Ramond dans « Hugo *more geometrico* » (*Hugo le fabuleux*, Seghers, 1985, p. 125-139), d'un Hugo plus « logicien que Descartes », écrivant « *more geometrico* », maquillant en découverte *a posteriori* (sous le masque de la chronique extérieure et réceptive) ce qui aurait été conçu comme une « construction » *a priori* : Hugo, plus leibnizien encore que cartésien, faisant précéder logiquement le réel par le *possible*, et non, comme y invite Bergson, le possible par le réel. La perspective de Hugo (phénoménologique) nous semble exactement inverse. Plus juste nous paraît être la proposition de lecture de Jacques Neefs, recueillie dans le même volume (« Penser par la fiction (*Les Travailleurs de la mer*) », p. 98-107), insistant doublement sur la « positivité » paradoxale accordée par Hugo à la « sphère transitionnelle de l'image », et sur le « surgissement » du sens, ou plutôt sur le sens comme « *surgissement* ».

11 V. Hugo, *Océan*, *op. cit.*, p. 41.

Le sentiment de l'existence précède la conscience réflexive de l'existence. Réciproquement, la conscience, parce qu'elle instaure une forme de dédoublement intérieur et voue le sujet et l'objet à un face-à-face irréductible, ne peut qu'échouer à assurer le Je de son existence. Le sentiment de l'existence précède la conscience réflexive, mais surtout il la fonde à la façon d'un *axiome* : il est indémontrable. C'est en voulant le démontrer qu'on le supprime[12]. Même le doute sceptique est enclin à présupposer l'existence du moi, et celle du monde, qu'il s'évertue à suspendre, dans l'attente d'un fondement qui ne saurait procéder de la pensée, mais de *l'être* lui-même. C'est pourquoi il est impossible et inutile de discuter avec les nihilistes. Il est impossible de leur faire entendre raison, dès lors que leur rationalisme même dépend en fait d'une forme d'irrationalisme premier, d'un *soupçon* tout aussi irréfutable que la foi dans l'être qui est, pour Hugo, nécessairement, le point de départ de la pensée.

Aux nihilistes de tous bords Hugo reproche de faire reposer leur système sur une hypothèse maladive : car l'enracinement dans l'être est premier. Le nihilisme n'a pas besoin d'être réfuté ; il ne doit surtout pas l'être, c'est le besoin de preuves qui est déjà en soi la première négation soupçonneuse et le symptôme d'un déracinement artificiel. Il suffit de le confronter à la *pression* de la nature, qui « montre[13] » sans « démontr[er] ». Le scepticisme, aggravé en nihilisme, a contre lui « l'irrésistible protestation du sens intime[14] » qui nous rive au monde. Pour les mêmes raisons, Hugo suggère que l'athéisme, qui incline vers une forme de nihilisme matérialiste, est tout aussi intenable : pour se mettre à l'abri de Dieu comme dans une « forteresse imprenable », il faudrait qu'il pousse la négation jusqu'à l'absurde affirmation du Rien universel. Il lui faudrait dire : « le monde n'est pas » ; et surtout : « JE NE SUIS PAS[15] ». Qu'il se laisse aller à « admettre » l'existence de quelque chose, ne fût-ce que l'ombre d'un doute, et il risquerait de se trouver « irrésistiblement entraîné[16] » par la puissance d'affirmation du cosmos jusqu'à la reconnaissance de Dieu. De même que, pour

12 Le propre d'un axiome (comme *Je donc Je*), écrit magnifiquement Hugo, « ce n'est pas d'être clair, c'est d'être fécond » (*ibid.*, p. 42) : on ne saurait exprimer plus nettement sa distance avec le critère cartésien de la *clarté.*

13 V. Hugo, *Philosophie*, *op. cit.*, p. 501 : « L'univers fait plus que démontrer, il montre. »

14 *Ibid.*, p. 502.

15 *Ibid.*

16 *Ibid.*

la science, « nier n'est pas détruire[17] » (l'invisible a beau être nié par l'esprit positif, il n'en existe pas moins), l'athéisme radical est présenté par Hugo comme une impossibilité ; la contemplation prolongée de la nature suffirait à retourner son scepticisme négateur en abandon. Hugo va jusqu'à prétendre qu'« il n'est pas un être pensant en qui le spectacle de l'univers ne fasse une lente construction de Dieu[18] ». Même les athées ne peuvent se soustraire à cette puissance d'affirmation universelle : « La nature, créée par Dieu, crée Dieu dans l'homme[19]. » « Dieu est *involontaire* à l'homme[20] » – extraordinaire formule. « Aucun philosophe, même le plus sceptique, n'est sûr de la force de résistance de sa philosophie, tant qu'il ne l'a pas emportée dans la solitude et soumise à la pression de l'univers[21]. » La seule preuve qui vaille, c'est l'épreuve de l'infini.

Aussi Hugo en revient-il toujours, dans sa protestation contre le nihilisme, à la situation religieuse initiale de l'homme dans le monde. S'il est impossible de nier, c'est parce qu'il est impossible de se soustraire à « la *pression* de l'infini[22] », à la grande « affirmation mystérieuse[23] » qui sort du spectacle prodigieux de la nature. L'immanence, a-t-on très bien dit, c'est l'*omniprésence* (souvent accablante) de l'infini[24] – celle que subit le païen, décrit dans *Promontorium somnii*, avec une sorte de terreur permanente. Tout est traduit par Hugo en termes de *pression* et de *présence*. C'est-à-dire en termes ontologiques. La révélation procède non de la démonstration, mais de la *présence*, ou de la sur-présence accablante de l'infini. L'homme hugolien est celui sur qui pèse constamment (pour le meilleur et pour le pire) la pression des choses. « L'incommensurable synthèse cosmique nous surcharge et nous accable[25] ». Comment voulez-vous que, « *sous la pression* de tous ces gouffres concentriques [ceux du ciel] au fond duquel je suis [...] je me recroqueville et me pelotonne dans mon moi » ! Comment voulez-vous que « je dise à tout cela qui est : Je n'en suis pas ! » Comment voulez-vous que « je refuse mon adhésion à

17 *Préface de mes œuvres*, *op. cit.*, p. 703.
18 *Philosophie*, p. 501.
19 *Ibid.*
20 *Ibid.*, p. 502. C'est moi qui souligne.
21 *Ibid.*, p. 493.
22 *Ibid.*, p. 501. C'est moi qui souligne.
23 *Ibid.*, p. 491.
24 Yves Gohin, *op. cit.*, p. 27.
25 V. Hugo, *Préface de mes œuvres*, *op. cit.*, p. 699.

l'indivisible » ! « La manifestation universelle et sidérale est là[26] ». « Que l'homme le veuille ou non, *il est dans ce qui est.* Il est dans l'inconnu[27]. » Est première l'*adhérence* du sujet à l'Être, incompréhensible et irréfutable.

ONTOLOGIE DU POSSIBLE

Il ne faudrait pas croire, cependant, tant est grande la puissance d'affirmation chez Hugo, que l'Être soit pure plénitude, ni que ses manifestations soient transparentes. Comme l'a merveilleusement dit G. Poulet, dans un texte capital, il n'est peut-être pas de poésie qui soit « à la fois plus *affirmative* et plus *négative*[28] » que celle de Hugo. Précisément parce que l'affirmation et la négation ne s'opposent pas. Distinguera-t-on entre le *Néant* pur, le Rien absolu – voulu par le nihilisme le plus radical, mais qui n'est pas – et le *non-être*, qui n'est pas l'opposé de l'être, mais son contraire et son complémentaire ? Toujours est-il que l'une des caractéristiques majeures de l'ontologie hugolienne est bien, comme l'a dit Jean-Pierre Richard, sa tendance à subvertir les antinomies métaphysiques de l'être et du non-être, du réel et de l'irréel, et à cultiver les ambiguïtés catégorielles, à favoriser sans cesse « l'entre-tissage de ce qui est et de ce qui n'est pas[29] ». Mais c'est peut-être G. Poulet qui a le mieux saisi la complémentarité paradoxale de l'être et du non-être chez Hugo, non seulement dans l'indétermination de la pensée conjecturale, mais dans l'indétermination de son objet (l'immensité, l'amalgame, le pêle-mêle) :

> La poésie de Hugo, s'appuyant simultanément sur l'être et son contraire, se situe [...] dans un lieu étrange, qui n'est ni positif, ni négatif, ou bien – c'est encore vrai – qui est en même temps l'un et l'autre, sans que jamais l'un paraisse indépendamment de l'autre. [...] Le commencement et la fin, le réel et l'irréel, le moi et le non-moi, le plein et le vide, la vie et la mort se

---

26 *Philosophie*, p. 491-492.

27 *Ibid.*, p. 533. C'est moi qui souligne.

28 G. Poulet, « Hugo et la pensée indéterminée », *La Pensée indéterminée*, PUF, 1987, t. II, p. 106. C'est moi qui souligne.

29 J.-P. Richard, « Hugo », *Études sur le romantisme*, Éditions du Seuil, 1970, p. 190. Voir p. 189-191 pour la subversion des catégories de la métaphysique.

> joignent dans son œuvre et se fondent. À chaque instant, surgissant du vide, le vers hugolien s'installe dans l'être. Et si, inversement, il s'installe dans le vide, c'est pour nous faire entrevoir ce dernier comme le soubassement d'une réalité positive. Entre le oui et le non, la poésie de Hugo oscille, non pour opter entre l'un ou l'autre, mais pour en faire confusément un tout dans l'espace de son ignorance[30].

Comme l'affirme Hugo dans la *Préface de mes œuvres*, à propos du « labyrinthe de l'immanence », où l'abstrait et le concret, le palpable et l'invisible sont en « perpétuelle transfusion[31] », « Le Nil et l'Ens », selon les termes de l'ancienne scolastique, ne sont pas opposés, ils « s'abordent et s'accouplent » ; de l'un à l'autre, comme « de l'immatériel au matériel », « la fécondation est possible[32] ». On n'en saisit que mieux l'importance de la notion de possible. Le possible ne laisse pas de susciter, on l'a vu, une double interrogation, de nature proprement ontologique, sur l'*origine* problématique de l'être, sur le passage du néant à l'être ; et sur le statut tout aussi problématique des productions du songe, intermédiaires entre être et non-être, comme la Chimère. Qu'est-ce que le possible, sinon cet entre-deux de l'être et du non-être qui ouvre à la pensée et à l'imagination le champ immense et incertain de l'indéterminé ? Dans un très beau texte célébrant la fécondité paradoxale de la nuit pour les romantiques, Jankélévitch[33] a isolé deux thèmes centraux d'une métaphysique nocturne ennemie de la clarté cartésienne et des distinctions vigilantes. D'une part l'être du non-être, le positif du négatif, la « richesse occulte du non-être », distingué du néant pur, du Rien qui est zéro : il y a un non-être qui n'est pas le contraire de l'être, mais son complémentaire, ou plutôt son *origine*. Pour désigner ce rien qui n'est pas pure négativité, ce presque rien, ce plein du vide préalable, le dernier Schelling, celui des *Âges du monde*, héritier de Boehme et d'Œtinger, a promu la notion de Possible : comment rendre compte autrement, avec les concepts de la métaphysique oppositionnelle, de ce commencement inconscient de lui-même, de ce moment négatif où Dieu est suspendu entre le néant et l'être dans l'attente de sa réalisation, c'est-à-dire de sa manifestation ? Selon la forte déclaration de Schelling, « Il n'est pas difficile de se rendre

30 G. Poulet, « Hugo et la pensée indéterminée », *op. cit.*, p. 106-107.

31 *Préface de mes œuvres*, *op. cit.*, p. 708.

32 *Ibid.*, p. 709.

33 V. Jankélévitch, « Le nocturne », *Le Romantisme allemand*, Albert Béguin dir., *Les Cahiers du Sud*, 1949, p. 90-91.

compte que le principal défaut de la philosophie moderne consiste dans l'absence de notions intermédiaires, ce qui fait qu'elle considère comme rien ce qui n'est pas existant[34] », ce qui n'est pas encore existant, ce qui est en puissance, sans être pour autant inexistant dans l'absolu. Mise au point capitale qui permet non seulement d'envisager le Dieu *possible* du commencement, mais, plus largement, de prendre en considération la *présence* de l'absence, la réalité de l'irréel, en dehors de toute référence à la notion de vérité.

Quant au second thème nocturne, complémentaire du premier, il consiste dans l'intuition d'un certain ordre vital, d'un *ordo generativus* qui favorise l'épanouissement des possibles enveloppés. La nature ne va pas de la cause à l'effet, mais, par un processus organique de germination, du *possible* au *réel*. Dans ce second sens, le non-être s'offre comme le creuset, comme le *germe* de l'être. Peut-on en dire de même du chaos primordial de l'abîme dans la cosmologie hugolienne, de sa puissance génésiaque en apparence anarchique ? Sans doute ne saurait-on transposer ces analyses avec une parfaite exactitude dans le cadre spécifique de la pensée et de l'esthétique hugoliennes. Mais elles témoignent, à tout le moins, d'une même interrogation tâtonnante sur le mystère de l'être, sur ses franges, ses limites indéterminées, ses voisinages occultes avec le non-être – et d'une même tendance à rejeter l'opposition tranchée de l'être et du néant, pour promouvoir *a contrario*, avec le possible, la présence paradoxale d'un non-être existant ou ébauché : le possible comme germe ou ébauche dans une vision dynamique de la *natura naturans* ; ou le possible comme état, non plus originaire, mais intermédiaire de la pensée ou du réel, susceptible de rendre compte des productions flottantes de la nature ou du rêve.

Le rapprochement suggéré avec les questionnements ontologiques de Schelling ou de J. Boehme pourra apparaître d'autant plus justifié que la notion complexe d'*immanence*, centrale dans la philosophie et l'esthétique hugoliennes de l'exil, rencontre nécessairement des enjeux analogues. Car il s'agit bien de se confronter dans tous les cas à un problème quasi insoluble : comment opérer la jonction de la transcendance et de l'immanence ? comment imaginer l'origine de la création en évitant le double écueil d'une absolue extériorité de Dieu et d'une absolue confusion de Dieu et de l'être ? Comment concevoir l'immanence de Dieu dans

34 F.-W. Schelling, *Les Âges du monde*, V. Jankélévitch trad., Aubier, 1949, p. 117.

la nature sans courir le risque d'une pure confusion panthéistique, et sans recourir à un schéma émanationniste de type néo-platonicien ? Comment à la fois affirmer l'absence métaphysique de Dieu comme *abîme*, comme néant irréductible à la connaissance, et sa présence incarnée dans la nature ? Les solutions envisagées par Schelling et J. Boehme sont voisines : elles consistent à soutenir que Dieu se réalise *en se manifestant* à partir d'une négativité primordiale, qui n'est pas pur néant. Dieu est d'abord *possible*. En un sens, le Possible allégorisé par la majuscule, c'est Dieu : à la fois comme puissance *poïétique* et comme être en puissance. Selon J. Boehme[35], Dieu est même appelé à imaginer le monde dans le miroir de la Sophia pour lui donner corps, et à s'imaginer lui-même pour prendre corps. Le monde a d'abord été *rêvé* comme possible, avant de s'incarner. Extraordinaire célébration de la puissance *poïétique* du grand songe divin primordial, qui n'est pas sans trouver d'écho, on l'a déjà suggéré, dans l'univers hugolien. L'origine est une origine rêvée et une origine rêveuse, une ébauche suspendue entre être et non-être.

Ce qui nous importe surtout dans cette pensée du possible, c'est sa fécondité poétique. Le détour par l'abstraction philosophique ne doit pas laisser croire qu'il s'agit d'une notion abstraite. Dans « le labyrinthe de l'immanence », il n'y a pas, du reste, d'abstraction pure ; l'abstrait devient concret, le concret devient abstrait. Le possible ne permet pas seulement de *concevoir* les états transitoires entre être et non-être, l'être paradoxal du non-être ; il s'offre aussi, « concrètement », comme le point de jonction du réel et l'imaginaire, comme ce qui vient sceller leur *continuité* essentielle. Il se situe au cœur d'une pensée moniste de l'incarnation (travaillée, il est vrai, par de très fortes tensions dualistes). Ne pas opposer être et néant, à rebours du purisme hyper-cartésien de Sartre, c'est s'ouvrir à la

35 Voir la somme fondamentale d'A. Koyré, *La Philosophie de Jacob Boehme*, Vrin, 1971, sur la Sophia comme *imagination* en Dieu, p. 214, 263, 347, 377 ; voir également son excellente mise au point sur le problème de l'articulation problématique entre Dieu (comme *Ungrund*) et l'être, p. 303 *sqq.* C'est dans les mêmes termes que Schelling pose la question du possible (« non-existant », mais pas « *in*existant ») avant l'être (*op. cit.*, p. 153-155) : « il ne viendra à l'idée de personne de prétendre que ce qui n'existe que comme possible, comme simple possibilité, soit tout à fait inexistant ; cela existe, mais justement à l'état de possibilité. Ici encore nous nous trouvons en présence d'une différence, mais se rapportant à un cas plus élevé, entre "être-non-étant" et "non-être". Donc, "Dieu n'est pas" peut être interprété de deux façons. Dieu n'est pas existant : ceci est affirmé et accordé. Dieu n'*est* pas, d'une façon générale, ou il est absolument inexistant : ceci est nié, car Dieu *est* justement par le fait qu'il n'est pas *existant*, il est seulement *non-existant*, il est à l'état implicite, d'involution, de passage à la révélation proprement dite [...] ».

possibilité de saisir la nature paradoxale de l'image, sa *présence* autrement inconcevable. Nul mieux que Hugo – en raison même de sa philosophie de l'immanence, de son refus de toute pensée puriste de la *rupture*, de son aptitude à imaginer les transitions, les passages, les gradations, les mélanges au sein de l'Être – n'est en mesure de donner à voir et à sentir (on dirait presque à toucher) la *présence-absence* de l'image, la présence de l'impalpable, la densité ontologique de ce qui est rejeté dans l'irréel au nom de l'intelligence séparatrice, l'existence de ce qui semble ne pas exister, ou exister à peine. Rien n'est (entièrement) rien. Ce qui conduit Hugo, on va le voir, à enraciner l'image et l'imagination dans l'Être. Qu'une image soit « fausse », illusoire, chimérique au sens négatif du terme, n'empêche nullement qu'elle existe comme une réalité, ou une demi-réalité, non seulement pour celui qui la subit, mais, de façon plus troublante encore, dans l'absolu, en elle-même. Car il n'est rien qui ne soit complètement nul, même la plus négative, la plus fallacieuse, la plus dérisoire des fables. Tout possible est en quelque sorte existant dès lors qu'il est rêvé, comme l'avait bien perçu G. Poulet[36]. De là l'extraordinaire ouverture de la phénoménologie hugolienne à toutes les modalités du possible, y compris les plus évanescentes, à toutes les nuances de l'apparence, à toutes les manifestations, des plus inconsistantes aux plus révélatrices, aux nuages, aux présences flottantes, aux songes errants, aux spectres, aux simulacres, aux existences ébauchées ou rêveuses, aux réalités mêlées d'impossible. Rien n'est exclu du réel, pas même « l'irréel », pas même l'imaginaire – fût-ce au risque de la confusion brumeuse et de la fantasmagorie hallucinatoire. Avec Hugo, l'antagonisme supposé du réel et de l'imaginaire, institué par la métaphysique de la représentation, devient caduc. On soutiendra au contraire ici que l'imagination – soustraite à toute réduction psychologisante, à la distinction même entre intérieur et extérieur, entre sujet et objet – relève plutôt d'une ontologie : d'une *ontologie du possible.*

36 G. Poulet, « Hugo », *Études sur le temps humain*, *op. cit.*, p. 215.

« LE RÊVE QU'ON A EN SOI, ON LE RETROUVE HORS DE SOI »

Avant d'évoquer la continuité ontologique entre le réel et l'imaginaire, il convient de parler de ce qui la rend possible. À commencer par cette autre forme de continuité qui relie le sujet et l'objet, en deçà de la logique de la *représentation* qui tend au contraire à les séparer et à les opposer dans un face-à-face irréductible. P. Albouy[37], après J.-B. Barrère, a excellemment montré comment Hugo entrait en pleine possession de son génie poétique dès lors qu'il abandonnait la veine fantaisiste plus superficielle pour ce qu'il faudrait appeler un fantastique de la réalité, fondé sur une métaphysique et une ontologie. Il ne faut certes pas exagérer la rupture jusqu'à donner l'impression de scinder artificiellement l'œuvre en deux versants successifs irréductibles – d'autant que, comme l'ont souligné à l'envi les spécialistes de Hugo, l'évolution est déjà préparée par des textes majeurs comme *La Pente de la rêverie* ou *À Albert Dürer*, et par les récits de voyage aux Pyrénées et sur le Rhin, bien avant la période de l'exil. On évitera donc de revenir sur ce qui est un serpent de mer de la critique hugolienne, et l'on ne se souciera pas de dater le moment précis de la « rupture » supposée, ni d'opposer Hugo à lui-même au risque de le transformer en un absurde Janus bifrons. Mais on n'en soulignera pas moins – et on n'en considérera pas moins comme décisifs, sans grande originalité – la pente de sa rêverie et de sa création vers l'élargissement cosmique de l'imagination, le glissement même d'une psychologie fantaisiste vers une ontologie de l'imagination. Ce tournant, qui survient avant l'exil, dès les grands récits de voyage, mais qui donne lieu par la suite à un approfondissement capital de l'inspiration, concerne au premier chef le statut et la fonction de l'*imagination*. Tout change du moment que l'imagination ne s'offre plus comme une simple force de projection anthropomorphique soumettant le réel aux grossissements et aux animations d'une fantasmagorique toute subjective, mais comme une puissance de révélation et surtout de participation, de *co-naissance*, qui relie le sujet au

37 Voir P. Albouy, *La Création mythologique chez Victor Hugo*, *op. cit.*, p. 85, p. 318-320 notamment.

monde. Cet enracinement cosmique de l'image et de l'imagination nous semble décisif. Car non seulement il les dérobe ainsi à la césure artificielle instaurée par l'intelligence séparatrice entre sujet et objet, et, plus largement à toutes les formes de dualisme instituées par la métaphysique oppositionnelle : rêver, c'est être compris dans ce qu'on rêve. Mais il leur confère une dignité épistémologique et ontologique toute nouvelle, en les lestant de réalité : si évanescente et illusoire soit-elle, une vision n'est jamais complètement nulle, parce qu'elle n'est jamais seulement subjective. L'accent se trouve déplacé, de façon décisive, de la conscience constituante du sujet moderne, vers ce qui la déborde, à commencer par l'imagination des choses, au double sens du génitif : la rêverie sur les choses et le rêve de la nature elle-même.

Deux textes du voyage aux Pyrénées nous serviront à illustrer ce tournant ontologique de l'imagination, en vertu même de leur caractère indécis et suspensif. Le premier développe un geste typique de la fantaisie anthropomorphique, fort bien décrit par J.-B. Barrère[38], l'animation fantastique du paysage nocturne, vu depuis la fenêtre d'une diligence, sous l'effet de la somnolence :

> Vous connaissez cette somnolence à la fois opaque et transparente où l'esprit flotte à demi noyé, où les réalités qu'on perçoit confusément tremblent, grandissent, chancellent, s'effarent, et deviennent des rêves tout en restant des réalités. Une diligence devient un tourbillon, tout en restant une diligence. Les bouches des gens qui parlent sonnent comme des trompes ; au relais, la lanterne du postillon flamboie comme Sirius : l'ombre qu'elle projette sur le pavé semble une immense araignée qui saisit la voiture et la secoue entre ses antennes. C'est à travers cette rêverie grossissante que mes huit mules et mes trois postillons m'apparaissaient. Mais n'y a-t-il pas quelquefois de la

---

38 J.-B. Barrère, *La Fantaisie de Victor Hugo*, *op. cit.*, t. I, IIe partie, Ière section, chap. II (« Des déformations de la vision à la caricature pittoresque »), p. 200-230 ; chap. III (« Le rêve »), p. 237 *sqq.* Sur les nocturnes rhénans et ce que Hugo appelle lui-même le « rêve amphibie », voir p. 255 *sqq.* : au cours de la nuit passée en malle-poste sur la route de Strasbourg, pendant le voyage de 1839, l'effet combiné du sommeil et des cahots de la voiture crée un état de somnolence à mi-chemin entre rêve et réalité, propice aux songes les plus étranges, à ce que Maury nommera les *hallucinations hypnagogiques* : « Rien n'est comparable aux rêves d'un sommeil cahoté. On dort et on ne dort pas, on est tout à la fois dans la réalité et dans la chimère. C'est le rêve amphibie. » (V. Hugo, *Le Rhin*, dans *Voyages, Œuvres complètes*, R. Laffont, coll. Bouquins, 1987, Lettre vingt-neuvième, p. 309). Voir encore l'article de Marie-Catherine Huet-Brichard, « *Le Rhin* et la fantaisie du voyage », dans *La Fantaisie post-romantique*, J.-L. Cabanès et J.-P. Saïdah dir., Presses universitaires du Mirail, 2003, p. 237-251.

> raison dans les hallucinations, de la vérité dans les rêves et les états étranges de l'âme ne sont-ils pas pleins de révélations[39] ?

La dernière phrase vient complètement changer l'orientation initiale de la vision vers le triomphe de l'animation et du grossissement fantaisistes. Changement d'orientation qui ne se signale pas seulement par un changement d'accent, par le passage d'une tonalité enjouée à une interrogation plus solennelle ; mais par un approfondissement décisif de l'inspiration première. C'est que l'imagination est désormais perçue comme une puissance *révélatrice* jusque dans l'égarement hallucinatoire : il y a peut-être une raison dans l'hallucination, une vérité dans l'image, si déformante soit-elle. Loin de consister seulement en une force de *projection* subjective, la rêverie à demi-éveillée en vient à ouvrir la voie à une manière d'*ontophanie* mystérieuse. Il ne s'agit plus seulement de se plaire à animer le paysage, mais de se laisser traverser par l'inspiration qui l'anime.

Dans une magnifique lettre au peintre Louis Boulanger, écrite depuis Cauterets, Hugo s'interroge sur la puissance révélatrice de l'heure crépusculaire, celle où « quelque chose d'inconnu apparaît dans la création », comme si une brèche s'ouvrait dans le visible au moment même où, par un chiasme significatif, l'homme cesse de penser et la nature se met à rêver. C'est précisément ce « fait extraordinaire de la création », cette vie des choses éclose à l'insu de l'homme, cet envers nocturne, ce rêve immense de la nature, qu'il est possible de surprendre et d'entrevoir, alors que tout dort encore, dans l'entrebâillement du crépuscule du matin et du crépuscule du soir. Le rêve éveillé des choses est alors accessible au « rêveur qui veille » :

> Il me semble, mon ami, que ces choses-là sont plus que des paysages. C'est la nature entrevue à de certains moments mystérieux où tout semble rêver, j'ai presque dit penser, où l'arbre, le rocher, le nuage et le buisson vivent plus visiblement qu'à d'autres heures et semblent tressaillir du sourd battement de la vie universelle. Vision étrange et qui pour moi est bien prêt d'être une réalité, aux instants où les yeux de l'homme sont fermés. Quelque chose d'inconnu apparaît dans la création. [...] Ne dirait-on pas qu'aux moments du sommeil, quand la pensée cesse dans l'homme, elle commence dans la nature ? Est-ce que le calme est plus profond, le silence plus absolu, la solitude plus complète, et qu'alors le rêveur qui veille peut mieux saisir, dans ses détails

39 V. Hugo, *Alpes et Pyrénées*, dans *Voyages*, *op. cit.*, p. 823.

> subtils et merveilleux, le fait extraordinaire de la création ? Ou bien y a-t-il en effet quelque révélation, quelque manifestation de la grande intelligence entrant en communication avec le grand tout, quelque attitude nouvelle de la nature ? La nature se sent-elle mieux à l'aise quand nous ne sommes pas là ? se déploie-t-elle plus librement ? Il est certain qu'en apparence du moins, il y a pour les objets que nous nommons inanimés une vie crépusculaire et une vie nocturne[40].

Le promeneur solitaire n'exclut pas la possibilité d'une projection rêveuse : « Cette vie n'est peut-être que dans notre esprit ». Peut-être sommes nous enclins à nous laisser leurrer par « un mirage au-dedans de nous » et à prendre les « idées nouvelles » que les « réalités sensibles » nous suggèrent pour « une vie nouvelle qu'elles ont[41] ». Mais cette concession finale ne suffit pas à dissiper le mystère de l'heure crépusculaire. L'animation de la nature ne saurait être attribuée à la seule vision subjective. La vision elle-même est créditée d'une certaine densité réelle : elle n'est pas seulement projetée sur les choses ; elle est la projection des choses sur le miroir de l'imagination révélatrice. Elle n'est pas simplement ce qui s'ajoute aux choses, mais ce qui les révèle ; pas simplement la vision du sujet, mais la vision des choses, suscitée par les choses, le prolongement rêveur de la nature en nous.

On ne développera pas davantage l'analyse de cette transition de la fantaisie au fantastique inscrit dans la réalité. Elle a déjà été faite[42]. Mais on voudrait ici en souligner la portée considérable. Ce qui se dessine, c'est bien la continuité (ce qui ne veut pas dire confusion) du *sujet* et de l'*objet*. On a peut-être surestimé, sous l'influence notamment du romantisme allemand, l'importance accordée à l'imagination créatrice, en l'opposant schématiquement à l'imagination reproductrice, selon le lieu commun en vigueur. Mais, tout autant qu'ils la célèbrent, comme Baudelaire, dira-t-on que les romantiques se méfient de cette autonomie créatrice attribuée à l'imagination, dès lors qu'elle aboutit à couper, ou du moins à relâcher les liens avec le sensible ? Chez Hugo, réticent à l'égard de la dérive subjectiviste de l'idéalisme fichtéen[43] – qui va de pair avec la

40 *Alpes et Pyrénées*, *op. cit.*, p. 851-852.

41 *Ibid.*, p. 852.

42 Sur le tournant ontologique esquissé dès le voyage dans les Pyrénées, voir P. Albouy, *La Création mythologique chez Victor Hugo*, *op. cit.*, p. 319-320 : « le paysage est devenu une énigme, un problème métaphysique. » (p. 320).

43 Voir cette mention de Fichte dans *Préface de mes œuvres* (p. 708) : « L'humanité étant un microcosme, on conçoit l'erreur de ceux qui, comme Fichte, s'en contentent, et qui voient

promotion sans précédent de l'imagination auto-productrice (les deux sont associées par Jacobi dans sa condamnation du nihilisme) –, on dira volontiers que la tendance est à insister sur la *réceptivité* de l'imagination plutôt que sur son *activité* créatrice. « Le rêve qu'on a en soi, on le retrouve hors de soi[44] », selon une formule capitale de *William Shakespeare*. Non parce qu'on le projette sur les choses ; mais parce que la séparation intellectuelle entre le dedans et le dehors, l'intérieur et l'extérieur, le moi et le non-moi est débordée par l'expérience d'une intime solidarité cosmique. Ce qui est créé est en même temps (et peut-être d'abord) reçu ; ce qui est rêvé par le moi est aussi rêvé par les choses. La distinction entre imagination créatrice et imagination reproductrice est fondamentalement inapplicable. Peut-être même faut-il dire que rien n'est jamais pure création imaginaire de l'esprit. La fin de l'imagination coïncide, comme l'a suggéré Claude-Pierre Pérez[45], avec la fin de la nature : l'une et l'autre conjointement condamnées par la modernité.

C'est la raison qui introduit l'écran de la représentation entre le sujet et l'objet. L'essentiel se situe en deçà ou au-delà de cette limite rationnelle imposée à la nature. De sorte qu'il est vain, aux yeux de Hugo, de tenter de démêler l'écheveau complexe du réel, indissociable de son prolongement imaginaire, et de s'évertuer à distinguer entre ce qui vient des choses et ce qui vient du sujet. C'est ce que montre exemplairement cette magnifique définition de la rêverie visionnaire dans la *Préface de mes œuvres* :

> Peu à peu l'horizon s'élève, et la méditation devient contemplation ; puis il se trouble, et la contemplation devient vision. On ne sait quel tourbillon d'hypothétique et de réel, ce qui peut être compliquant ce qui est, notre invention du possible nous faisant à nous-mêmes illusion, nos propres conceptions mêlées à l'obscurité, nos conjectures, nos rêves et nos aspirations prenant forme, tout cela chimérique sans doute, tout cela vrai peut-être, des apparitions d'âmes dans des éclairs, des passages rapides de linceuls, de doux visages aimés s'ébauchant dans des transparences inexprimables, de fuyants

le monde en elle. L'homme est Dieu en petit format. »

44 *William Shakespeare*, *op. cit.*, I, v, 1, p. 331.

45 Claude-Pierre Pérez, *Les Infortunes de l'imagination*, Presses universitaires de Vincennes, 2010, p. 224 : « Fin de l'imagination, disions-nous ; mais perte du réel aussi bien. L'un ne va pas sans l'autre, une défaillance en entraîne une autre : fin des singularités, des "qualités" individuelles ; et perte en même temps de ce qui s'impose à nous et que nous sommes censés partager, de ce que nous avons en commun. » Voir encore, *ibid.*, p. 318-319.

> sourires dans la nuit, le prodigieux songe de l'immanence entrevue, quel vertige ! Les apocalypses viennent de là[46].

Dans ce vaste « tourbillon d'hypothétique et de réel » que fait se lever la vision, on pourra toujours dissocier des masses, des agrégats de rêves et de pensées : d'une part, tout ce qui relève, dans le premier élan de l'énumération vertigineuse, de « notre invention du possible », tout ce que le sujet ajoute à la nature, ses conjectures, ses rêves, ses aspirations, ses illusions peut-être ; d'autre part, dans un deuxième moment, le répondant de la conjecture, l'objet possible de notre « invention du possible », les apparitions d'âmes dans des éclairs, les fantômes des doux êtres aimés, toute cette vie extrahumaine ébauchée dans la nuit et qui vient, pour ainsi dire, à notre rencontre. Nous retrouvons ici les deux significations, subjective et objective, du possible, la première explicite, la seconde suggérée par la proximité de ce texte avec celui des *Travailleurs de la mer*. Mais à dissocier ainsi le subjectif et l'objectif, nous suivons certes la disposition symétrique, comme en miroir, des aspirations et des apparitions ; mais nous avons le tort d'introduire une séparation là où l'énumération cultive le pêle-mêle, l'amalgame, la confusion entre le réel et le possible, le réel et le rêve, le chimérique et le vrai, l'objectif et le subjectif. Ce que la magnifique formule finale vient signifier, c'est précisément l'impossibilité de détacher le rêve subjectif du « prodigieux songe de l'immanence » ; la rêverie visionnaire est elle-même comprise dans le songe immense de la nature. Le songe conjectural du moi et le songe de l'immanence se répondent et s'interpénètrent. Rêver, c'est rêver avec la nature, et en elle. Et le réel dans sa démesure n'est en fin de compte dissociable ni des conjectures, ni des rêves qu'il nous inspire, ni des rêves qui le traversent. Il n'est pas complet s'il n'est pas complété par « l'irréel », par le possible et par l'imaginaire. Ce qui est et ce qui est rêvé, le chimérique et le réel, loin de s'opposer, forment un tout irréductible. En prenant *forme*, nos aspirations, nos rêves, nos conjectures, et jusqu'à nos illusions se voient dotés d'une existence quasi-objective, et viennent se mêler aux songes ou aux visions qui sortent de la nature. Ce qui est subjectif n'est pas seulement subjectif et s'amalgame à la réalité existante ; et ce qui est objectif a la demi-consistance de l'ébauche brumeuse, du songe errant, des présences flottantes, seulement entrevues.

46 *Préface de mes œuvres*, *op. cit.*, p. 711.

Rien n'est solide, et pourtant rien n'est nul. La rêverie visionnaire, dans son indétermination même, se tient doublement entre l'être et le non-être et entre le subjectif et l'objectif. Ou plutôt faudrait-il dire qu'elle nous jette en ce lieu indéterminé (celui-là même du possible) qui précède la distinction rationnelle du sujet et de l'objet : au cœur même du grand rêve cosmique, antérieur aux césures artificielles de l'esprit. Au commencement, pourrait-on dire, était l'imagination[47]. L'imagination avant la raison, avant la distinction même du sujet et de l'objet.

CE QUE LES « IGNORANTS » NOMMENT HALLUCINATION

Cette continuité, voire cette confusion imaginaire du sujet et de l'objet est sans doute la source de l'un des paradoxes de l'œuvre : d'un côté, l'ouverture récurrente aux phénomènes hallucinatoires, aux brouillages fantasmagoriques, partout dans l'œuvre ; de l'autre, la réticence de Hugo à leur appliquer la notion forgée par l'aliénisme, dans son sens technique, avec toutes ses implications, y compris idéologiques. Il ne nous est guère possible, dans les limites de cette étude, de rouvrir le dossier de l'hallucination, et d'en reprendre l'analyse à nouveaux frais. Mais nous voudrions tenter d'éclaircir les motifs qui poussent Hugo à refuser le mot avec insistance, tout en admettant le fait en apparence. Sur ce point, on ne saurait que renvoyer à l'article indispensable de Tony James[48], qui a bien montré l'hostilité de Hugo au réductionnisme psychopathologique, son dialogue polémique, plus ou moins ouvert, avec Leuret, Lélut et Moreau de Tours dont il connaît, à l'évidence, les tentatives de médecine rétrospective. Hugo se situe délibérément à contre-courant : il ne saurait admettre la double réduction du génie prophétique et du génie poétique, de la vieille tradition de l'enthousiasme, à un pur phénomène pathologique. La folie

47 Selon la formule de G. Gusdorf, « L'imaginaire a priorité sur le réel » (*L'Homme romantique*, dans *Le Romantisme* II, *op. cit.*, p. 129).

48 A. R. W. (Tony) James, « L'hallucination simple ? », *Revue d'histoire littéraire de la France*, 1986, n° 6, p. 1024-1037. Sur le rapport entre hallucination et dynamique de la métamorphose chez Hugo, voir M. Riffaterre, « La vision hallucinatoire chez Victor Hugo », *Essais de stylistique structurale*, Flammarion, 1971, chap. IX, p. 222-241.

poétique et la folie prophétique sont des « phénomène[s] humain[s] et norm[aux][49] », et non une forme de déraison : « *Quos vult* AUGERE *Jupiter dementat*[50] », selon l'adage célèbre, corrigé par Hugo, dans *Le Promontoire du songe*. On passera sur les tensions multiples qui n'ont pas manqué d'opposer entre elles, dès les départ, différentes options à l'intérieur du champ, faussement unifié, de l'aliénisme, sur les controverses internes, les déchirement entre les positivistes volontiers anticléricaux et les tenants du spiritualisme, comme Brierre de Boismont, aussi soucieux que peut l'être Hugo de sauver l'extase des saintes, l'enthousiasme prophétique et la fureur poétique de toute forme de dégradation pathologique. Comme George Sand ou Lamartine, Hugo aurait pu trouver dans la distinction prudente de Brierre entre les hallucinations pathologiques et les hallucinations raisonnables un point d'appui et un soutien pour sa propre défense et illustration de l'extravagance poétique ou prophétique[51]. Quoi qu'il en soit, comme l'a parfaitement établi Tony James, on ne saurait expliquer autrement que par cette controverse sous-jacente avec les thèses de l'aliénisme contemporain la réticence ironique de Hugo à employer la notion d'hallucination, suspecte de réductionnisme. Dans un passage polémique du *Promontoire du songe*, exemplaire de la diatribe antipositiviste, Hugo s'en prend ainsi aux « pédants », aux « imbéciles », aux savants « ignorants » qui nomment « caprice », ou « déraison », ou « hallucination » ce qu'on appelait autrefois « fureur poétique », et ce qu'on désigne aujourd'hui sous le nom de « mélancolie » ou de « fantaisie », selon qu'il s'agit de « l'un ou l'autre versant du rêve », cet « état singulier de l'esprit [...] persistant chez les poètes », et absolument « nécessaire à la vie profonde de l'art[52] ». Sans cette « quantité céleste de songe », sans cette « gorgée de chimère bue par la raison », sans ce « *quid divinum*[53] » qui inspire ses contes, sans cette forme d'extravagance qui l'élève jusqu'au rêve et à la conjecture, Voltaire ne serait qu'un philosophe, pour ne pas dire un sot.

---

49 *William Shakespeare*, *op. cit.*, p. 274.

50 Hugo substitue « *augere* » à « *perdere* » (*Le Promontoire du songe*, *op. cit.*, p. 42).

51 Sur la controverse entre physiologistes (comme Maury) et spiritualistes (comme Brierre de Boismont), voir la remarquable synthèse de J.-L. Cabanès, « Les hallucinations au croisement des discours », dans *Le Négatif. Essai sur la représentation littéraire au* XIX*e siècle*, Éditions Classiques Garnier, 2011, p. 181-208.

52 *Le Promontoire du songe*, *op. cit.*, p. 42-43.

53 *Ibid.*, p. 40.

La notion d'hallucination est donc rejetée pour de bonnes raisons, parce qu'elle implique, chez ses promoteurs les plus cabrés, toute une idéologie hostile aux vertus heuristiques et créatrices de l'imagination. L'urgence est bien de les défendre, de défendre le *génie* (qu'il soit prophétique, comme Ezéchiel, ou poétique, comme Shakespeare) contre ce qui les menace. Et il n'est pas impossible, comme le suggère Tony James, que *William Shakespeare* et *Promontorium somnii* aient été écrits en partie en réaction contre les efforts de l'aliénisme moderne – symptomatique de la diffusion générale de l'esprit positif –, pour nier la fécondité de l'imagination, sa parenté fondamentale avec l'infini, sa double puissance révélatrice et poétique indispensable à la démesure géniale.

Malgré ses périls, son versant superstitieux et idiot, le songe est d'abord célébré dans *Promontorium somnii* pour son pouvoir d'*enthousiasme*. C'est dire que la critique de Hugo vise avant tout les tentatives, d'où qu'elles viennent, pour réduire, voire nier, la dimension – dira-t-on *religieuse* ou *sacrée* ? – de l'imagination, son lien vital avec l'immanence divine, son inscription même dans la nature-surnature. De là, nous semble-t-il, la raison profonde de son hostilité à la notion d'hallucination. Elle ne concerne pas seulement la réduction pathologique, la désacralisation de l'imagination et du génie ; elle tend également à dénoncer leur réduction à la sphère limitée, et purement subjective, de la *psychologie*. On dira volontiers que l'imagination ne relève pas (ou du moins pas seulement) de la *psychologie* aux yeux de Hugo – lequel est, plus généralement, très loin de succomber au démon de la *vis psychologica* symptomatique de la modernité. S'il est tout prêt à admettre le phénomène hallucinatoire dans son œuvre, c'est surtout par la pente qui l'amène à reconnaître, comme l'aliénisme contemporain, et contre toute une tradition métaphysique, l'*intensité* et la *présence* paradoxales de l'image : fût-elle tout intérieure, elle n'en est pas moins vécue comme une *réalité* pour celui qui la subit. L'un des apports majeurs du paradigme hallucinatoire, si prégnant dans l'histoire récente de l'aliénisme, est sans doute en effet la tendance à soustraire l'image à la métaphysique de la vérité pour la considérer dans sa réalité et sa présence incontestables. Force de présence que Hugo est le premier non seulement à admettre, mais à mettre en scène, très concrètement, dans son œuvre – lui que fascinent toutes les formes d'empiètement du songe sur la « réalité ». En ce sens, on peut accorder à l'aliénisme contemporain – parce qu'il s'interroge, non sans inquiétude, sur la continuité de la perception et de l'hallucination, sur la sensation réelle que procure la projection extérieure de l'image intérieure – le crédit d'avoir rétabli une manière de continuité entre le sujet et l'objet, mais sous la forme d'un brouillage fantasmagorique qui tend à replier l'imagination sur le domaine intérieur de la psyché. À cette (fausse) continuité psychologique, Hugo aurait tendance à opposer une forme de continuité ontologique. Il y a convergence, dirons-nous, sur la réalité de l'image, mais divergence quant à son origine : l'image, même la plus « intérieure » en un sens, même la plus illusoire, n'est jamais seulement *subjective* aux yeux de Hugo. On touche là, nous semble-t-il, la pierre d'achoppement irréductible, comme le révèle cette autre critique, hautement significative, formulée dans *Les Travailleurs de la mer*, à propos de la puissance visionnaire de Gilliatt, l'homme pensif, au moment où il croit voir dans l'ombre de la grotte « une sorte de face qui riait », la tête de mort de Clubin, vision si incroyable et stupéfiante qu'elle passe d'abord pour une *hallucination* :

> Gilliatt ignorait le mot hallucination, mais connaissait la chose. Les mystérieuses rencontres avec l'invraisemblable que, pour nous tirer d'affaire, nous appelons hallucinations, sont dans la nature. Illusions ou réalités, des visions passent. Qui se trouve là les voit. Gilliatt, nous l'avons dit, était un pensif. Il avait cette grandeur d'être parfois halluciné comme un prophète. On n'est pas impunément le songeur des lieux solitaires[54].

On voit, à cette mise au point capitale, tout ce qui éloigne Hugo de l'acception psychopathologique de l'hallucination. Et tout d'abord, s'il rechigne à utiliser la notion, c'est parce qu'elle lui semble répondre à un besoin d'étiquetage stérile ; il s'agit bien de rendre au phénomène sa vie propre, en dehors ou en deçà des nomenclatures scientifiques qui ne visent qu'à le réduire dans les limites du *vraisemblable* rationnel, qu'à substituer la logique familière du vraisemblable au possible ou au prodige naturels. Mais la notion d'hallucination n'est pas neutre, et la congédier ou la mettre à distance comme le fait ici Hugo, c'est aussi conjurer la nocivité de ses connotations idéologiques : là où l'aliénisme tend à rabaisser la grandeur du prophète halluciné, Hugo la célèbre en en attribuant certaines de ses fulgurations au pensif « songeur des lieux solitaires » qu'est Gilliatt. Ce que suggère enfin Hugo, plus

---

54 *TM*, II, IV, 4, p. 543-544.

profondément encore, c'est que la science de l'hallucination, dans son interprétation du fait religieux, manque la *vérité* même de la chose. Non seulement en réduisant la vision prophétique à un phénomène hallucinatoire, mais en enfermant dans le cercle restreint de la subjectivité ce qui s'offre d'abord, dans les termes de Hugo, comme une *rencontre* ; et comme une rencontre qu'on n'est pas libre de ne pas faire (« impunément ») si l'on s'expose, comme Gilliatt, à la solitude, véritable matrice du sentiment religieux d'après les textes philosophiques de l'exil[55]. Hugo procède ainsi à un déplacement d'accent décisif, du subjectif à l'objectif. Ce que voit et rêve l'homme pensif, le voyant de la nature, Hugo déclare qu'il le voit et le rêve *sous la pression de la nature* – à la manière dont la contemplation de la création fait en l'homme, selon lui, une « lente construction de Dieu[56] ». Le phénomène « hallucinatoire » est arraché à sa prétendue source mentale pour être réintroduit « dans la nature » : « les mystérieuses rencontres avec l'invraisemblable » que nous appelons hallucinations pour nous rassurer *sont dans la nature*. Ce qui veut dire, d'une part, que le phénomène prophétique est naturel et non surnaturel : il s'agit d'un *phénomène humain et normal* ; et, d'autre part, que ce phénomène naturellement prodigieux procède de la nature : les *visions* sont moins projetées que *reçues*. Aussi Hugo corrige-t-il, de façon significative, le terme d'hallucination par celui de vision, qui implique l'idée d'une révélation extérieure. Le sujet n'est aucunement placé dans la position centrale du foyer créateur, mais dans celle, plus passive, du réceptacle qui accueille en lui les visitations du songe, ou, plus exactement, du témoin à qui il suffit (si l'on excepte les dons nécessaires) d'être là pour saisir les « visions » qui passent. Le songeur n'est pas le créateur, mais le spectateur de la vision ; les visions sont moins celles du sujet que celles des choses. Le repliement subjectiviste de l'imagination sur l'intériorité close de la psyché n'est nullement envisageable dans le contexte de cette ouverture cosmique : la vision n'a pas, ou n'a pas seulement sa source dans l'esprit du songeur, elle est suscitée par les choses, elle s'inscrit dans le mystère d'une véritable *ontophanie*. Le statut et la fonction de l'imagination s'en trouvent complètement transformés.

---

55 Voir *Philosophie*, *op. cit.*, p. 499 : « Les solitudes sont le vrai point de départ des croyances. » Les esprits nihilistes n'ont pas reçu une assez grande « dose de solitude » (*ibid.*, p. 501).
56 *Ibid.*, p. 501.

Hugo ajoute une dernière précision significative qui achève de désubjectiver, si l'on peut dire, les images : « Illusions ou réalités, des visions passent. » L'existence, la présence même des visions est dissociée de leur vérité. Ce qui ne signifie pas, bien sûr, que Hugo n'a cure de leur véracité. Mais ce qui suggère que, même fausses, elles n'en continuent pas moins à exister, de façon quasi palpable et matérielle, en dehors de l'esprit qui les reçoit. Qui est là voit les visions qui *sont* également *là*, à leur manière. Comme si l'ontologie primait sur la métaphysique de la vérité. Sartre aura beau reprocher à toute une tradition philosophique, jugée archaïque, d'accréditer la fausse croyance réaliste dans la choséité de l'image, il faut bien admettre que Hugo cède volontiers à une telle pente réaliste : non seulement la vision est dans les choses, mais elle est elle-même une quasi-chose parmi les choses, douée d'une vie propre et d'une matérialité problématique. Le caractère éventuellement illusoire de la vision ne semble pas affecter sa densité ontologique ; une image fallacieuse (un simulacre) reste une image existante, dès lors qu'elle est vue ou rêvée. Il semble difficile, dans ce contexte, de rapporter la cause de l'illusion à la puissance égarante ou déformante du prisme subjectif ; il ne s'agit pas d'une bévue, mais plutôt d'une apparence trompeuse, qui s'impose au regard avec la même consistance, et la même extériorité relative que la vision révélatrice. Loin d'être renvoyé à la solitude de l'esprit, le phénomène visionnaire se trouve inclus dans le théâtre naturel de la *manifestation*.

Si forte est la résistance de Hugo à la réduction subjectiviste de l'image qu'on le voit faire un usage singulier, peut-être unique, de la notion d'hallucination, ou plutôt du verbe *halluciner*, appliqué à la guillotine, dans un passage célèbre des *Misérables*, qui a marqué les esprits. Voir la guillotine, comme l'a fait Monseigneur Myriel, c'est s'exposer à un choc sublime, à une secousse brutale, à une violente sommation qui force, non en théorie, mais en son âme et conscience, à se déclarer pour ou contre :

> L'échafaud, en effet, quand il est là, dressé et debout, a *quelque chose qui hallucine*. [...] Qui l'aperçoit frissonne du plus mystérieux des frissons. Toutes les questions sociales dressent autour de ce couperet leur point d'interrogation. L'échafaud est vision. L'échafaud n'est pas une charpente, l'échafaud n'est pas une machine, l'échafaud n'est pas une mécanique inerte faite de bois, de fer et de cordes. Il semble que ce soit une sorte d'être qui a je ne sais quelle initiative ; on dirait que cette charpente voit, que cette machine entend, que

> cette mécanique comprend, que ce bois, ce fer et ces cordent veulent. Dans la rêverie affreuse où sa présence jette l'âme, l'échafaud apparaît terrible et se mêlant de ce qu'il fait. L'échafaud est le complice du bourreau ; il dévore ; il mange de la chair, il boit du sang. L'échafaud est une sorte de monstre fabriqué par le juge et par le charpentier, un spectre qui semble vivre d'une espèce de vie épouvantable faite de toute la mort qu'il a donnée[57].

L'inventivité verbale de Hugo est telle que c'est elle qui a imposé, si l'on en croit le *Trésor de la langue française*, et tous les dictionnaires qui le mentionnent après lui, cet usage transitif sans précédent, et presque sans lendemain, jugé rare en tout cas, du verbe *halluciner* : « 1862 trans. "provoquer des hallucinations" (HUGO, *Misér.*, t. 1, p. 24) ». Il faut donc entendre ici « hallucine » au sens de « provoquer des hallucinations », « faire halluciner ». Et, de fait, la suite du texte évoque la « rêverie affreuse » où jette la présence pathétique de la guillotine, comme si le sujet était la source de sa métamorphose monstrueuse. Mais ne réduit-on pas quelque peu la portée de cet emploi stupéfiant du verbe *halluciner* en reportant sur le spectateur saisi par le frisson sublime toute la responsabilité de la transfiguration visionnaire ? Car Hugo ne dit pas seulement que la guillotine fait halluciner ; il écrit qu'elle *hallucine*, comme si c'était sa *présence* même qui revêtait une dimension hallucinatoire. Si l'on devait suivre la distinction célèbre, quoique fragile, d'Esquirol[58], on aurait plutôt affaire ici à une illusion qu'à une hallucination : la vision a son point de départ dans une perception réelle. Mais cette distinction même ne suffit pas vraiment à qualifier la vision en question dans la mesure où dans les deux cas, illusion et hallucination, l'accent est mis sur la puissance déformante de la subjectivité. Or la vision horrifiée que provoque la guillotine est aussi en elle, est aussi *elle*. De là l'identité suggérée entre l'échafaud et la vision : « L'échafaud est vision ». Il est vain de chercher à dissocier la vision subjective de l'objet de la vision. La métamorphose de la machine en monstre vivant et dévorant est indifféremment rêvée et « réelle » ; c'est le cas de dire que « le rêve qu'on a en soi, on le retrouve hors de soi ». La guillotine hallucinante est tout entière hallucination. Elle devient une présence spectrale, un simulacre effrayant.

---

57 *Les Misérables*, I, I, 4, p. 16. C'est moi qui souligne.

58 Voir l'article « Hallucination », véritablement fondateur, du *Dictionnaire des sciences médicales*, Panckoucke, vol. XX, 1817, p. 68 : « Les hallucinations ne sont ni de fausses sensations, ni des illusions des sens », car, « dans les hallucinations, il n'y a pas d'objets extérieurs agissant actuellement sur les sens ».

De même que l'immanence naturelle fait jouer de perpétuelles transfusions entre l'abstrait et le concret, c'est bien la loi, la vindicte, la mort donnée qui s'incarnent, en quelque sorte, dans leur création et leur *symbole*, la guillotine, et qui l'animent d'une vie propre : la puissance hallucinatoire a aussi son origine dans cette « *concrétion* » symbolique ou allégorique de l'abstrait qui transforme l'échafaud en dieu ou en monstre, nimbé d'une aura terrible et sacrée. L'échafaud est vision parce qu'il est en même temps symbole ; il n'est pas seulement une charpente et une machine, mais une idée, ou plutôt un « point d'interrogation ». La loi se concrète en monstre ; réciproquement, la guillotine s'abstrait en en méditation. Elle ne doit donc pas sa signification à la seule projection hallucinatoire du témoin accablé par le spectacle sublime.

En somme, la « rêverie affreuse » suscitée par la guillotine n'est pas « fausse », comme le suggère, du reste, le caractère *général* du commentaire, pris en charge par le narrateur, et détaché du point de vue restreint de Mgr Myriel. S'il est possible de généraliser l'expérience individuelle de la vision, c'est bien parce que la vision est partie intégrante de la *définition* de l'objet : définition hallucinée. Le discours du narrateur suit l'élan d'une amplification rêveuse et inclut dans la caractérisation même de la guillotine son prolongement visionnaire. La vision fait partie du réel ; elle est une extension du réel, de la réalité de l'échafaud. Cette rêverie effarée, on ne peut manquer de la faire sous la pression accablante de cette *présence* sublime, terme qu'il faut entendre dans sa pleine puissance évocatoire. Elle ne s'ajoute pas à l'échafaud ; elle s'en dégage ; elle irradie, pour ainsi, de sa présence. Même « l'hallucination » n'est donc pas complètement subjective. À la limite, il est tout aussi inutile de s'inquiéter de la vérité de l'image que de savoir si elle est objective ou subjective : elle *est*, tout simplement. Qui est là ne peut faire autrement que de la subir.

LES « VISIONS QUI SORTENT DE LA NATURE »

On dira volontiers que Hugo incline vers une conception émanentiste de l'image, qu'il doit peut-être à sa fréquentation assidue et approfondie des auteurs antiques, et à Lucrèce en particulier[59]. On se gardera certes d'opposer schématiquement la démarche caractéristique de l'idéalisme, celle d'une intégration, voire d'une absorption de l'être dans la pensée, et la démarche du réalisme, soucieuse de préserver l'indépendance de l'être par rapport à la pensée. Qui ne voit qu'elles sont exactement symétriques dans le rejet de toute médiation – de toute médiation sensible dans le cas de l'idéalisme : la pensée seule peut avoir, dans l'appréhension réflexive du *cogito* cartésien, une intuition immédiate d'elle-même ; de toute médiation intellectuelle dans le cas du réalisme : la perception de l'objet, c'est l'objet se transportant totalement ou partiellement en nous, nous impressionnant au sens strict du terme ? Mais, dans la mesure même où Hugo ne cesse d'affirmer l'antécédence et l'excédence du monde sur la pensée, il peut sembler légitime de déceler dans son œuvre une *tendance* vers le réalisme, qui n'est pas sans affecter le statut central de l'image et de l'imagination. On se risquera à avancer, dès lors, que sa propre conception de l'image entretient des affinités réelles et profondes avec la tradition de l'émanentisme épicurien, magnifiquement reprise et développée dans le chant IV du *De natura rerum*.

Dans un bel article très dense, J.-F. Marquet[60] avait excellemment montré la filiation de Hugo avec l'atomisme lucrétien, avec cette vision sublime d'une cataracte des ténèbres, d'« une pluie immense au loin rayant

59 Sur l'extraordinaire imprégnation de l'œuvre hugolienne par la tradition latine, voir le beau livre de Romain Vignest, *Victor Hugo et les poètes latins. Poésie et réécriture pendant l'exil*, Éditions Classiques Garnier, 2011.

60 J.-F. Marquet, « Victor Hugo et l'infiniment petit », *Miroirs de l'identité. La Littérature hantée par la philosophie*, Hermann, 1996, p. 73-101. Voir également l'article récent, très précieux, de Pierre Laforgue, « L'âme, l'atome et le moi. Physique et métaphysique dans *Les Misérables* », *Le Réalisme et ses paradoxes (1850-1900). Mélanges offerts à Jean-Louis Cabanès*, Éditions Classiques Garnier, 2014, p. 65-85. P. Laforgue y rattache la philosophie sous-jacente des *Misérables* au matérialisme lucrétien revu, corrigé par Hugo, et fondu dans le creuset de son génie poétique personnel. On en retirera une série d'enseignements : 1°/ La notion d'immanence surgit moins selon lui dans un contexte spinoziste que dans le cadre d'une physique et d'une philosophie d'inspiration lucrétienne. Le matérialisme lucrétien a l'avantage de garantir la conjonction de l'immanence avec un atomisme de l'âme qui préserve en lui l'existence d'un *élément* indestructible, irréductible, réfractaire à toute dilution dans la matière pure ; et il a cet autre mérite capital de conjurer l'écueil du panthéisme spinoziste (ce monde sans moi). 2°/ L'identification de l'âme à un atome matériel-spirituel permet de retourner le matérialisme contre lui-même et de le concilier avec une forme de spiritualisme étrangère à tout idéalisme (matière et esprit ne sont pas séparés). 3°/ Enfin, P. Laforgue a repéré l'existence dans l'œuvre de deux *parvuli*, deux personnages atomes, confrontés simultanément, mais séparément, aux « choses de la

les infinis », qui constitue le bruit de fond inextinguible de l'univers hugolien. Il ne saurait s'agir bien sûr que de l'une des orientations possibles de l'œuvre, suggérée par l'idée périlleuse (contradictoirement caressée et conjurée) d'une organisation aléatoire du monde sous formes d'agrégats et d'amalgames fortuits. La figure séminale du *pêle-mêle* (pêle-mêle de choses et d'êtres, pêle-mêle de mots) relevée par G. Poulet[61] se trouvait éclairée par l'établissement de celle filiation philosophique et poétique partielle. Mais on ne s'est peut-être pas assez enquis d'un autre héritage possible, ou du moins d'une autre rencontre possible entre les rêveries entrecroisées de Hugo et de Lucrèce : celle qui concerne les *effigies* ou les *simulacra*, ces corpuscules de matière, membranes ou écorces, plus ou moins subtils, émis en permanence par les corps, ces émanations superficielles qui viennent frapper l'œil et l'esprit et qui, dans la doctrine épicurienne, permettent d'expliquer conjointement le mécanisme de la vision oculaire et celui de la vision mentale. On ne cherchera pas à mesurer l'apport éventuel par une comparaison terme à terme. Mais on relèvera quelques principes essentiels, qui ont pu exercer sur Hugo une certaine fascination, en vertu de ce qui, dans son génie personnel, le préparait sans doute à les accueillir[62]. Et tout d'abord, la consistance ontologique de l'image ainsi conçue : l'image-simulacre ne représente pas la chose, elle est l'émanation, l'excroissance même de la chose ; du perçu au percevant, la chaîne du réel est parfaitement homogène. D'une part, le simulacre se voit accorder une *présence matérielle* plus ou moins perceptible, suivant la taille, l'usure, la distance parcourue : Hugo ne pouvait que trouver dans cette matérialisation de la vision un écho de sa propre tendance à conférer une existence quasi palpable à l'impalpable, à l'évanescent, à la nuée du songe ou à l'agrégat des images flottant et voletant dans l'air. D'autre part, l'émission des simulacres est un phénomène constant :

---

nuit » : Cosette dans la forêt, atome voué à la masse hostile de l'ombre ; et Gavroche, cet atome de l'autre forêt parisienne.

61 G. Poulet, « Hugo », *Études sur le temps humain*, *op. cit.* t. II, p. 198.

62 Sur la notion de simulacre chez Épicure et Lucrèce, voir Jean Salem, *L'Atomisme antique. Démocrite, Épicure, Lucrèce*, Libraire générale française, coll. Le livre de poche, 1997, p. 99-105 (Épicure) ; p. 186-197 (Lucrèce) ; sur Démocrite et la théorie de la double émission, p. 35-36. Voir également Marcel Conche, *Lucrèce et l'expérience* (1967), Éditions Fides, 2003, IV, § 19 (« Les simulacres ») et § 20 (« L'âme et les simulacres ») ; G. Deleuze, *Logique du sens*, *Les éditions de Minuit*, 1969, p. 307 *sqq.* (« Lucrèce et le simulacre ») ; *L'Image*, Textes choisi et présentés par L. Lavaud, Flammarion, coll. Corpus, 1999, p. 32-33, p. 232-234. Nous devons beaucoup à ces différentes synthèses.

nous vivons, si l'on peut dire, dans un bain d'images ; l'œil et l'esprit sont incessamment frappés par les simulacres qui circulent dans l'air à une vitesse insensible et quasi instantanée ; nous sommes, dans le rêve notamment, et dans cet autre état voisin du rêve qu'est l'amour-passion, à la merci des images. Comment ne pas voir ce qui relie cette vision effarée d'un bombardement incessant d'images à la position du sujet hugolien, soumis, comme Gwynplaine ou Cosette errant dans la forêt des songes, ou comme le païen harcelé par la présence toujours possible des dieux, à la pression des visions, des rêves, des existences ébauchées et flottantes qui sortent de la nature ? Dans le magnifique épisode déjà évoqué de la ville endormie, tout semble se conformer à la conception émanentiste de l'image : la tendance des rêves à s'agréger sur le modèle des amalgames atomistes ; leur consistance palpable, quasi matérielle, leur existence sensible *objective*, qui fait qu'on les sent et qu'on les frôle, que le petit errant éveillé est à la merci de leurs contacts hostiles, qu'il ne peut pénétrer dans la touffeur perceptible des songes enchevêtrés sans un sentiment d'effroi sacré. Si la « chimère ambiante » est une « réalité devinée[63] », selon le paradoxe central du texte, c'est certes parce qu'elle ouvre à la perception de la frontière poreuse entre la vie et la vie extra-humaine, celle des esprits, autres simulacres, mais au sens de *fantômes*, errant dans la ville endormie : cette mise en scène occultiste relève d'une fantasmagorie de la mort totalement étrangère au matérialisme athée de Lucrèce. Mais c'est aussi parce que la « chimère ambiante » est en elle-même une *réalité* palpable et diffuse, un bain d'images amalgamées dans lequel se trouve soudainement plongé quiconque traverse la ville éveillé. Sur la provenance *objective* plus que subjective de l'image et du songe, sur leur réalité paradoxale, la convergence nous semble étroite entre le génie hugolien et le génie lucrétien, en dépit de l'existence de divergences irréductibles.

La continuité établie entre la chose et l'âme (et renforcée par leur homogénéité présupposée) est telle que la perception jouit, chez Épicure et son disciple – par opposition, précisément, aux sceptiques démocritéens – d'une confiance absolue, que Hugo est du reste assez loin de partager. Mais ce qui nous importe ici, c'est que la dignité ontologique de l'image (qui n'est pas rien) implique une certaine conception de la

63 *HR*, I, III, 4, p. 456.

vérité à laquelle, nous semble-t-il, Hugo est prêt à souscrire, du moins sous certaines conditions : la vérité ne mesure pas l'adéquation de la chose et de l'intellect, comme dans la définition scolastique ultérieure, elle est proprement *contact* de la chose et de l'âme. Et parce que, dans cet anti-idéalisme radical, le simulacre est précisément ce qui permet d'abolir toute distance entre le monde et l'âme, on peut dire qu'aucune image n'est *vaine*, au sens strict du terme. Ce qui ne signifie pas, bien sûr, qu'il n'en existe pas de trompeuses. Lucrèce s'emploie aussi, à la suite d'Épicure, à expliquer les erreurs de perception. Soit en dédouanant la perception de toute responsabilité : il n'y a pas d'erreurs de la vue, seulement des erreurs de jugement, notamment dans le cas commode des illusions d'optique qui fournissent un contingent d'exemples canoniques (l'immobilité apparente du navire qui nous porte sur l'eau ; le tournis des enfants qui ont cessé de faire la ronde et qui croient que tout chavire autour d'eux, etc.). Soit en justifiant l'erreur par le mécanisme même de la perception : la modification des simulacres par les milieux traversés crée la possibilité de l'erreur (la tour carrée vue de près devient ronde vue de loin, comme si elle était passée au tour). En outre, la provenance des simulacres n'est pas toujours certaine. Lucrèce évoque aussi ces simulacres qui se forment spontanément dans l'atmosphère, en songeant, selon Marcel Conche[64], aux *mirages aériens* (*fata morgana*) fréquents dans l'Italie du sud :

> Mais ne crois pas que ces images émanant des corps
> soient finalement les seules à vagabonder.
> Il en est d'autres qui naissent spontanément
> et se constituent dans le ciel qu'on nomme l'air.
> Sous mille figures, elles volent dans les hauteurs
> et, fluides, ne cessent de modifier leur aspect,
> se transformant en toutes sortes de silhouettes,
> tels ces nuages que l'on voit parfois dans le ciel
> aisément s'assembler et caressant l'air de leur branle
> violer l'harmonie sereine du firmament :
> faces volantes de géants portant au loin leur ombre,
> montagnes immenses et rocs à leurs flancs arrachés
> dont le cortège passe le soleil puis s'éloigne,
> monstres enfin traînant et revêtant d'autres nuées[65].

---

64 Marcel Conche, *Lucrèce et l'expérience*, *op. cit.*, p. 106.

65 Lucrèce, *De la nature. De rerum natura*, éd. bilingue, J. Kany-Turpin trad., Flammarion, coll. GF, 1998, IV, v. 129-142, p. 249-251.

Ce spectacle sublime d'une fantasmagorie aérienne mais réelle, suscitée par la mobilité des images, ne se trouve-t-il pas relayé, à travers le grossissement visionnaire du génie hugolien, par la vision panique du « mur de nuages » qui, au plus fort de la tempête, reconstitue l'abîme biblique originel, la confusion des eaux d'en bas et des eaux d'en haut, dans un passage génial des *Travailleurs de la mer* ? Lui aussi, Hugo rêve les ébauches monstrueuses se dessinant et flottant non sur le mur du siècle, mais sur le mur de nuées élevé par la tempête dans l'horreur du chaos. Dans la « région visionnaire » où Gilliatt se trouve pris, le songe se mêle à la réalité :

> Le mur de nuage était maintenant un autre. Il y avait des voûtes et des arches. On y distinguait des silhouettes. Des têtes monstrueuses s'ébauchaient ; des cous semblaient se tendre ; des éléphants portant leurs tours, entrevus, s'évanouissaient. Une colonne de brume, droite, ronde et noire, surmontée d'une vapeur blanche, simulait la cheminée d'un steamer colossal englouti, chauffant sous la vague et fumant. Des nappes de nuées ondulaient. On croyait voir des plis de drapeaux. Au centre, sous des épaisseurs vermeilles, s'enfonçait, immobile, un noyau de brouillard dense, inerte, impénétrable aux étincelles électriques, sorte de fœtus hideux dans le ventre de la tempête[66].

Hugo n'est peut-être jamais plus grand que dans l'imagination de l'impalpable. Ce qui nous requiert ici avant tout, c'est le fait même que ces complications tératologiques de la mer ne soient pas attribuées à la puissance hallucinatoire de l'esprit, mais inscrites, par l'usage si remarquable du *on* impersonnel (« on y distinguait », « on croyait voir »), dans le tremblement visionnaire du réel. Les formes monstrueuses ou monumentales ébauchées ne semblent pas tant produites par le sujet que produites par la nature elle-même dans son ébullition chaotique. Si fugaces et illusoires soient-elles, elles renvoient à la créativité anarchique du chaos, elles se voient attribuer une origine quasi objective, comme si elles étaient la concrétion de simulacres amalgamés, sur le modèle lucrétien. Ainsi se trouverait justifiée, pour une part, la pratique hugolienne du *tachisme* : en livrant le regard et l'esprit au hasard des formes qui s'ébauchent dans l'ombre ou dans la région visionnaire de la nuée, on ne succomberait pas à quelque délire hallucinatoire, mais à la fascination d'une imagination en acte, en travail, au cœur de la

66 *TM*, II, III, 6, p. 502.

natura naturans, fût-elle, comme ici, soumise à un bouleversement chaotique. La description hugolienne esquive la tyrannie moderne du sujet constituant pour embrasser l'indéfinissable genèse fiévreuse des images et des formes dans l'automanifestation de la nature : « configurations flottantes se heurt[ant] et s'amalgam[ant], se déformant les unes par les autres[67] » ; « nuées terribles model[ant] dans l'immensité des masques de gorgones[68] », pour reprendre une dernière image frappante associée à l'immense tératologie marine. On voit que Hugo ne s'est pas seulement intéressé aux agrégats d'atomes ; il s'est aussi souvenu des *agrégats de simulacres.* Ce qui compose la mer ou les nuées, c'est aussi le flux incessant des simulacres (ces *transparents* de l'eau ou de l'air) qui se reflètent à leur surface, se regroupent, se condensent en monstres, forment en se croisant des images hybrides, potentiellement mythologiques, et se succèdent dans une mobilité effrénée.

Si l'on revient à la question qui nous occupe (celle de l'erreur), il faut donc ajouter aux images déformées par la distance celles dont la provenance est indéterminée et qui se forment d'elles-mêmes dans l'atmosphère. Mais aussi les images composites nées du choc et du mélange fortuit des simulacres, celle du Centaure ou de Cerbère donnés en exemple par Lucrèce[69], dont la foule croira volontiers qu'elles émanent d'êtres hybrides réellement existants. C'est par cette théorie des images mutilées, sans répondant réel, que le rationalisme lucrétien tend à rendre compte de la naissance des *mythes.* Si l'on excepte l'écart irréductible entre le matérialisme démystifiant de Lucrèce, hostile aux croyances superstitieuses, et le génie spontanément mythographique de Hugo, comment ne pas s'apercevoir, à la lecture des exemples précédents, que c'est également la nature, chez Hugo, qui semble produire ses propres mythes, comme ses propres monstres, selon une genèse imageante comparable à celle qu'évoque Lucrèce ? La mythologie de l'abîme semble se former au creux des vagues, dans l'amalgame composite des simulacres, comme une émanation même de ces têtes de monstres, de ces colosses, de ces monuments ébauchés comme en rêve : elle est moins créée que reçue comme une création extérieure de la tempête. Création qui n'apparaît pas, du reste, comme purement fortuite, tant elle semble

67 *Ibid.*, p. 505.
68 *Ibid.*, p. 518.
69 Lucrèce, *De rerum natura*, *op. cit.*, IV, v. 732-743, p. 283-285.

apposer la *signature* de l'abîme au naufrage comploté : n'est-ce pas justement la silhouette gigantesque d'un steamer englouti qui esquisse ses linéaments sur ce « mur de nuages » métamorphosé en mur du songe ?

Mais, au-delà des possibles rapprochements ponctuels, ce qui nous importe, à la lumière de ces exemples d'images trompeuses, c'est que la confiance de Lucrèce dans la véracité des simulacres est inébranlable. Qu'une image puisse correspondre à un objet fort dissemblable (l'objet réel transfiguré par le mirage) ou à aucun objet n'ôte rien à l'impression de réalité qui l'accompagne. Quand bien même l'image serait illusoire, cette impression resterait juste, car l'image est un phénomène réel dans l'atmosphère, elle a un effet moteur, elle est elle-même une chose ou une quasi-chose : les images les plus illusoires ont pour origine l'impact de simulacres bien réels. Autrement dit, dans le contexte d'une vérité de participation, et non d'une vérité d'adéquation, c'est la *présence* qui garantit l'authenticité (fût-elle modulable). Une image n'est jamais complètement fausse, parce qu'elle n'est jamais une pure création de l'esprit. Sa teneur en vérité lui est assurée par la continuité (graduelle) du sujet et de l'objet, et par l'homogénéité de l'âme avec le monde. L'image conjoint, au lieu de disjoindre (comme dans toute philosophie idéaliste).

On ne dissimulera pas tout ce qui éloigne Hugo des présupposés strictement matérialistes de la pensée lucrétienne. Mais on ne saurait expliquer, nous semble-t-il, autrement que par l'existence d'une certaine convergence l'insistance de Hugo lui-même sur la « vérité » de l'image, fût-elle par ailleurs illusoire et trompeuse. Qu'on se rappelle l'objection faite par le narrateur des *Travailleurs de la mer* au réductionnisme psychopathologique impliqué par la science nouvelle de l'hallucination : « Illusions ou réalités, des visions passent. Qui se trouve là les voit[70]. » Rapportée à l'émanentisme épicurien, cette distinction énigmatique entre vérité et réalité reçoit un éclairage décisif. On comprend qu'il ne s'agit pas tant de les opposer que de rejeter comme secondaire, ou inadéquat, le jugement de vérité reposant sur le principe de l'*intellecto adaequatio rei*. Ce qui fonde la « vérité » des images, c'est leur présence (quasi-)objective. Aucune image ne peut être dite entièrement « fausse » dès lors qu'elle existe : dès lors qu'elle est une réalité pour celui qui la subit, mais aussi (c'est là que se situe l'écart maximal avec

70 *TM*, p. 543.

le subjectivisme) *pour tous*. Qui *est là* ne peut que voir (pour peu, bien sûr, qu'il y soit disposé par sa puissance visionnaire) les images qui *sont là* parce qu'elles viennent de là. À la limite, la distinction rationaliste entre illusion et vérité devient caduque. Les visions se voient dotées de la même consistance matérielle, et de la même provenance objective que les simulacres lucrétiens. Le critère principal n'est pas celui de l'adéquation (entre représenté et représentation), mais celui de la présence. Il s'agit d'abord d'un critère *ontologique*. De là l'extraordinaire sensibilité de Hugo au jeu des apparences, au tremblement visionnaire de la réalité, aux effets de trompe-l'œil, aux faux semblants, aux visions, aux images, aux configurations mythologiques, aux métamorphoses fantaisistes ou fantastiques de la nature : c'est qu'à ses yeux ils font partie, de plein droit, du *réel* – puisqu'ils en proviennent. La réalité ne saurait être dissociée de ses marges irréelles (imaginaires et possibles). La décrire, c'est les décrire ensemble. On verra justement que la mise en scène du théâtre de la manifestation implique la prise en compte de l'*effet visionnaire* dans la description même des choses.

Un dernier point de convergence éventuel mérite d'être relevé : pour Épicure comme pour Lucrèce, il n'y a pas de différence de nature entre la vision oculaire et la vision mentale, puisque le mécanisme est le même dans les deux cas. Seulement, les simulacres qui viennent affecter l'*animus* sont dotés d'une ténuité supérieure qui leur fait traverser les pores du corps. Dès lors, l'intériorité est aussi hantée par des simulacres, ou des agrégats de simulacres. La vision mentale est une quasi-chose. Elle impose son empreinte à l'esprit qui la subit. Comment ne pas songer, en regard, à la représentation hugolienne de la conscience comme d'un abîme traversé par des visions flottantes, bienveillantes ou hostiles, souvent agonistiques, en lutte entre elles, dont le sujet lui-même est moins le foyer que le spectateur ou le témoin sidéré[71] ? Si l'on retrouve hors de soi le rêve qu'on a en soi, c'est aussi parce que, réciproquement, on retrouve en soi le rêve qui circule hors de soi. Non seulement l'image intérieure

71 Sur les « images de la conscience », la coïncidence entre psychologie et cosmologie, la porosité entre l'abîme intérieur et l'abîme extérieur, voir les belles analyses de Myriam Roman, *op. cit.*, IIIe partie, Livre III, chap. 1, p. 639-649. La conscience (cet abîme) n'est pas psychologique chez Hugo : elle est d'abord *morale* et métaphysique, obscure pour le sujet lui-même, et seulement accessible à la « cardiognosie » divine. Voir le remarquable chapitre que Jean-Louis Chrétien lui consacre, sous l'angle du monologue intérieur, dans *Conscience et roman I. La conscience au grand jour*, Les éditions de Minuit, 2009, p. 147-187.

se voit accorder une présence quasi objective, mais on ne saurait même dire qu'elle est purement *intérieure*, tant l'abîme du moi et l'abîme du monde sont perméables l'un à l'autre. Dans l'immanence universelle, ouverte aux transfusions perpétuelles, il n'y a ni pure intériorité, ni pure extériorité.

« TOUS LES CORPS RAYONNENT LEUR IMAGE »

Un texte antérieur à l'exil, daté de 1843, et dicté à Juliette Drouet par Hugo[72], développe une physique et une métaphysique du rayonnement universel qui semble s'inscrire dans le droit fil de l'émanentisme lucrétien. On ne saurait ignorer le caractère hypothétique de cet échafaudage théorique, du reste clairement souligné par l'auteur lui-même. Mais c'est là, justement, que la science, prolongée par la conjecture, se fait poésie. Ce texte étonnant pourrait être lu comme le *De natura rerum* de Hugo. « Peut-être constatera-t-on un jour que le rayonnement est une des lois générales et souveraines de la création », proclame Hugo en ouverture, en ajoutant dans le même souffle une précision capitale : universelle, la loi du rayonnement le serait d'autant mieux, si elle était vérifiée par l'expérience, qu'elle ne s'appliquerait pas seulement aux corps lumineux, mais à tous les objets sans exception, y compris aux *invisibles* dérobés à la lumière. Autrement dit, ce qui fonde la véritable nouveauté de cette théorie du rayonnement universel, c'est l'hypothèse d'un rayonnement des objets ténébreux, d'une irradiation invisible des corps invisibles. Extraordinaire suggestion, qui puise ses arguments, précisément, dans l'atomisme lucrétien, comme le confirme la décomposition du principe général en trois lois énoncées à la suite. Il vaut la peine qu'on les cite, tant elles portent l'empreinte, inavouée, de l'émanentisme épicurien :

> *Première loi* – Tous les corps rayonnent leur substance en atomes intangibles, invisibles et indivisibles, et ce rayonnement, indépendant des phénomènes du jour et de la nuit, de la lumière ou de l'ombre, est continu.

72 *Océan*, *op. cit.*, p. 130-131.

> *Deuxième loi* – Tous les corps rayonnent leur image, comme cela est déjà démontré par le soleil, et ce rayonnement est également continu.
>
> *Troisième loi* – Ces deux rayonnements ne constituent qu'un seul et même fait, c'est-à-dire que la substance forme l'image et se résout en elle, et que, de son côté, l'image ne se compose pas d'autres éléments que des atomes de la substance[73].

Nul moyen, pour suggérer la présence des invisibles, que de postuler l'existence d'un rayonnement sans lumière, indépendant du jour et de la nuit, calqué sur la dissémination constante des atomes et sur le flux tout aussi continu des simulacres dans l'atmosphère. La filiation avec la doctrine épicurienne de l'atomisme et avec sa théorie de l'image-simulacre est transparente : « tous les corps rayonnent leur image », selon la magnifique équation lapidaire, rayonnement continu qui non seulement émane des corps et des objets privés de calorique propre, mais qui se diffuse dans la nuit même. Ce que la rêverie théorique de Hugo envisage, ce n'est rien d'autre que la diffusion nocturne des images : il faut imaginer que nous sommes, à notre insu, entourés et même bombardés de simulacres multiples, essaimés en tous sens dans l'espace. Par son mode d'émission propre, l'image est dissociée de la lumière. Ce qui permet d'apercevoir, comme le fait Hugo ici, l'extraordinaire fécondité paradoxale de la nuit : la nuit n'est pas déserte ; elle est hantée d'un fourmillement invisible de simulacres. En outre, ainsi livrées à leur mécanisme autonome d'émission, les images sont bien soustraites à la puissance constituante du sujet, qui les subit sans les créer. On peut même concevoir l'existence de visions sans personne : de visions qui passeraient sans être vues, dans la solitude inviolée. On ne saurait imaginer plus complète « désubjectivisation » de l'image (laquelle engagera, on le verra, une révision complète de la technique du point de vue). Enfin, Hugo vient confirmer ici ce que nous avions pressenti : la nature *substantielle* de l'image, à la fois parce que la substance « se résout en elle » et parce que, réciproquement, elle n'est pas composée « d'autres éléments que des atomes de la substance ».

Cette hypothèse permettrait d'expliquer, selon Hugo, un certain nombre de phénomènes mystérieux. À commencer par la « production des images dites photogéniques sans le secours de la lumière », dans le boîtier d'une montre par exemple, ou dans la cave la nuit : « fait constaté en 1842 à Berlin dans des expériences transmises à l'Académie des

73 *Ibid.*, p. 130.

sciences[74]. » Mais aussi « la vision magnétique » et, rattachés à la vision magnétique, tous les « phénomènes encore inexpliqués des songes, de la sympathie, de l'extase, des pressentiments, etc., tout un monde ténébreux que pourrait seule éclairer cette grande loi, le rayonnement[75]. » « Monde ténébreux » tiré de son inexistence supposée par la loi éclairante du rayonnement universel, dans la mesure où celle-ci lui reconnaît une présence irradiante invisible, mais physique, matérielle. Peu importe que la loi lucrétienne des émanations corpusculaires se combine ici avec le fluidisme magnétique : l'essentiel est bien la généralisation à tous les phénomènes imaginaires d'un même modèle explicatif, privilégiant le mode de la connaissance par *contact*, plutôt que celui de la représentation intellectuelle. En même temps que l'origine substantielle, la réalité, la force de présence de l'image, ce que Hugo tente de fonder et de justifier par sa théorie poétique du rayonnement universel, c'est la grande loi des *affinités* et des *sympathies* occultes, substituant la co-naissance à la connaissance rationnelle.

On ne prétendra pas que ce texte relativement précoce livre le dernier mot de la conception hugolienne des images. On ne laissera pas néanmoins d'y découvrir une pente vers le réalisme que d'autres textes viennent confirmer[76], et notamment la magnifique « théorie de l'orme », et de ses affinités formelles avec le gré, développée dans le passage célèbre du voyage dans les Pyrénées[77] consacré aux montagnes de Pasages, quasi contemporain de la théorie du rayonnement universel. Pour évoquer l'inventivité formelle des ormes, leurs métamorphoses fantaisistes ou

74 *Ibid.*, p. 131.

75 *Ibid.*

76 Pierre Laforgue (« L'âme, l'atome et le moi. Physique et métaphysique dans *Les Misérables* », *op. cit.*) situe le tournant lucrétien de la poésie hugolienne à la fin des années 50 et cite un passage éclairant des *Misérables*. Dans l'évocation, au livre IV de la IVe partie des *Misérables*, du jardin de la rue Plumet, ce petit monde « sujet aux pénétrations profondes de la nature », la méditation de Hugo glisse de la contemplation pascalienne des deux infinis vers un développement inspiré de Lucrèce (du reste explicitement convoqué par le titre du chapitre : « *Foliis ac frondibus* », tiré du *De natura rerum*), qui ordonne la vision cosmique des effluves de la vie universelle en fonction de ces deux centres : « l'âme atome » et Dieu lui-même, auxquels tout ramène : « Dans les vastes échanges cosmiques, la vie universelle va et vient en quantités inconnues, roulant tout dans l'invisible mystère des effluves, employant tout, ne perdant pas un rêve et pas un sommeil [...] » (IV, IV, 3, *op. cit.*, p. 702). On voit que le rêve et le sommeil sont inclus dans « les vastes échanges cosmiques » : ils font partie de « l'invisible mystère des effluves » disséminés en tous sens par la vie universelle.

77 *Voyages*, *op. cit.*, p. 806-808.

fantastiques, Hugo situe leur apparition à « l'heure inquiète du crépuscule », au moment où commence la transfiguration fantomatique de la création, et fait surgir leurs « profils monstrueux et surnaturels » dans le mouvement même d'une voiture au galop. À la fois « caricatures » et « spectres », « grotesques » et « terribles », ils semblent se plier, eux aussi, à l'animation anthropomorphique que leur prête le libre jeu d'une imagination fantaisiste déliée du réel. Mais se profile ici le même tournant ontologique de l'imagination que dans les passages précédemment commentés. Car la rêverie se prolonge en interrogation sur le mystère des « visions qui sortent de la nature », et qui hantent « l'obscur de la nuit ». Ce qui pouvait sembler, au départ, une pure projection fantaisiste, est renvoyé à la profondeur fantastique de la nature elle-même, peuplée de « formes extraordinaires et fugitives ». Ce qui était *apparence* grotesque et grimaçante, déformation caricaturale superficielle, devient *apparition* fantomatique. La nuit n'est plus seulement un écran où l'on projette des silhouettes fugaces, mais un monde « *possible* » ayant ses propres « êtres mystérieux », composés d'ombre, et faits de l'étoffe du songe :

> Le rêveur croit voir se ranger au bord de sa route en files menaçantes et difformes et se pencher sur son passage les larves inconnues et possibles de la nuit. On est tenté de se demander si ce n'est pas là les êtres mystérieux qui ont pour milieu l'obscurité et qui se composent d'ombre comme le crocodile se compose de pierre, comme le colibri se compose d'air et de soleil. Tous les penseurs sont rêveurs ; la rêverie est la pensée à l'état fluide et flottant. Il n'est pas un grand esprit que n'aient obsédé, charmé, effrayé, ou, au moins étonné *les visions qui sortent de la nature*. Quelques-uns en ont parlé, et ont, pour ainsi dire, déposé dans leurs œuvres, pour y vivre à jamais de la vie immortelle de leur style et de leur pensée, les formes extraordinaires et fugitives, les choses sans nom qu'ils avaient entrevues « dans l'obscur de la nuit ». *Visa sub obscurum noctis*. Cicéron les nomme *imagines*, Cassius *spectra*, Quintilien *figurae*, Lucrèce *effigies*, Virgile *simulacra*, Charlemagne *masca* [*Stryga vel masca*]. Dans Shakespeare Hamlet parle à Horatio. Gassendi s'en préoccupait, et Lagrange y rêvait après avoir traduit Lucrèce et médité Gassendi[78].

La rêverie du penseur « obsédé, charmé, effrayé » par les *visions qui sortent de la nature* s'achève par une mise au point philologique, déclinant les différentes dénominations latines du *fantôme*. On pourrait croire que l'on s'éloigne ici de la théorie émanentiste de l'image-simulacre pour

---

78 *Ibid.*, p. 807. C'est moi qui souligne « les visions qui sortent de la nature ».

envisager une tout autre signification possible du simulacre, celle de fantôme justement. Mais le texte n'est pas sans suggérer que les apparitions fantomatiques s'inscrivent dans la catégorie plus large des *visions qui sortent de la nature.* Elles n'en constitueraient qu'une variante nocturne. La présence du fantôme semble bien considérée dans le prolongement d'une réflexion globale sur l'image. C'est ce que nous permettra peut-être de comprendre l'usage archaïsant que Hugo fait lui-même du terme *simulacre.*

SIMULACRES

Usage paradoxal, si on le rapporte à ce que nous avons dit d'une possible (et partielle) filiation lucrétienne. Car, s'il nous a semblé possible de retrouver la trace, dans son œuvre, d'une conception de l'image voisine de la théorie épicurienne, c'est, apparemment, dans un autre sens que Hugo emploie la notion de simulacre, en songeant à Virgile plus qu'à Lucrèce. Celui-là même qu'indique la citation des *Géorgiques*, tirée de la fin du livre Ier, et également donnée par Pierre Larousse à l'article « Simulacre » de son *Dictionnaire.* Dans cet emploi particulier, devenu rare, le terme simulacre désigne « par excellence des apparitions, des fantômes, ces *simulacres* de la forme humaine. » La partie encyclopédique de la notice rappelle le contexte de la citation virgilienne : décrivant les phénomènes merveilleux, les *prodiges*, qui accompagnent la mort de César, Virgile signale l'apparition, au milieu de la nuit, de *simulacres* ou fantômes d'une pâleur extraordinaire (« *Et simulacra modis pallentia miris / Visa per obscurum noctis* »). Ce fut un simulacre analogue (un fantôme plus grand que l'homme), ajoute l'article, qui annonça à Brutus sa mort prochaine, quelque temps avant la bataille de Philippes. Plus personne ne continue à utiliser dans cette acception antique le terme de simulacre, sauf Hugo, imprégné de littérature latine[79]. Lucrèce, du reste, ne l'ignorait pas : il arrive aussi que *simulacra* désigne, dans son œuvre, les fantômes des morts (par exemple au vers 123 du livre I), mais aussi les effigies des dieux, selon l'acception initiale du terme.

79 Emploi archaïque relevé par Myriam Roman, *op. cit.*, p. 666-667.

Seulement, en l'associant aux autres grands esprits tourmentés par les apparitions fantomatiques, comme Virgile et Shakespeare, Hugo ne tient pas compte de tout ce qui éloigne le réalisme lucrétien, ennemi des terreurs superstitieuses, de la fantasmagorie de la mort à laquelle lui-même est porté à souscrire. C'est d'ailleurs du même geste qu'il annexe à sa propre hantise des auteurs (comme Cicéron) plus sceptiques, comme si le phénomène avait fait l'objet d'une attestation universelle par les génies antiques et modernes.

Il n'en reste pas moins vrai que, si éloigné soit-il de la position lucrétienne, Hugo n'est pas sans recouper ici une question ouverte, qui suscite le débat parmi les exégètes de l'épicurisme, concernant la persistance, la survie de l'*image* après la mort. Un commentaire marginal de José Kany-Turpin, traductrice du *De natura rerum*, en résume les enjeux[80]. Faut-il penser qu'Épicure, à la suite de Démocrite, ait pu supposer que les images des vivants continuaient à perdurer après leur mort ? Une telle hypothèse se trouverait étayée par deux textes de Cicéron : dans le premier, situé dans le *De divinatione* (II, 137), dialoguant avec son frère Quintus, il cherche à se faire expliquer, à la manière de Démocrite, pourquoi il a rêvé de Marius, mort depuis longtemps. D'où est venue l'image ? La réponse de Quintus est sans équivoque : « L'image venait du corps qui avait été le sien. » Et Quintus de rappeler que tout est plein d'images. Ce texte fait référence au seul Démocrite. Mais dans le second (*De natura deorum*, I, 106), Cicéron fait une brève allusion à des images qui, selon la thèse épicurienne « remontant à Démocrite », subsisteraient après la mort. Interprétation également véhiculée par Plutarque qui soutient, en référence aux thèses épicuriennes, que les images peuvent aussi bien provenir des vivants que des morts brûlés depuis longtemps, puisqu'elles sont capables de durer « d'infinies révolutions d'années ». Cette rémanence posthume des images irait du reste dans le même sens que la croyance stoïcienne à la survie temporaire de l'âme (corporelle) après la mort.

Une telle croyance dans la persistance posthume de l'image corporelle a surtout le mérite, à nos yeux, de faire le lien entre le simulacre comme image et le simulacre comme fantôme. Autrement dit, le fantôme n'est pas rien ; il n'est pas pure hallucination ; il est lui aussi une *émanation* matérielle ; il n'est une image, ou une vision, qu'autant que l'image

80 Lucrèce, *De la nature. De rerum natura*, éd. citée, p. 508-509, n. 49.

assure, réellement, la survivance des morts. C'est du reste ce que laissait envisager la théorie du rayonnement : elle permettait de concevoir la diffusion nocturne, et donc *fantomatique*, des images ; le fourmillement et la dispersion d'images multiples *dans* la nuit. De là à rêver l'existence d'images *de* la nuit, composées d'ombre…

De sorte que pour Hugo, le fantôme n'est jamais une « vision sans réalité », contrairement au sens négatif attribué au mot *simulacre* et rappelé par le Larousse du XIXe siècle. Dans tous les emplois qu'il fait du terme, le sens de fantôme est soit explicite, soit toujours sous-jacent. On a déjà vu l'identification hallucinée de la lune, observée à travers le télescope d'Arago, à un « énorme simulacre » qui « se défait et se recompose », à un « monde spectre[81] » suspendu dans la « région visionnaire ». Comment définir les univers, situés à des profondeurs incalculées, qui flottent confusément dans la nuit opaque, informe, éternelle, sinon comme les « spectres du réel[82] », magnifique oxymore, comme des « Léviathans de la noirceur incommensurable », apparaissant et disparaissant « comme des simulacres[83] » ? Sans doute convient-il d'entendre encore ici : « comme des fantômes ». Dans *Promontorium somnii*, le chimérisme universel se manifeste aussi dans la folie des passions humaines, toujours en tempête. Les hommes ? « des simulacres poursuivant des chimères[84] » – où « simulacre » signifie « fantôme », si l'on en croit l'injonction finale du railleur, songeur lui-même : « Laissez-leur leur rêve, à ces fantômes[85]. » Le sage Ursus avertit Gwynplaine des dangers de la curiosité fascinée pour les olympiens, pour les grands, et recommande de ne pas importuner « la mythologie », de ne pas ennuyer les « apparences », de respecter profondément « les simulacres[86] ». La leçon du philosophe s'inscrit dans la satire du chimérisme aristocratique, ce qui explique l'acception un peu différente donnée dans ce passage au terme de simulacre : son voisinage avec « apparences » vient souligner le sens négatif qui lui est prêté, celui de vaine apparence, de vision sans réalité. Mais rien n'empêche de regarder aussi ces privilégiés de l'Olympe comme des *fantômes*, gras et bien portants, des apparitions non pas diaphanes, mais paradoxalement

81 *Le Promontoire du songe*, *op. cit.*, p. 14.
82 *Philosophie*, *op. cit.*, p. 485.
83 *Ibid.*, p. 487.
84 *Le Promontoire du songe*, *op. cit.*, p. 92.
85 *Ibid.*
86 *HR*, II, II, 9, p. 596.

matérielles – comme celle de Josiane au théâtre, à la fois fantôme et vampire, fantôme en corps, ou en chair, irradiant une splendeur vénusienne. Après l'apparition sidérante de Josiane au théâtre et la réception de son billet incandescent, Gwynplaine se croit devenu fou : « Ce qu'il venait de voir n'existait pas. Les simulacres crépusculaires jouaient de lui, misérable. Le petit homme écarlate était une lueur de vision[87]. » Le terme retrouve ici toute sa complexité : les « simulacres crépusculaires » sont à la fois définis comme des visions (illusoires) et comme des fantômes surgis de la nuit. Mais, comme le suggère la suite du texte, si illusoire soit-elle, cette vision dont Gwynplaine est le jouet se joue de lui, elle est attribuée à une intention railleuse de la nuit, comme si l'ombre était animée d'une vie hostile et s'amusait à tromper l'esprit trop docile aux chimères : « L'ombre fait de ces choses là[88] », elle les commet, et elle les façonne. Hugo ménage toute une gradation du rien à l'être et, sur cette échelle nuancée, même le simulacre n'est pas tout à fait rien – dès lors qu'il *émane* de l'ombre.

L'occurrence la plus frappante, et la plus significative, du terme simulacre se trouve dans l'extraordinaire variation sur l'être et le néant que suscite l'apparition médusante du gibet, au commencement de *L'Homme qui rit*[89]. Cette variation tout entière se résume dans la formule centrale : « Il était simulacre[90] ». C'est-à-dire spectre, fantôme. Mais simulacre, il ne l'est pas seulement comme fantôme, il l'est aussi comme *image* rémanente par delà la mort. Les deux significations du terme se trouvent réunies dans cette vision sublime. En une méditation rêveuse voisine des suggestions démocritéennes ou épicuriennes, Hugo semble spontanément retrouver une conception archaïque du simulacre et s'interroger sur la persistance posthume ou fantomatique de l'*image* : « ne plus exister, et persister », telle est bien la définition même, paradoxale, du simulacre, intermédiaire entre la vie et la mort, entre la présence et l'absence, entre l'être et le néant (« C'était ce qui n'est plus[91] », extraordinaire *concetto* ontologique), ou plutôt à cheval sur les deux, amphibie de la vie et de la mort, comme Hugo le suggère de la pieuvre dans *Les Travailleurs de la mer*. Autrement dit, si l'on suit la pente de la rêverie funèbre, le

87 *Ibid.*, II, IV, 1, p. 603.
88 *Ibid.*
89 *Ibid.*, I, I, 5, p. 386-389.
90 *Ibid.*, p. 389.
91 *Ibid.*, p. 388.

simulacre, soustrait aux distinctions catégorielles de la métaphysique, s'assimile à ce que Hugo appelle « *un reste* » :

> Être un reste, ceci échappe à la langue humaine. Ne plus exister, et persister, être dans le gouffre et dehors, reparaître au-dessus de la mort, comme insubmersible, il y a une certaine quantité d'impossible mêlée à de telles réalités. De là l'indicible. Cet être, – était-ce un être ? – ce témoin noir, était un reste, et un reste terrible. Reste de quoi ? de la nature d'abord, de la société ensuite. Zéro et total[92].

En aucun cas, on le voit, le simulacre ne saurait se réduire à une « vision sans réalité », à une vaine apparence. Reste, image, il s'offre bien comme une double *émanation* (de la nature et de la société). Et d'abord de la vie dans la mort : le châtiment terrible qui le dérobe à la paix du tombeau et l'expose à « la putréfaction cynique[93] », sans pudeur ni voile, est aussi ce qui retient le pendu au bord de la mort ; il ne peut plus vivre, mais il ne peut pas mourir. S'il est la preuve de la « matière inquiétante » (parce qu'inquiète), c'est que l'âme du témoin effaré tremble à son contact en percevant en lui un reste d'âme, comme en creux : une « ruine d'âme[94] ». Et Hugo va jusqu'à se demander s'il ne demeure pas quelque chose de son moi passé, errant autour de son cadavre comme un simulacre supplémentaire, à la façon dont les stoïciens affirmaient leur croyance, on l'a vu, dans la survie temporaire de l'âme (corporelle) après la mort[95].

En outre, le simulacre qu'est le pendu est indissociable de l'immanence noire qui l'entoure. Hugo suggère magnifiquement que, par une « mystérieuse loi d'amalgame qui, dans la nature entière, superpose les apparences aux réalités[96] », tout autour de lui, le *no man's land* enneigé, l'heure, la nuit, la brume, la mer tragique, « les lointains tumultes visionnaires de l'horizon » « s'ajout[ent] à [sa] silhouette », la font « énorme[97] », colossale,

---

92 *Ibid.*

93 *Ibid.*

94 *Ibid.*, p. 389.

95 Ce moi « errant » autour de ce « quelque chose d'enchaîné » n'est peut-être pas non plus sans rapport avec la substance semi-matérielle, baptisée « périsprit » par Allan Kardec, sorte de corps fluidique, encore animé par l'âme après la mort, qui permettrait au défunt d'apparaître et d'entrer en contact avec les vivants, selon la doctrine spirite. Voir Guillaume Cuchet, *Les Voix d'outre-tombe. Tables tournantes, spiritisme et société au XIXe siècle*, Éditions du Seuil, 2012, p. 153.

96 *HR*, p. 387.

97 *Ibid.*

se condensent en lui : le pendu est « une condensation de noirceur ayant un aspect[98] ». Réciproquement, il en vient à jouer le rôle d'un *centre* – lui, ce « néant visible[99] », qui n'est le centre de rien, pas même de lui-même – d'un point d'appui (« quelque chose d'immense s'appuyait sur lui[100] ») pour l'immensité entièrement négative qui s'étend autour de lui, comme si, œuvre paradoxale de la nuit, commencée homme et terminée spectre par les ténèbres, il exerçait une influence dépressive en retour sur les étendues environnantes, sujettes à une graduelle « décroissance de vie » : une vague « conscience » éparse « appropri[e] tragiquement tout le paysage à cette figure noire suspendue à cette chaîne[101]. » La solitude consolide la présence effroyable du spectre et, réciproquement, la présence du spectre est une « aggravation de solitude[102]. » Le gibet joue le même rôle, central, que le paratonnerre attirant la foudre : seulement, ce sont ici les ténèbres qui se condensent en lui, ou qui se diffusent, rayonnent à partir de lui. Émanation de l'immanence dans son « occlusion sinistre », il est aussi le centre autour duquel s'organise l'étrange diffusion nocturne des simulacres, la dissémination de la vengeance dans l'espace (celle des hommes contre lui comme la sienne propre contre une loi inique). De sorte que, magnifique suggestion finale, Hugo voit flotter au-dessus de lui, « avec toutes les torsions indistinctes de la nuée et de la vague, les énormes rêveries de l'ombre[103] ». Le simulacre est aussi, si l'on peut dire, l'émanation de l'immense songe de l'ombre, de l'immanence cosmique dans son versant terrible.

Ce qui fait de lui un reste, une émanation, est donc aussi ce qui fait de lui un *symbole*. Le texte réserve une dernière fonction à cette réalité paradoxale du simulacre, mêlée d'impossible et de néant : celle d'être une bouche d'ombre, un porche des ténèbres, une « issue sur l'inconnu, par où la sortie de la pensée semble possible[104]. » De là la puissance de sommation du gibet, égale à celle de la guillotine dans *Les Misérables*. Qui passe devant certains lieux, comme on passe devant certaines visions, ne peut faire autrement, commente le narrateur, que

98 *Ibid.*, p. 388.
99 *Ibid.*
100 *Ibid.*, p. 389.
101 *Ibid.*
102 *Ibid.*
103 *Ibid.*
104 *Ibid.*, p. 388.

de « s'arrêter en proie aux songes[105] ». La signification du gibet (comme la signification de la guillotine) s'offre comme une irradiation quasi palpable : une aura, un tremblement visionnaire, une vapeur diffuse. Il y a des présences qui rayonnent (fût-ce de la nuit). À nouveau, la signification semble conçue sur le modèle de l'émanation : l'apparence est apparition, et l'apparition, émanation. Dans le simulacre, l'abstrait se concrète et le concret s'abstrait. L'idée est une émanation flottante. Aussi la conjecture est-elle appelée à saisir la condensation du songe épars en *attestations* non pas logiques, mais pathétiques : attestation de l'existence d'une équité divine entrevue, supérieure à la justice des hommes ; attestation de l'immortalité de l'âme prouvée comme *a contrario*, par la trace de son absence, ou son empreinte en creux dans la matière inquiète et inquiétante.

À cet exemple saisissant, on perçoit combien il serait vain de dissocier le simulacre comme fantôme de la réflexion globale sur la réalité de l'image qui l'inspire : présence de ce qui n'est plus ou de ce qui n'est pas, tel est bien le simulacre dans sa nature amphibie, faisant se rejoindre en lui les pôles apparemment contraires de l'être et du non-être. Un dernier exemple en fournira une preuve supplémentaire. Dans un passage capital de la *Préface de mes œuvres*, où il décline la hiérarchie des facultés (l'observation, l'imagination et l'intuition) en fonction des différents niveaux du réel (humanité, nature, surnature), Hugo en vient à célébrer la puissance heuristique de l'intuition, ce regard qui regarde au dedans et qui, au fond de l'abîme intérieur, trouve le reflet du macrocosme – dans la plus pure lignée de la *Naturphilosophie.* C'est là que surgit à nouveau la notion de simulacre, mais dans un emploi sensiblement différent :

> Chose inouïe, c'est au-dedans de soi qu'il faut regarder le dehors. Le profond miroir sombre est au fond de l'homme. Là est le clair-obscur terrible. La chose réfléchie par l'âme est plus vertigineuse que vue directement. C'est plus que l'image, c'est le simulacre, et dans le simulacre il y a du spectre. Ce reflet compliqué de l'Ombre, c'est pour le réel une augmentation. En nous penchant sur ce puits, notre esprit, nous apercevons à une distance d'abîme, dans un cercle étroit, le monde immense[106].

---

105 *Ibid.*

106 *Préface de mes œuvres*, *op. cit.*, p. 699. Sur le simulacre chez Hugo, voir les remarques de Charles Villiers dans *L'Univers métaphysique de Victor Hugo*, Vrin, 1970, p. 107-111.

Le simulacre tient ici doublement du fantôme et de l'image. Proche de l'image comme reflet, il semble se détacher toutefois de sa fonction reproductrice (trop liée à l'observation). Le simulacre ainsi entendu n'est pas l'image du visible, mais, pour ainsi dire, l'image de l'invisible, l'accès à l'étage supérieur. De là son côté spectral : il ouvre sur la surnature immanente à la nature. Mais il ne faudrait pas croire, pour autant, que le simulacre soit pur reflet, c'est-à-dire pure apparence. S'il y a plus dans le simulacre que dans l'image, c'est aussi, sans doute, parce qu'il s'écarte de la simple « copie ». Le caractère spectral du simulacre marque doublement un élargissement et une augmentation : élargissement cosmique de la vision au-delà de sa limite observable ; mais aussi, comme le suggère Hugo en une formule décisive, *augmentation* du réel par son reflet compliqué d'ombre. Spectre du réel élargi aux dimensions de l'infini, le simulacre n'est pas seulement une image ; c'est une *apparition* fantomatique au cœur du gouffre intérieur. Quelque chose de l'immensité passe à travers lui. La présence du monde en nous est redoublée par notre présence au monde. Le simulacre est le point de jonction, en notre esprit, de la présence et de l'absence, du fini et de l'infini, du visible et de l'invisible.

« LE SONGE QU'IL ÉTAIT IMPOSSIBLE DE NE PAS FAIRE »

Que Hugo s'éloigne de toute conception idéaliste (ou subjectiviste) de l'image et de l'imagination, et penche au contraire en faveur d'une conception réaliste, c'est ce que montre un texte central des *Travailleurs de la mer*, celui de la grotte merveilleuse[107], où surgit également un *fantôme*, le simulacre de la déesse absente. Texte d'autant plus remarquable, et paradoxal, que Gilliatt y est la proie, à l'évidence, d'une Chimère trompeuse : le génie du lieu n'est aucunement la Vénus imaginée mais un monstre, la pieuvre, autre Chimère, mais hideuse et réelle. On pourrait donc s'arrêter à la mise en scène théâtrale du renversement de la merveille en monstre et dénoncer dans le fantôme central un *vain*

107 *TM*, II, I, 13, p. 427-434.

simulacre forgé par l'esprit. Mais ce serait ignorer l'ambiguïté fascinante de la vision dans ce passage. Il vaut la peine d'y regarder de plus près.

J.-B. Barrère[108] a consacré de belles pages à la double analogie, forgée par Hugo lui-même (on l'a vu), entre le gouffre océanique et la nuit, et entre la mer et le songe, au point de déceler dans l'aventure solitaire de Gilliatt l'allure symbolique du rêve éveillé, et dans sa confrontation avec la pieuvre le fruit d'un cauchemar, mais d'un cauchemar inscrit dans le réel, selon la méthode des conteurs fantastiques, et non selon la mobilité d'une imagination fantaisiste éprise de métamorphoses plus superficielles. Il n'a dès lors pas manqué de voir également en Gilliatt un répondant fictif du songeur suprême et fiévreux qu'est Hugo, et dans l'épisode de la grotte une sorte de concrétion du rêve, nichée au centre d'un roman écrit sous la dictée du songe par un somnambule de la mer. De sorte que le passage quasi halluciné de la plongée (le songe est une immersion) au cœur du labyrinthe noyé de l'écueil peut sembler déboucher sur l'enchantement trompeur de la « grotte du rêve[109] », analogue à l'aquarium de la nuit. La rêverie se figure elle-même : à l'esprit hanté de présences nocturnes et invisibles semble correspondre le crâne figuré par la grotte avec une somptuosité baroque et macabre, tombeau abritant la Mort, mais aussi la Chimère, merveilleuse ou hostile. L'analogie entre le gouffre et le songe trouverait un reflet dans la convergence symbolique entre le microcosme et le macrocosme, entre la tête humaine et le crâne monumental.

Mais on ne se contentera pas de filer la métaphore après Hugo sans se demander ce qui la fonde. Elle n'est pas de simple fantaisie, comme le fait remarquer J.-B. Barrère. Et ce dans la mesure, précisément, où elle renvoie à la « fantaisie magistrale[110] » de l'abîme, cet artiste. L'analogie a un fondement ontologique. Elle invite à s'interroger sur le statut ontologique de l'image et de l'imagination, statut des plus complexes comme on va le voir.

L'un des aspects saisissants du texte de la *cave* sous-marine (pour utiliser un normandisme) tient justement à la façon dont Hugo restitue le mécanisme de la fantasmagorie. Il dit le rêve et la manière dont le rêve se forme, ou plutôt s'impose à l'esprit, au sein de la merveille :

108 J.-B. Barrère, *La Fantaisie de Victor Hugo*, *op. cit.*, t. II, p. 353-368.
109 *Ibid.*, p. 361.
110 *TM*, p. 376.

> On ne pouvait s'empêcher de rêver sous cette crypte, sur cet autel, quelque nudité céleste éternellement pensive, et que l'entrée d'un homme faisait éclipser. Il était difficile de concevoir cette cellule auguste sans une vision dedans ; l'apparition, évoquée par la rêverie, se recomposait d'elle-même ; un ruissellement de lumière chaste sur des épaules à peine entrevues, un front baigné d'aube, un oval de visage olympien, des rondeurs de seins mystérieux, des bras pudiques, une chevelure dénouée dans de l'aurore, des hanches ineffables modelées en pâleur dans une brume sacrée, des formes de nymphe, un regard de vierge, une Vénus sortant de la mer, une Ève sortant du chaos ; tel était le songe qu'il était impossible de ne pas faire. Il était invraisemblable qu'il n'y eût point là un fantôme. Une femme toute nue, ayant en elle un astre, était probablement sur cet autel tout à l'heure. Sur ce piédestal d'où émanait une indicible extase, on imaginait une blancheur, vivante et debout. L'esprit se représentait, au milieu de l'adoration muette de cette caverne, une Amphitrite, une Téthys, quelque Diane pouvant aimer, statue de l'idéal formée d'un rayonnement et regardant l'ombre avec douceur. C'était elle qui, en s'en allant, avait laissé dans la caverne cette clarté, espèce de parfum lumière sorti de ce corps étoile. L'éblouissement de ce fantôme n'était plus là ; on n'apercevait pas cette figure, faite pour être vue seulement par l'invisible, mais on la sentait ; on avait ce tremblement, qui est une volupté. La déesse était absente, mais la divinité était présente[111].

De façon significative, la rêverie suscitée par l'enchantement féerique a beau être *in fine* rattachée à Gilliatt (« Gilliatt, qui était une espèce de voyant de la nature, songeait, confusément ému[112] »), elle est prise en charge par un narrateur impersonnel, apparemment placé en position d'observateur anonyme, ce qui a pour effet remarquable d'arracher la puissance visionnaire à la seule activité subjective de l'esprit : « On ne pouvait s'empêcher de rêver sous cette crypte » ; « Il était difficile de concevoir cette cellule auguste sans une vision dedans » ; « tel était le songe qu'il était impossible de ne pas faire » ; « on imaginait » ; « L'esprit se représentait » ; « on n'apercevait pas cette figure » ; « on se le figurait du moins[113] ». Étrange intrusion du *on* indéfini au cœur d'un théâtre fantasmagorique vu de personne, à l'exception de Gilliatt. Mais Hugo ne se départit pas ici de sa manière habituelle : l'approche a beau être

111 Victor Hugo, *Les Travailleurs de la mer*, *Œuvres complètes de Victor Hugo*, publiées par Paul Meurice, puis par Gustave Simon, Ollendorff, 1911, II, I, 13 (« Ce qu'on y voit et ce qu'on y entrevoit »), p. 284. Voir également *TM*, p. 432-433. Toutes les citations dont la référence n'est pas donnée renvoient à ce passage.

112 *Ibid.*, p. 434.

113 *Ibid.*

phénoménologique, restreinte au spectacle de l'apparaître, elle n'en est pas pour autant subjective. Fussent-elles en partie trompeuses, la perception et l'imagination, ainsi épousées par le *on* du témoin anonyme, échappent à toute réduction subjectiviste et rendent compte d'une expérience que quiconque aurait pu faire s'il s'était trouvé là, comme Gilliatt. C'est bien conférer au jeu des apparences en général, et surtout aux images suscitées par le réel, rêvées à son contact, une valeur quasi *objective*. La phénoménologie de l'apparaître, ouverte aux surprises et aux métamorphoses du sensible, renvoie à une ontologie de l'imaginaire.

C'est bien là l'aspect central, selon nous. Non seulement la description de la grotte intègre le tremblement visionnaire de la perception éblouie : impossible de séparer ce qui est perçu et ce qui est rêvé. Mais l'imagination s'enracine dans les choses. La grotte qui sert de refuge à la pieuvre est décrite comme un temple, un sanctuaire, un lieu sacré tout prêt à accueillir l'apparition d'une nudité céleste, Vénus, Amphitrite, Téthys, « quelque Diane pouvant aimer ». L'absolu des choses appelle les visions olympiennes, réclame d'être reconnu et figuré. Toute une série de formules, déjà citées, aboutissent par le détour de la double négation à l'affirmation d'autant plus forte d'une présence-absence irréfutable, d'une pression de la nature sur l'esprit du songeur : « tel était le songe qu'il était impossible de ne pas faire », conclut le narrateur. Que l'apparition érotique « évoquée » (et non créée) se dissipe, c'est pour « se recompos[er] aussitôt d'elle-même » (le texte est explicite), comme une brume visionnaire, comme l'enveloppement imaginaire du corps des choses. L'invraisemblable est retourné : c'est la vision du fantôme auguste qui devient une nécessité, inscrite dans l'ordre (certes trompeur) des choses.

On se trouve de nouveau confronté ici au paradoxe central de la « vérité » ou de la réalité de l'image trompeuse. Quoique (en partie) illusoire, la vision ne saurait relever, comme l'indique très clairement le narrateur, d'une simple projection hallucinatoire, d'une fantasmagorie purement subjective, sans origine dans le réel. Fût-elle chimérique, l'apparition attendue et rêvée n'en est pas moins réelle, existante à sa manière paradoxale. Il faudrait dire de cette vision olympienne, suscitée par l'enchantement féerique de la crypte, qu'elle est tout ensemble rêvée-réelle et lui appliquer ce que Hugo affirme ailleurs (on l'a vu), à propos des hallucinations, en rejetant leur signification technique et leur dimension purement psychologique : « Illusions ou réalités, des visions passent[114]. » Qui se trouve là, comme Gilliatt, *ne peut que* les voir.

Certes, comme nous l'apprend la suite du récit, cette apparition est un leurre. Mais l'image trompeuse n'en est pas complètement *vaine* pour autant ; elle *est* ; elle *est là* ; elle est fausse et réelle. L'illusion subjective est en même temps objective. Tout vient suggérer qu'elle doit être attribuée à la puissance trompeuse de la nature elle-même, à ce que Hugo appelle les ruses sombres de l'abîme, ou son *ironie.* Car il y a une ironie des choses. L'absolu empreint dans l'architecture merveilleuse de la grotte, chef-d'œuvre baroque ou grotesque de l'abîme, fait sentir la trace d'une « préméditation[115] » obscure, incompréhensible, obéissant à une logique inconnue. La nature a ses doubles-fonds et son hypocrisie, et la grotte s'offre comme l'écrin hypocrite d'une merveille hypocrite. De sorte que l'image fausse n'en a pas moins droit à l'existence dans l'univers hugolien. Le concours (pour ne pas dire le complot) des apparences fait exister, merveilleusement, monstrueusement, un *fantôme*, un simulacre, invraisemblablement vraisemblable. Un piège fomenté par les choses elles-mêmes se forme autour du mirage d'une blancheur céleste, au cœur de ce qui s'avère être un Palais de la mort et un enfer. Mais, si ce mirage est une réalité pour celui qui subit ses prestiges, l'attestation paradoxale qu'il reçoit du narrateur anonyme suggère qu'il pourrait aussi en être une *pour n'importe qui d'autre.*

Dira-t-on que ce statut paradoxal de la vision s'explique à nouveau par la priorité donnée, contre tout idéalisme, à une conception émanentiste de l'image, inscrite dans l'héritage, renouvelé, de la théorie lucrétienne des simulacres ? C'est ce que pourrait suggérer ici, notamment, l'utilisation du verbe *émaner*, employé non pour décrire l'image de la déesse absente, mais l'« indicible extase » qui se dégage du piédestal féerique disposé pour accueillir la « statue de l'idéal » incarné. Au-delà de cet emploi ponctuel, la vision de la blancheur olympienne a beau être une chimère redoutable, elle n'en apparaît pas moins comme une *émanation* des choses, du décor qui l'appelle. On ne saurait contempler « cette cellule auguste » sans imaginer « une vision dedans » : c'est bien la grotte (et, pourrait-on presque dire, le songe même de la Nature conçu sous la voûte du crâne démesuré) qui fait naître dans l'esprit du témoin

114 *TM*, p. 543.
115 *Ibid.*, p. 432.

ébloui, mais aussi au cœur du réceptacle vide du sanctuaire, le « divin fantôme[116] » de la Vénus ou de l'Isis absente, toujours voilée – *fantôme* qu'il convient d'entendre, nous semble-t-il, à la fois comme *spectre* et comme *image*. Employé à trois reprises, le mot « fantôme » n'est-il pas la traduction exacte de *simulacre*, autre terme familier à Hugo, comme on a pu le constater ? On ne s'étonnera pas, dès lors, de la richesse lexicale déployée par Hugo pour désigner ici toutes les modalités fluctuantes de l'*aspect* (mot également utilisé avec une insistance remarquable) et de l'image : *vision*, *fantôme*, *statue*, *figure*, termes qui pourraient avoir pour répondants latins, *simulacrum, effigies, species, figura* – comme s'il prenait à Hugo la fantaisie de décliner les milles nuances de l'image dégagées par la tradition antique, en invoquant à demi mot les génies tutélaires de Cicéron, Virgile, Quintilien et Lucrèce, comme dans le texte du voyage dans les Pyrénées. C'est ainsi que le mot *figura*, comme le rappelle Auerbach[117], peut renvoyer aussi bien à la *statue* de la divinité idéale juchée sur son piédestal qu'à la mobilité des apparences et à l'*annonce* (la préfiguration) de la visitation attendue. Mais, dans le contexte où il est employé, il ne manque pas de rappeler, selon nous, l'ambiguïté ontologique fondamentale de l'image-simulacre, suspendue entre être et non-être, présence et absence :

> L'éblouissement de ce fantôme n'était plus là ; on n'apercevait pas cette figure, faite pour être vue seulement par l'invisible, mais on la sentait ; on avait ce tremblement, qui est une volupté. La déesse était absente, mais la divinité était présente[118].

Comment comprendre cette énigmatique formule finale ? En renvoyant, dira-t-on, à la nature paradoxale de l'image-simulacre. Comme « fantôme », « figure » désigne doublement la déesse absente et *son image*. De sorte qu'elle peut être dite, tout ensemble, présente et absente : la déesse est absente, mais la divinité de la déesse est présente dans son *image* persistante, émanée d'elle ou du théâtre habituel de ses apparitions. Ce qui demeure le temps de l'éclipse, c'est le simulacre, ce fantôme, cette émanation d'une source invisible ou absente. La déesse, destinée à « être vue seulement par l'invisible », a beau se protéger des regards par un

116 *TM*, p. 434.
117 Erich Auerbach, *Figura* (1967), D. Meur trad., Macula, 2003.
118 *TM*, p. 433.

voile sacré, elle n'en dégage pas moins une irradiation perceptible. Ce qu'on ne voit pas, ou ce qu'on ne peut pas voir, du moins peut-on le sentir (« on le sentait »). Encore une fois, que cette image soit fallacieuse n'ôte rien à sa réalité paradoxale, puisqu'elle *émane* du décor de la grotte (fût-il arrangé comme un piège) et que la merveille et le monstre (la Vénus et la pieuvre) ne sont guère, suggèrera-t-on, que les deux faces complémentaires de la démesure naturelle, fondamentalement ambivalente. C'est bien une « lumière d'apocalypse[119] » qui rayonne autour du fantôme central, et qui prépare les conditions d'une *apparition* réelle. Seulement, à l'épiphanie espérée de la Vénus idéale, se substituera la réalité médusante du monstre, qui n'est peut-être lui-même qu'une Chimère d'un autre type. Dans les deux cas, le fantôme n'est pas un vain simulacre, mais la figure du *numen* infigurable.

Le statut paradoxal de l'image est le même que le statut du mythe ici. Dans *Le Promontoire du songe*, Hugo n'a pas manqué d'annexer la mythologie au vaste territoire du Songe. On pourra juger dérisoires, avec Hugo lui-même, les rapetissements mythologiques infligés à l'infini. Non sans admettre, réciproquement, leur profondeur et leur vérité : ce sont des traductions imparfaites, mais ce sont des *traductions*. Comme expressions de l'infini, ils transpirent la sueur de Dieu; ils masquent et révèlent en même temps le sacré. Comme la merveille qu'est cette grotte tout entière, ou comme le fantôme merveilleux ou monstrueux qu'elle abrite, les mythes sont les produits de la nature, de son imagination, de sa *poïèsis* spontanée[120]. La nature contient le mythe, qui l'explicite, qui la met en actes, qui est plus qu'une image : une *émanation* des choses. L'unité de la nature et du mythe répond, comme l'a excellemment montré Michel Crouzet[121], à l'unité de la nature et de l'imagination. Il en va de même ici de la Chimère mythologique qui se reflète dans l'esprit ébloui de Gilliatt : elle est suscitée par « l'adoration muette » qui l'enveloppe, elle est fausse comme forme réductrice, mais vraie comme traduction de la Nature dans sa splendeur ou son horreur sacrée, comme simulacre de la Nature démesurée et ambivalente – Vénus, fille du gouffre et de

---

119 *Ibid.*, p. 432.

120 Sur cette *mytho-poïétique* naturelle, voir les analyses décisives de P. Albouy, *La Création mythologique chez Victor Hugo*, *op. cit.*, p. 85, 89 *sqq.*

121 *Le Promontoire du songe*, *op. cit.*, p. LV. « Si le monde est un rêve de l'Être, écrit M. Crouzet, la poésie, somme de tous les rêves, est la ressaisie du rêve constitutif de l'univers. Tout le fabuleux a une légitimité. » (p. LX).

la tempête, ou Isis indissociable de ses voiles. C'est, en quelque sorte, le rituel d'une *idolâtrie* amoureuse qui se profile ici sur le théâtre du sanctuaire religieux, dans ce qu'elle peut avoir tout à la fois de sublime et de dérisoire. L'idole vénusienne du somnambule de la mer ferait ainsi écho à cette autre idole (la *poupée* de la Durande) qu'est Déruchette, à la fois pour son père, et pour Gilliatt lui-même. Idole tout aussi trompeuse que l'autre, dans son espièglerie capricieuse, à demi-innocente, qui suspend la destinée entière de Gilliatt à la fantaisie et au caprice d'un nom écrit sur la neige.

Saisi par une manière d'effroi sacré, Gilliatt ne ferait somme toute que subir ici, à son échelle, le processus à la fois naturel et imageant, explicité dans *Philosophie*, que Hugo situe à l'origine des religions. Lesquelles ne sont jamais, comme l'imagination, que « l'ombre portée de l'univers sur l'intelligence humaine[122] ». Ce qui permet d'expliquer à la fois leur unité et leur variété. L'ombre est identique, mais les formes de l'ombre varient « selon les angles divers de la civilisation », « selon le plus ou moins de rectitude des esprits », c'est-à-dire suivant un phénomène global de *réfraction* : en traversant « l'imagination ignorante de l'homme[123] », les réalités naturelles sont sujettes à des *déviations*, et ces déviations produisent superstitions et mythologies. La métaphore optique n'est pas gratuite : elle rattache le phénomène religieux au phénomène imaginaire. Le même principe d'explication (émanentiste) vaut pour les deux. Que la vision surgie de la nature soit déformée par le « rapetissement gigantesque des mythologies[124] », par le besoin de formes, par une tendance idolâtre qui ne fait que refléter la mesure, la *capacité* limitée de l'esprit (ce qu'il peut contenir en lui de la démesure naturelle), cela n'invalide pas l'image pour autant : sa réalité se trouve attestée par l'émission, et sa vérité par l'existence d'un fond commun universel – la Nature elle-même, révélatrice et égarante à la fois. « La grandeur visible ou latente du fait presse l'esprit humain et en fait sortir des chimères plus ou moins empreintes de vérité. Ces chimères sont les théogonies[125]. » Ou les superstitions idolâtres, à la fois stupides et profondes. Le « fantôme divin » n'est-il pas l'une de ces chimères rêvées

122 *Philosophie*, *op. cit.*, p. 494.
123 *Ibid.*
124 *Ibid.*, p. 495.
125 *Ibid.*, p. 494.

sous la *pression* de « la grandeur visible ou latente du fait », la « forme fausse et vraie[126] » à la fois que prend, dans l'adoration peut-être idolâtre, la manifestation réelle et sacrée de la démesure naturelle ?

DES VISIONS SANS PERSONNE

La théorie émanentiste de l'image laissait envisager la possibilité stupéfiante de visions sans personne, *seulement vues*, pour reprendre une formule du texte, *par l'invisible.* Il s'agit certes de cas extrêmes – bien que, dans *Les Travailleurs de la mer*, la narration donne à voir, pour ainsi dire au rebours du monde familier, ce que nul n'est censé voir, un coin de nature sauvage, fondamentalement inhospitalier, accessible au seul regard de Dieu, et même hostile à l'intrusion de l'homme. Mais cette situation limite n'est pas sans communiquer son étrangeté irréductible aux choix énonciatifs de Hugo – dont on ne s'étonne peut-être pas assez. On vient d'en relever un exemple frappant dans le passage précédent : l'intrusion du *on* indéfini là où l'on aurait pu s'attendre à ce que la vision fût rattachée à une source subjective (le regard et l'imagination de Gilliatt en l'occurrence). « On ne pouvait s'empêcher de rêver sous cette crypte ». Qui donc ? Nul autre observateur possible de la merveille cachée, découverte pour la première fois, que Gilliatt, pourtant relégué à une place marginale, à côté ou en face du tableau dressé par le narrateur lui-même, en position de « témoin » anonyme. Certes, le point de vue de Gilliatt se trouve absorbé dans l'impersonnel ; mais il se trouve aussi débordé par lui. Ce que le *on* désigne, ce n'est pas (ou pas seulement) ce que voit et rêve Gilliatt, mais ce qui *se fait* voir de lui et rêver par lui. La vision semble avoir sa source dans l'objet, et non dans le sujet, ébloui, fasciné, songeur, livré à la puissance de la *manifestation.*

Comme l'a remarquablement établi Myriam Roman[127], Hugo fait un usage particulièrement subtil et varié du pronom *on*, dans toutes ses nuances de sens, tirant profit à la fois de sa puissance d'identification (comme figure d'énallage) et de ses valeurs indéterminées (« tout le

126 *Ibid.*
127 M. Roman, *op. cit.*, p. 697-705.

monde », « n'importe qui », un « groupe » d'individus). Surtout, il le soumet à un « agrandissement de point de vue », en lui conférant une portée *métaphysique* inédite. Le *on* traduit non seulement « l'infini moral que tout homme porte en soi[128] », mais l'ouverture du moi (qui n'est à proprement parler personne) à l'immanence universelle, triomphant dans la figure du héros sacrificiel, comme Jean Valjean ou Gilliatt, voué à s'effacer sereinement dans « l'immense tranquillité[129] » de la mer : *je* est un *on*.

Les emplois qui nous requièrent sont sensiblement différents : ce sont ceux où le *on* surgit à la frontière de la perception et de l'imagination. Il faut bien admettre, dans ce cas, que Hugo se dérobe à la comparaison téléologique que Philippe Dufour, dans une étude par ailleurs remarquable[130], développe à l'avantage de Flaubert, censé avoir découvert l'usage phénoménologique de la focalisation dépersonnalisée. Car les exemples sont également nombreux, chez Hugo, d'une telle « défocalisation » surprenante. Lorsque Gilliatt monte sur le pont de la Durande pour constater, effaré, la dislocation de l'épave et le « viol effrayant de l'orage », Hugo relaie immédiatement son point de vue par celui, dépersonnalisé, d'un rêveur en position de témoin anonyme : « *On* rêvait sur le pont désemparé quelque chose comme le trépignement furieux des esprits de la mer[131]. » Comment mieux suggérer, tout d'abord, le prolongement de la perception par la *vision* ? C'est même peut-être l'un des effets les plus saisissants de l'indéfini (complété par l'usage inchoatif de l'imparfait) que de marquer ici le recul horrifié et rêveur du regard et de l'esprit. La poétique du prodige esquive toute causalité au profit de la pure manifestation : dans un premier sens, le *on* est chargé de traduire la puissance sidérante de la manifestation sublime. La dépersonnalisation de la vision consacre le naufrage du moi dans l'effarement. Mais elle n'en reste pas moins foncièrement énigmatique. On s'explique mal comment le narrateur pourrait occuper, dans la solitude absolue, la position de témoin extérieur, alors même que Gilliatt est seul à voir.

---

128 *Ibid.*, p. 703.

129 *TM*, p. 640.

130 Ph. Dufour, « Éloge de la dépersonnalisation », *Poétique*, nº 156, 2008, repris dans *Le Roman est un songe*, Éditions du Seuil, 2010, chap. X, p. 393-394 notamment : « Le *on* hugolien prélude à la conscience réflexive. Le *on* flaubertien est le pronom de la présence sensible, détachée du moi » (p. 393).

131 *TM*, p. 382.

Ce *on* inclut-il le *je* supposé du narrateur et le *je* implicite du lecteur, présents par identification pathétique ? Il semble plutôt conférer à la vision un caractère quasi *objectif*, comme si l'approximation métaphorique (« quelque chose comme ») venait traduire la signification latente des choses mêmes, leur prolongement visionnaire. Ce rêve qu'on est seul à faire n'est pas un rêve purement subjectif. On n'est pas non plus libre de le faire ; on rêve sous la pression de la nature, avec la nature, et pour ainsi dire *en elle*. L'indéfini renverse l'activité du sujet en pure passivité fascinée. Comme si l'usage du pronom indéfini équivalait ici à l'emploi grammatical de la *voix passive*. Dans le mur de nuages élevé par la tempête, note le même regard sans personne, « On [...] distinguait des silhouettes. Des têtes monstrueuses s'ébauchaient[132]. » Les silhouettes qu'*on* distingue deviennent le sujet actif de la phrase suivante. L'initiative est bien laissée aux choses : ce sont elles qui créent, ébauchent, manifestent leurs propres formes monstrueuses et, ajoutera-t-on, leurs propres émanations visionnaires.

On n'épuisera pas non plus la valeur de ce *on* en l'expliquant par la prédominance écrasante du *discours* (généralisant) chez Hugo. Car, s'il s'agit de compléter le récit par son prolongement *pensif*, rien, dans l'expérience singulière et sensible vécue par Gilliatt, ne saurait donner lieu à généralisation. Lorsqu'il découvre, pour la première fois, l'antre merveilleux, à travers le jour étrange d'un porche submergé, la description a beau se rattacher au départ à son regard, c'est pour s'en détacher très rapidement. La focalisation est à nouveau dépersonnalisée : il ne saurait s'agir ni d'une focalisation zéro, car l'approche est de bout en bout phénoménologique et non surplombante ; ni d'une focalisation externe *stricto sensu*, puisqu'il n'y a pas d'autre témoin ébloui que Gilliatt lui-même. Et pourtant, ce que voit Gilliatt, et ce qu'il rêve, se trouve délié de son regard et de son imagination. C'est le narrateur, en position de témoin fictif, qui prend en charge le réseau des métaphores destiné à saisir dans les filets d'or du songe visionnaire les aspects changeants, les miroitements, les métamorphoses de la merveilleuse architecture de l'abîme. Métaphore cosmologique de la planète lointaine, éclairée par une lumière inconnue, par un jour « vert comme un rayon d'Aldébaran » : « Il y avait du jour dans cette cave, mais du jour inconnu. Il n'y avait plus dans cette clarté rien de cette lumière. On pouvait croire qu'on

132 *TM*, p. 502.

venait d'enjamber dans une autre planète. La lumière était une énigme ; on eût dit la lueur glauque de la prunelle d'un sphinx[133]. »

Métaphore, seulement esquissée, de l'araignée guettant sa proie au centre de la toile tissée dans la moire du flot : « Une impression spectrale s'en dégageait ; l'esprit pouvait se demander quelle proie ou quelle attente faisait si joyeux ce magnifique filet de feu vivant[134]. »

Métaphore anthropomorphique du crâne, contenant tout un monde, et de la bouche d'ombre, animée d'un souffle mystérieux, et comme ouverte à l'immense respiration de la mer : « On croyait deviner une âme mystérieuse dans ce grand diaphragme vert s'élevant et s'abaissant en silence[135]. »

Si le discours relaie le récit, c'est sans doute parce que la description tente de s'approcher au plus près de la *définition*, sans dissocier le réel de ses apparences, de ses *aspects*, et de son tremblement visionnaire, de son prolongement rêveur. La description ne sépare pas le réel de l'imaginaire ; elle inclut ses franges indéterminées, traduites par les métaphores. Lesquelles, dans leur multiplicité même, s'offrent comme l'expression des *possibles* du réel, de ses latences fiévreuses fugacement manifestées, du réseau symbolique inscrit au cœur même des choses[136], à la manière d'une doublure invisible. Les images (celles de la planète inconnue, du crâne démesuré, de la bête aux aguets) ne sont pas le fruit d'une projection hallucinatoire. Tout suggère au contraire qu'elles *émanent* des choses elles-mêmes, de cette fantasmagorie inhérente à la nature dans ses perpétuelles métamorphoses. De là leur objectivité paradoxale, exprimée par l'usage de l'indéfini.

L'emploi du pronom impersonnel ne saurait traduire, comme on a pu le dire[137], l'introduction au cœur du récit de l'avatar du *je* transcendantal de l'idéalisme kantien, fondamentalement interchangeable – qui n'est, de fait, personne. Car les configurations *a priori* de l'esprit se trouvent complètement débordées par la démesure de la *manifestation*. Sans doute

133 *Ibid.*, p. 426.

134 *Ibid.*, p. 427.

135 *Ibid.*, p. 427-428.

136 C'est cette latence symbolique ou métaphorique des choses qui constitue le *possible* selon B. Vouilloux (*Le Tournant « artiste » de la littérature française. Écrire avec la peinture au* XIX*e siècle*, Hermann, 2011, chap. IV, p. 201 et 213 notamment).

137 Myriam Roman, « Le personnage effacé par le texte. La configuration réflexive dans *Les Travailleurs de la mer* », Communication Groupe Hugo (Paris 7) du 16 octobre 1993, p. 20.

est-on plus proche d'un usage phénoménologique, dépersonnalisant, soucieux de respecter l'antécédence du monde, de donner à lire, plutôt que ma perception des choses, ce qui se perçoit et se rêve en moi, le « germe de rêve ou de dépersonnalisation[138] » compris dans la sensation, selon l'heureuse formule de Merleau-Ponty. Mais il faut aller plus loin : cet emploi si personnel du pronom indéfini nous semble directement inspiré par une conception de l'image qui tend à déplacer la source de la vision du sujet vers l'objet – sur le modèle, réaliste, objectiviste, des simulacres lucrétiens. L'imagination du réel est vraiment l'imagination *du* réel : la vision est moins créée que reçue, subie, dans l'effarement. Ce que Hugo décrit ici, ce sont à la fois la grotte et son rayonnement, ses irradiations mystérieuses, ses émanations plus ou moins saisissables, ses images flottant dans l'air, se composant et se décomposant, s'agrégeant pour former, par exemple, ce filet d'or réverbéré au plafond qui paraît attendre sa proie avec une joie suspecte. Avec Hugo, il faudrait se résoudre à admettre l'existence, quasi palpable, de visions sans personne : celles-là mêmes qui appellent l'intrusion d'un *on* anonyme au cœur du récit – pronom indéfini qu'on ne saurait renvoyer à un *je* caché, mais qui consacre au contraire le renversement de la position du sujet constituant en pure réceptivité fascinée.

On pourrait multiplier à l'envi les exemples, tant le décrochage « objectiviste » de la vision est quasi systématique. En en énumérant quelques-uns, nous ne séparerons pas davantage la perception de l'imagination que ne le fait Hugo lui-même : « On eût dit un dolmen titanique » ; « On eût dit deux bras monstrueux[139] » ; « On eût dit l'auréole de nuit de la grande Douvre[140]. » ; « On croyait voir se tordre dans cette diaphanéité aurorale des tronçons d'arcs-en-ciel noyés[141]. » ; « on songeait à des doigts de fées chatouillant des pieds de béhémots[142] » ; « On eût dit l'effrayant talus de l'abîme[143] », etc. Le *on* est même souvent remplacé par une formule plus nettement impersonnelle, comme celle que nous avons déjà relevée dans l'épisode de la grotte : « tel était le songe qu'il était impossible de ne pas faire[144] ». La dernière vague épouvantable,

138 Merleau-Ponty, *Phénoménologie de la perception*, Gallimard, coll. Tel, 1979, p. 249.
139 *TM*, p. 377.
140 *TM*, p. 406.
141 *TM*, p. 431.
142 *Ibid.*
143 *TM*, p. 499.
144 *TM*, p. 433.

dans sa rage destructrice, dans son acharnement hostile contre le brise-lames, appelle une évocation dépersonnalisée du même type : « Il n'aurait pas été malaisé d'imaginer dans cette intumescence et dans cette transparence des aspects d'ouïes et de nageoires[145]. » À première vue, la métamorphose bestiale de la mer pourrait être attribuée à une fantaisie, noire, de l'esprit. Mais ce que l'imagination saisit, ce n'est pas ce qu'elle ajoute d'elle-même au spectacle sublime, c'est ce qu'elle y lit, ce qu'elle voit s'y *ébaucher*, comme dans le mur de nuages, de formes vagues. Que la description cultive l'indétermination, la qualité onirique des ressemblances ébauchées (« presque », « quelque chose comme », « paraissait ») suggère sans doute que toute initiative créatrice n'est pas, pour autant, enlevée à l'observateur, et qu'il lui faut du moins compléter en rêve ce que la nature ne fait qu'esquisser. Mais il n'en reste pas moins vrai que les visions sortent de la nature. Comme l'affirme ailleurs le narrateur, « on voit se déformer des épaisseurs où errent des ressemblances[146] ». Les ressemblances des choses sont en elles, proviennent d'elles. L'imagination ne fait qu'épouser la *poïèsis* démesurée de la *natura naturans*.

Du reste, dans la suite de la description, la métamorphose quasi mythologique est plus clairement laissée à l'initiative des choses, qui deviennent les sujets de la vision effarante : « Sa forme presque animale s'y déchira dans un rejaillissement. Ce fut, sur ce bloc de rochers et de charpentes, quelque chose comme le vaste écrasement d'une hydre. [...] Le flot paraissait se cramponner et mordre. Un profond tremblement remua l'écueil. Des grognements de bêtes s'y mêlaient. L'écume ressemblait à la salive d'un léviathan[147]. » Il est difficile, fait remarquer Hugo, quand on vit comme Gilliatt dans la familiarité bourrue de la mer, de ne pas prendre l'habitude (fût-elle à demi dérisoire) de « regarder le vent comme quelqu'un et les rochers comme des personnages[148] » ; ou les vagues comme des bêtes monstrueuses. Le point de départ de la mythologie est bien une aberration, mais vraie, qu'il n'est pas possible d'éviter si l'on vit immergé dans l'immanence naturelle. Et cette même tendance réductrice qui pourrait être reprochée aux superstitions locales, que fait Hugo dans la vision tératologique de la vague, sinon la reprendre

145 *TM*, p. 510.
146 *TM*, p. 487.
147 *TM*, p. 510.
148 *TM*, p. 409. « La vieille mythologie entrevoyait ces personnalités [Éole, Borée] indistinctes mêlées à la grande nature. » (*Ibid.*, p. 491).

à son compte – et donc, dans une certaine mesure, la justifier –, sous l'inspiration de son propre génie mythographique, mais aussi sous l'inspiration des choses mêmes ?

À propos de l'une de ses extraordinaires visions contrastées, en noir et blanc, Hugo semble laisser échapper sa conviction profonde d'un monde hanté par des images qui entrent et sortent : « Les tempêtes, illuminées et aveuglées par l'éclair, ont des intermittences de visible et d'invisible. Tout est blanc, puis tout est noir. On assiste à la sortie des visions et à la rentrée des ténèbres[149]. » Extraordinaire suggestion qui nous situe au seuil du visible et de l'invisible. À travers le porche des ténèbres se fait la grande circulation des visions : que s'ouvre le portail, et les visions, littéralement, *sortent de la nature*, pour ne plus laisser à contempler que le fond ténébreux de l'abîme.

FIGURES

Si l'on s'empare du mot « figure », comme Hugo semble inviter à le faire (« on n'apercevait pas cette figure, faite pour être vue seulement par l'invisible[150] »), on verra se dessiner les principes mêmes de ce qu'on pourrait appeler un *réalisme figuratif*. L'un des meilleurs exemples nous en est offert par la description hallucinée de la façade intérieure de l'écueil Douvre, dans *Les Travailleurs de la mer* :

> La double façade intérieure de l'écueil était hideuse. Quand, dans l'exploration du désert d'eau nommé océan, on arrive aux choses inconnues de la mer, tout devient surprenant et difforme. Ce que Gilliatt, du haut de l'épave, pouvait apercevoir du défilé, faisait horreur. Il y a souvent dans les grottes granitiques de l'océan une *étrange figuration permanente du naufrage*. Le défilé des Douvres avait la sienne, effroyable. Les oxydes de la roche mettaient sur l'escarpement, çà et là, des rougeurs imitant des plaques de sang caillé. C'était quelque chose comme l'exsudation saignante d'un caveau de boucherie. Il y avait du charnier dans cet écueil. [...] *On croyait voir* le mur pas essuyé d'une chambre d'assassinat. *On eût dit* que des écrasements d'hommes avaient laissé là leur trace ; la roche à pic avait *on ne sait quelle* empreinte d'agonies accumulées.

149 *TM*, p. 509.
150 *TM*, p. 433.

> [...] Au pied du double escarpement parallèle, épars à fleur d'eau ou sous la lame, ou à sec dans les affouillements, de monstrueux galets ronds, les uns écarlates, les autres noirs ou violets, *avaient des ressemblances* de viscères ; *on croyait voir* des poumons frais, des foies pourrissant. *On eût dit* que des ventres de géants avaient été vidés là. De longs fils rouges, qu'*on eût pu prendre pour* des suintements funèbres, rayaient du haut en bas le granit.
> Ces *aspects* sont fréquents dans les cavernes de la mer[151].

Il s'agit, là encore, de décrire les *aspects* de l'architecture, grotesque ou terrible, de l'abîme, tels qu'ils s'offrent au regard. Et, de nouveau, cette attention aiguë à la dimension aspectuelle s'accompagne d'une égale sensibilité aux prolongements visionnaires du réel, exprimée par une série d'indéfinis (ceux-là mêmes que nous avons soulignés). Comme dans les exemples précédents, les *ressemblances* ébauchées le sont par la nature elle-même. Ce qu'il y a toutefois d'inédit ici, c'est le redoublement figuratif du paysage par lui-même : l'écueil porte, gravée sur sa double façade intérieure, l'étrange *figuration* du naufrage ; son apparence extérieure est l'exact reflet de sa puissance négative de destruction. L'écueil est assimilé à un charnier non par la simple fantaisie macabre du témoin observateur, mais en vertu de sa propre configuration, comme si le texte donnait à voir l'affleurement d'un fantastique minéral. On sera peut-être tenté de voir dans le redoublement spectaculaire de la fonction par l'aspect une excroissance baroque et macabre. Mais nous serons, pour notre part, plus sensible au fondement ontologique de la vision. La métaphore de la boucherie ou du charnier a son origine dans la puissance *figurative* que Hugo semble tout prêt à attribuer à la nature elle-même. Le développement visionnaire de la description ne fait que traduire, sous la pression des choses, le redoublement de la nature par sa propre figuration. Comme si Hugo retrouvait ici, spontanément, l'imaginaire antique de la *signature*, de la *signatura rerum*, selon lequel le monde est plein de signes[152]. Les lieux sont des signes, et des signes (des figurations, vaudrait-il mieux dire) d'eux-mêmes. Leur sens trouve à s'incarner dans une *ressemblance*. L'exemple donné par Paracelse est celui des médicaments naturels dont les vertus cachées sont signifiées, ou plutôt figurées, représentées, par leur aspect même. Telle plante,

151 *TM*, II, I, 4, p. 389-390. C'est moi qui souligne.
152 Sur la théorie des signatures (et sa reprise par Foucault), voir Giorgio Agamben, *Signatura rerum. Sur la méthode*, Vrin, 2009, chap. II, p. 37-91.

l'euphraise, soigne les maladies de la vue parce qu'elle affecte la forme d'un œil ; mieux, elle guérit l'œil parce qu'elle est œil elle-même. Selon cette pensée de l'analogie, de la similitude, de la sympathie, triomphante à la Renaissance, les choses ne sont des signes que parce qu'elles portent l'empreinte, visible, d'un *signator* (le premier homme, Adam, qui a donné aux choses leur nom approprié, l'Archè, ou les étoiles, toujours d'après Paracelse). En l'occurrence, dans le cas des vertus thérapeutiques des plantes, la forme porte la marque profonde imprimée en elle par l'Archè ; les médicaments sont des *hiéroglyphes naturels*.

Dira-t-on qu'il en est sensiblement de même de l'écueil-charnier, où un énigmatique *Signator* invisible a gravé le tableau sanglant du massacre ? Ou encore de la grotte marine en forme de *crâne*, façonnée par l'abîme à l'*image* même (à la ressemblance) de sa fonction macabre et de sa destination funèbre (ce repaire de la pieuvre est un tombeau) ? Ou encore du *H* dessiné par les deux Douvres (avec la Durande pour trait d'union), aperçu dans l'horreur sacrée du crépuscule[153] ? C'est à la fois la signature de l'auteur, et la signature de la nature elle-même, confondus dans l'unité du Verbe. Le *H* n'appartient-il pas à cet « alphabet du possible[154] » inscrit dans les choses, et ouvert à la « logique du *logos*[155] », selon la formule même de Hugo ? C'est la nature qui devient ainsi son propre *simulacre*, si l'on peut dire. De sorte que l'une des fonctions de la rêverie est bien de tenter de déchiffrer ces signatures parfois évidentes, comme dans le cas de la façade intérieure de l'écueil, mais souvent tout sauf transparentes, comme dans l'exemple de la grotte des merveilles, dont l'apparence première semble démentir la destination véritable : entre l'aspect du lieu et le génie du lieu, le texte ménage la surprise d'une scandaleuse discordance. Car c'est bien, en somme, l'imagination de l'Inconnu, dans sa démesure mystérieuse et sa logique capricieuse, qui se déploie dans ces *figurations* extérieures extravagantes. L'imagination du témoin anonyme ne fait que coïncider avec celle des choses. La réalité contient ses propres *fictions*, figurées et façonnées par le songe immense de la Nature.

153 *TM*, II, I, 1, p. 377.
154 *Philosophie*, *op. cit.*, p. 520.
155 *Ibid.*, p. 503.

UNE « RÉALITÉ CHIMÉRIQUE »

À trop insister sur la conception émanentiste de l'image, on pourrait se voir reprocher de sous-estimer l'apport du sujet dans le songe, et de ne faire, somme toute, que retourner l'idéalisme en une attitude symétrique – au risque de briser, par une forme de césure objectiviste, la continuité du moi et du non-moi, garante de la continuité du réel et de l'imaginaire. Mais il ne s'est agi pour nous que de souligner une *tendance*, une pente vers le réalisme décelable dans la mise en scène romanesque des effets de l'imagination, non, bien sûr, d'accentuer la coupure instaurée par la métaphysique de la représentation rationnelle. Du reste, si l'on devait raisonner en termes de bénéfice poétique, on pourrait se risquer à avancer que le déséquilibre ménagé en faveur de l'objet est moins dommageable que la célébration inverse de l'autonomie créatrice de l'imagination. Car l'essentiel, nous semble-t-il, est bien pour Hugo de maintenir le lien vivant du songe avec la nature, son *inclusion* dans l'immanence, et d'éviter, réciproquement, le repliement solipsiste de l'imagination sur le théâtre intérieur de ses fantômes subjectifs : comme l'avait parfaitement établi la critique virulente de Jacobi, la souveraineté absolue (idéaliste) de l'imagination conduit à une forme de *nihilisme*, à la double dissolution de la nature « extérieure » dans l'autoproduction du moi, et de l'imagination elle-même dans sa propre ivresse narcissique. Pour garantir et la fécondité poétique, et la dignité ontologique de l'imagination, sans doute doit-on postuler, comme Hugo, que la relation vivifiante s'établit de la nature vers le sujet, plus que du sujet vers la nature ; qu'il n'y a pas d'imagination vraiment créatrice sans primauté de la *réceptivité*. (C'est bien, d'ailleurs, la position adoptée par Kant lui-même, une fois passé de la métaphysique transcendantale à l'*esthétique* : dans le *génie*, l'apport de l'imagination est indissociable de l'offrande, de la *faveur* de la nature[156].)

En outre, la puissance affirmative du génie hugolien est telle que les produits (« subjectifs », si l'on veut) de la rêverie et du songe ne sont

156 Voir sur ce point essentiel, le livre classique de J. Taminiaux, *La Nostalgie de la Grèce à l'aube de l'idéalisme allemand*, La Haye, Martinus Nijhoff, 1967, chap. II, p. 45 notamment ; et les belles analyses de J. de Gramont, *Kant et la question de l'affectivité. Lecture de la troisième* Critique, Vrin, p. 124 *sqq.*

jamais complètement nuls : s'ils s'ajoutent au réel, c'est pour le compléter, pour l'*augmenter*. Georges Poulet a magnifiquement commenté ce qu'il appelle « l'unité substantielle du réel et du pensable[157] » chez Hugo – formule qu'il nous invite à lire, sans doute en priorité, comme l'expression de la « compénétration immédiate de l'esprit et du monde[158] ». Hugo a conscience, selon lui, que « le réel est incessamment et réellement augmenté, non seulement par sa fécondité propre, mais par une sorte de condensation des songes en matière vivante. L'univers, ce n'est pas seulement du réel, c'est aussi du possible qui se réalise[159] » Et G. Poulet d'ajouter : « tout ce qui est imaginable existe déjà s'il est imaginé. La masse enveloppante n'est pas faite seulement de réalités, mais de possibilités qu'on a soi-même, rien que par l'acte de son imagination, appelées dans la matière[160] ». Comme si la réalité n'était pas achevée, pas objectivée ni objectivable, mais ductile, plastique, perméable aux créations « subjectives » du songe. Et comme si, réciproquement, tout possible était *existant*, ou du moins appelé à l'existence, à prendre forme, à s'incarner, aussitôt rêvé ou pensé. N'est-ce pas, du reste, ce que tendait à suggérer la formule équivoque, teintée de spinozisme : « l'unité substantielle du réel et du pensable » ? Tout l'effort de G. Poulet consiste à replacer le statut et le pouvoir de l'imagination au cœur du *panthéisme* hugolien.

Magnifiques analyses, qui pourraient toutefois donner l'impression, dans leur insistance sur l'augmentation constante du réel par « une opération véritablement créatrice[161] » de l'esprit, de provoquer un nouveau déséquilibre au profit, cette fois, de l'imagination subjective, libre de modeler la matière selon sa fantaisie. Mais G. Poulet prend lui-même soin de situer sa réflexion ontologique en dehors du cadre fixé par la logique de la représentation : l'« étrange amalgame du réel et du possible[162] » s'accomplit au sein d'un même espace, au-dedans, au dehors, espace où toute ligne de démarcation tend à disparaître entre l'intérieur et l'extérieur, le sujet et l'objet.

Nous ajouterions volontiers que la puissance créatrice de l'imagination ne va pas sans une fondamentale *réceptivité* inverse : le songe que je fais

157 G. Poulet, *Études sur le temps humain*, *op. cit.*, chap. VI, p. 209.
158 *Ibid.*
159 *Ibid.*, p. 214.
160 *Ibid.*, p. 215.
161 *Ibid.*, p. 214.
162 *Ibid.*, p. 216.

se fait aussi (et peut-être d'abord) en moi. Ce qui est subjectif est en même temps objectif : les idées, les rêves, les pensées sont également doués d'une étrange consistance ontologique ; ils *existent* à leur manière, quasi matérielle, au cœur des choses, comme leur complément ou leur prolongement. Le même élan qui porte Hugo à regarder les images comme des émanations des choses, comme de quasi-choses elles-mêmes, l'incite à considérer comme des *réalités* les visions produites par l'esprit. Mais existe-t-il des visions produites par l'esprit seul ? L'imagination individuelle n'est-elle pas toujours, en quelque sorte, *co-création*, coopération avec l'imagination des choses ?

C'est ce que nous semble montrer, dans *Les Misérables*, le merveilleux épisode de Cosette dans la forêt, l'un des plus saisissants de l'œuvre. Tout le pathétique de l'errance nocturne vient illustrer cette expérience partagée : *avoir peur sans savoir pourquoi*. Mais Hugo est très loin de rejoindre Maupassant dans la reconnaissance d'une paradoxale peur *sans objet* – d'autant plus vive qu'elle n'est provoquée par aucun danger cernable, voire par aucun objet, dans le cas limite où elle vient sanctionner l'effroi d'une pure projection hallucinatoire, d'une pure hantise intérieure. La hantise éprouvée ici par Cosette a beau être alimentée, en partie, par ses propres peurs enfantines, elle n'en renvoie pas moins à l'épouvante d'un monde hanté. Rien n'est jamais purement subjectif chez Hugo ; pas même l'hallucination, on l'a vu ; pas même la peur. Ce que nous donne à voir ce texte, précisément, c'est l'ouverture de l'imagination, amplifiée par l'horreur sacrée, à l'« énormité noire de la nature[163] » :

> Un vent froid soufflait de la plaine. Le bois était ténébreux, sans aucun froissement de feuilles, sans aucune de ces vagues et fraîches lueurs de l'été. De grands branchages s'y dressaient affreusement. Des buissons chétifs et difformes sifflaient dans les clairières. Les hautes herbes fourmillaient sous la bise comme des anguilles. Les ronces se tordaient comme de longs bras armés de griffes cherchant à prendre des proies. Quelque bruyères sèches, chassées par le vent, passaient rapidement et avaient l'air de s'enfuir avec épouvante devant quelque chose qui arrivait. De tous les côtés il y avait des étendues lugubres.
>
> L'obscurité est vertigineuse. Il faut à l'homme de la clarté. Quiconque s'enfonce dans le contraire du jour se sent le cœur serré. Quand l'œil voit noir, l'esprit voit trouble. Dans l'éclipse, dans la nuit, dans l'opacité fuligineuse, il y a de l'anxiété, même pour les plus forts. Nul ne marche seul

163 *M*, p. 307.

> la nuit dans la forêt sans tremblement. Ombres et arbres, deux épaisseurs redoutables. Une réalité chimérique apparaît dans la profondeur indistincte. L'inconcevable s'ébauche à quelques pas de vous avec une netteté spectrale. On voit flotter, dans l'espace ou dans son propre cerveau, on ne sait quoi de vague et d'insaisissable comme les rêves des fleurs endormies. Il y a des attitudes farouches sur l'horizon. On aspire les effluves du grand vide noir. On a peur et envie de regarder derrière soi. Les cavités de la nuit, les choses devenues hagardes, des profils taciturnes qui se dissipent quand on avance, des échevellements obscurs, des touffes irritées, des flaques livides, le lugubre reflété dans le funèbre, l'immensité sépulcrale du silence, les êtres inconnus possibles, des penchements de branches mystérieux, d'effrayants torses d'arbre, de longues poignées d'herbes frémissantes, on est sans défense contre tout cela. Pas de hardiesse qui ne trésaille et qui ne sente le voisinage de l'angoisse. On éprouve quelque chose de hideux comme si l'âme s'amalgamait à l'ombre. Cette pénétration de ténèbres est inexprimablement sinistre dans un enfant.
>
> Les forêts sont des apocalypses ; le battement d'ailes d'une petite âme fait un bruit d'agonie sous leur voûte monstrueuse.
>
> Sans se rendre compte de ce qu'elle éprouvait, Cosette se sentait saisir par cette énormité noire de la nature. Ce n'était plus seulement de la terreur qui la gagnait, c'était quelque chose de plus terrible même que la terreur. Elle frissonnait. Les expressions manquent pour dire ce qu'avait d'étrange ce frisson qui la glaçait jusqu'au fond du cœur. Son œil était devenu farouche. Elle croyait sentir qu'elle ne pourrait peut-être pas s'empêcher de revenir là à la même heure le lendemain[164].

Toute l'intensité pathétique de ce passage procède d'abord, en effet, de la mise en scène d'une *disproportion* : la confrontation dramatisée de l'« atome », minuscule et solitaire, et de l'ombre, de « toute l'ombre[165] » ramassée et comme liguée contre lui avec une hostilité farouche. Hugo dessine l'arène sacrée de ce qui s'offre, à l'échelle de l'enfant, comme un drame proprement cosmique. D'un côté, comme le souligne Hugo lui-même, l'immense nuit ; de l'autre, le petit être chétif et terrifié. Le « frémissement nocturne[166] » est une présence enveloppante et pénétrante, et le risque est grand de voir son être, comme par imprégnation, « s'amalgam[er] à l'ombre[167] » et devenir spectral. Comme on l'a déjà suggéré, l'épreuve subie par Cosette est analogue à celle que connaît

164 Victor Hugo, *Les Misérables*, IIe partie, « Cosette », Hachette, 1881, II, III, 5, p. 124-125. Voir également *M*, p. 308-309. Toutes les citations ultérieures dont l'origine n'est pas mentionnée renvoient à cet extrait.

165 *M.*, p. 307.

166 *Ibid.*

167 *Ibid.*, p. 308.

Gwynplaine enfant dans son errance nocturne initiale – épreuve qui l'oppose lui aussi à l'ombre, à l'ombre tout entière, une première fois dans l'épouvante du gibet, véritable condensé de nuit, puis dans la traversée de la ville endormie durant laquelle, toujours comme Cosette, Gwynplaine sent peser sur lui à la fois la pression de la nuit et la pression du songe de la nuit, amalgamé en brouillard palpable. Dans un cas, les « effets de forêt[168] » du songe ; dans l'autre, les effets de songe de la forêt. Dans les deux, une même expérience *panique* de l'horreur sacrée. Mais la puissance pathétique du texte ne se réduit pas à l'effroi du moi ; l'épouvante est dans l'esprit et dans la nature ; l'émotion de Cosette fait écho à une sourde émotion de la nature et, ce qui nous requerra tout particulièrement, comme dans le passage de *L'Homme qui rit*, à la diffusion nocturne du songe, doté d'une extraordinaire force de présence.

Comme dans bien d'autres textes célèbres de Hugo, la forêt connaît ici une métamorphose bestiale ou anthropomorphique. Impossible de ne pas avoir « l'esprit plein d'images de serpents[169] », face au fouillis ténébreux des bois : les buissons chétifs et difformes se mettent à siffler, les hautes herbes à onduler comme des anguilles, le petit être livré à l'hostilité universelle se retrouve la proie de longs bras armés de griffes. Au point que son propre effroi semble finir par se communiquer aux choses elles-mêmes : les bruyères chassées par le vent paraissent fuir sous l'effet d'une panique générale et diffuse qui rend poreuse la frontière entre le sujet et le monde. Toute la question est de savoir à qui attribuer cette animation fantastique de la nature. Faut-il invoquer la pente spontanée de la rêverie hugolienne vers une manière d'animisme cosmique (tout est vivant, tout est plein d'âmes, même les objets inanimés) ? Ou convient-il plutôt d'y voir l'effet d'une projection hallucinatoire – auquel cas la transfiguration monstrueuse de la forêt aurait son origine dans l'imagination terrifiée de la fillette ? De fait, la perspective volontiers mobile adoptée ici par Hugo – qui nous met tour à tour ou à la fois au niveau de Cosette, à hauteur d'enfant, et au-dessus d'elle, dans la position du témoin invité à saisir, comme par effraction, une scène vue de personne – nous fait pénétrer sur le théâtre de la hantise intérieure, où s'affrontent, en une véritable psychomachie, les deux spectres rivaux de la Thénardier et de la forêt épouvantable, le plus redoutable étant

168 *HR*, p. 456.
169 *Le Rhin*, Lettre vingt-neuvième, dans *Voyages*, *op. cit.*, p. 310.

peut-être celui de la hyène humaine. Si bien que, dans un premier temps, lorsque la narration évoque ce que Cosette voit ou croit voir, entend ou croit entendre, les silhouettes spectrales de revenants dans les branches, le bruit des bêtes dans l'herbe, on peut être amené à penser qu'il s'agit là des produits d'une imagination enfantine, brusquement plongée dans une atmosphère de conte noir[170].

Mais tout le génie de Hugo est sans doute de ne pas s'en tenir à cette pente subjective de la rêverie et de postuler son enracinement dans l'Être. En ce sens, il n'est pas indifférent que le récit se détache du point de vue restreint de l'enfant pour évoquer, comme s'il s'agissait d'une expérience généralisable, la double épreuve de la forêt et de la nuit. On ne sera pas étonné de voir resurgir, dans ce contexte, le *on* impersonnel ou transpersonnel dont Hugo fait un usage si singulier (« *on* voit flotter », « *on* ne sait quoi », « *on* aspire les effluves du grand vide noir », « *on* a peur et *on* a envie de regarder derrière soi », « *on* éprouve quelque chose de hideux »), en incluant cette fois-ci le lecteur (« L'inconcevable s'ébauche à quelque pas de *vous* »). L'expérience de l'effroi nocturne est bien évoquée comme une expérience partagée, qui renvoie au fonds commun, anthropologique, d'une angoisse archaïque. Il appartient au commentaire d'en extraire la portée philosophique[171].

Même si le mot n'est pas employé, tout suggère ici que la métamorphose fantastique de la forêt s'apparente à une expérience hallucinatoire : « Quand l'œil voit noir, l'esprit voit trouble. » Le narrateur semble de même décrire le phénomène exact de la *projection* : le rêve qu'on a en soi, on le retrouve hors de soi ; on le voit flotter dans l'espace ou dans son propre cerveau ; l'image intérieure est perçue comme une réalité extérieure, « avec une netteté spectrale ». Mais l'adhésion à l'expérience proprement hallucinatoire n'est peut-être pas complète : voir trouble, c'est peut-être voir autrement, ou autre chose. Car, à rebours de toute fantasmagorie purement subjective, Hugo semble curieusement accentuer, non l'activité, mais la *passivité* du sujet – voué à assister, en spectateur fasciné, aux visions qui traversent l'espace comme son propre cerveau,

170 « Elle regarda avec désespoir cette obscurité où il n'y avait plus personne, où il y avait des bêtes, où il y avait peut-être des revenants. Elle regarda bien, et elle entendit les bêtes qui marchaient dans l'herbe, et elle vit distinctement les revenants qui remuaient dans les arbres. » (*M*, p. 306-307).

171 « L'obscurité est vertigineuse. Il faut à l'homme de la clarté. Quiconque s'enfonce dans le contraire du jour se sent le cœur serré. [...] » (*M*, p. 308).

comme si la frontière entre l'intérieur et l'extérieur était devenue fondamentalement poreuse. Comme si, surtout, il était vain de distinguer entre le dedans et le dehors. De sorte que c'est bien, à nouveau, l'objectivité paradoxale des images qui se trouve soulignée, avec l'appui du pronom indéfini (« on voit »). Qui se trouve là, comme Cosette, voit flotter des visions dans l'espace, au-dedans, au-dehors, qu'importe au fond. Quand bien même le sujet serait la proie d'une hallucination forgée dans son cerveau, il n'en resterait pas moins le témoin avant tout réceptif à ce qui le *traverse* au lieu de naître en lui. Comme dans les textes précédents, le songe n'est pas décrit comme un phénomène exclusivement subjectif, ni exclusivement psychologique, mais bien comme un phénomène *cosmique*.

Non seulement l'imagination détruit la séparation artificielle du sujet et de l'objet ; mais Hugo ne peut que conférer au songe une consistance ontologique que les habitudes rationnelles de l'esprit tendent à lui dénier. Pour lui, les produits du songe sont des réalités. L'ontologie graduelle de Hugo, soucieuse de ménager des transitions entre être et non-être, entre rien et tout, est extraordinairement favorable à la reconnaissance de la *présence* ou de la demi-présence de l'image. Que son contenu soit indéterminé ou évanescent n'ôte rien à son existence diffuse et palpable. Comme Gwynplaine traversant le brouillard du songe collectif répandu sur la ville endormie et exposé à des frôlements inquiétants (avec des fantômes réels ou rêvés), Cosette erre parmi les enchevêtrements de la forêt du songe, toute entourée de profils inquiétants et de présences inconnues ébauchées dans l'ombre. Nul sans doute mieux que Hugo n'est disposé à envisager la densité ontologique de l'*irréel* : l'existence de l'inexistant, de l'impalpable, de l'insaisissable, du diffus, de l'improbable. De là l'oxymore remarquable qui surgit ici sous sa plume, et qui dit tout : « Une *réalité chimérique* apparaît dans la profondeur indistincte[172]. » On appauvrirait sans doute le sens et la portée de cet oxymore si l'on interprétait l'usage de l'article indéfini comme une manière de faire porter l'accent sur « chimérique », plutôt que sur « réalité » : ce qui surgit devant les yeux, avec la netteté spectrale de l'image hallucinatoire, c'est peut-être en effet une *chimère* prise pour une *réalité*. Mais ce que suggère magnifiquement cette formule, c'est que cette chimère, fût-elle illusoire, eût-elle sa source dans l'esprit terrifié de l'enfant, n'en resterait pas moins *une* réalité, pour la conscience de la

172 C'est moi qui souligne.

petite errante, mais aussi, dira-t-on, comme dans l'épisode de la ville endormie, *dans l'absolu*. Car la vapeur diffuse de l'imagination, quelle soit projetée sur les choses, ou quelle soit une projection des choses, se condense en *réalité*. Les rêves, les pensées, les chimères s'agrègent au réel, loin de s'y opposer. Dans ce monde hideux qu'est la forêt, hanté en rêve par l'un des maîtres pensifs de l'effroi nocturne, Dürer : « Le songe et le réel [se] mêlent tous les deux[173]. » Il est impossible, et surtout vain, de chercher à dissocier de la réalité la « réalité chimérique » du songe. L'oxymore central fait éclater l'antinomie de la métaphysique oppositionnelle qui met face à face l'être et le non-être comme deux entités irréductibles l'une à l'autre. C'est la continuité du réel et de l'imaginaire, leur complémentarité essentielle, leur interpénétration constante, qu'il se charge de traduire de façon saisissante.

L'article indéfini a aussi pour effet éruptif de détruire la *pureté* et l'*unité* supposée du concept de réalité, non seulement en le soumettant à la mesure, mais en le faisant exploser en *réalités* multiples. C'est bien suggérer qu'on ne saurait parler de *la* réalité, mais *des* réalités qui composent la réalité, parmi lesquelles il faut compter, aussi paradoxal que cela puisse paraître, les chimères, illusoires ou véridiques, enfantées par la terreur de la forêt et de la nuit : *tout cela chimérique sans doute, tout cela vrai peut-être*[174]. Enfin, ce que semble également indiquer la phrase citée, en insistant sur l'extériorité et la quasi-objectivité de la réalité chimérique flottant dans la profondeur indistincte, c'est la primauté de la manifestation sur l'activité subjective de l'imagination créatrice : le modèle hallucinatoire n'est sans doute pas le mieux adapté pour rendre compte de cet étrange émanation flottante du rêve au cœur de la nuit. Le petit être est pris dans l'Être, saisi par lui, compris dans une totalité qui le dépasse, livré – comme le païen décrit dans *Le Promontoire du songe*, cet enfant terrifié, dont Cosette retrouve l'archaïque angoisse panique – à la pression constante de la nature. Aussi, comme la grotte dans *Les Travailleurs de la mer*, la forêt ici, comme du reste toutes les forêts, est bien une « *apocalypse*[175] ». La pente de la rêverie hugolienne est apocalyptique : elle ouvre aux visions (vraies ou fausses) qui sortent de

---

173 « À Abert Dürer », *Les Voix intérieures*, dans Victor Hugo, *Les Chants du crépuscule, Les Voix intérieures, Les Rayons et les Ombres*, P. Albouy éd., Gallimard, coll. Poésie, 1970, p. 178-179.

174 *Préface de mes œuvres*, *op. cit.*, p. 711.

175 *M*, p. 308 : « Les forêts sont des apocalypses ». C'est moi qui souligne.

la nature. Si les forêts n'étaient pas des apocalypses, comment expliquer que Cosette pût éprouver la nécessité impérieuse de revenir les nuits suivantes, comme le texte en dessine la vague perspective, sur le lieu même, sacré, de l'épouvante[176] ?

N'est-ce pas de même l'élargissement cosmique du songe, et sa puissance révélatrice, que vient suggérer la comparaison quasi surréaliste des « fleurs endormies », presque trop bucolique pour l'atmosphère de cauchemar nocturne qui pèse sur l'imagination épouvantée de Cosette ? Ne doit-on pas comprendre que l'imagination de la fillette est également pénétrée, dans son égarement effaré, par le rêve de la nature ? Le songe de la forêt n'est-il pas la forêt du songe, un enchevêtrement inextricable et menaçant de chimères, de visions, d'images peut-être illusoires, et de présences invisibles amalgamées à la nuit et au grand rêve de l'énormité nocturne ? Ce qui s'ébauche, c'est une évocation comparable à celle de la ville endormie : au lieu des songes agglomérés en brouillard au-dessus des vivants endormis, les effluves flottants « des rêves des fleurs endormies ». Comme si le rêve de Cosette coïncidait avec le sommeil des choses, mais vu du côté terrible. Du reste, la mention des « êtres inconnus possibles[177] » introduit ici une dimension qui nous est devenue familière : celle du Possible, précisément, désignant l'ouverture d'un autre monde, parallèle, avec lequel (Hugo en est intimement convaincu) nous entretenons une manière de commerce nocturne, par delà la frontière, poreuse, de la vie et de la mort. N'est-ce pas ce qu'il appelle ici « l'immensité sépulcrale du silence[178] » ? La hantise intérieure débouche sur la vision d'un monde hanté de présences indécises : les « êtres inconnus possibles », les larves de la nuit, les fantômes, les esprits aimés ou hostiles, auxquels le texte nous invite à associer la surveillance sympathique de la mère morte[179], et peut-être même la compassion divine.

---

176 « Son œil était devenu farouche. Elle croyait sentir qu'elle ne pourrait peut-être pas s'empêcher de revenir là à la même heure le lendemain. » (*Ibid.*, p. 308-309).

177 *Ibid.*, p. 308.

178 *Ibid.*

179 Guillaume Cuchet rappelle la croyance spirite dans la surveillance consolante (inquisitrice ou bienveillante) des vivants par les proches défunts (*Les Voix d'outre-tombe*, *op. cit.*, p. 157), en complément ou en remplacement de la lointaine surveillance divine, et l'associe à la métamorphose du *deuil* (et de ses conditions démographiques et sociologiques) à l'âge romantique : « Les esprits sont les revenants de l'âge romantique, c'est-à-dire des morts dont on ne cherche plus consciemment à se débarrasser, mais que l'on veut au contraire faire revenir pour les retenir dans les rets d'un commerce consolateur. » (*Ibid.*, p. 347).

La preuve que le théâtre du rêve ne saurait être exclusivement subjectif, c'est bien qu'il se déroule aussi sous les yeux du grand témoin des faits mystérieux, que Hugo ne manque pas de convoquer, en un extraordinaire éloignement final de la vision. Sublime élévation du regard, qui ne fait que renforcer par contraste la ténuité pathétique du petit être chétif accablé par la nuit et la méchanceté des hommes :

> Cela se passait au fond d'un bois, la nuit, en hiver, loin de tout regard humain ; c'était un enfant de huit ans. Il n'y avait que Dieu en ce moment qui voyait cette chose triste.
> Et sans doute sa mère, hélas !
> Car il est des choses qui font ouvrir les yeux aux mortes dans leur tombeau[180].

La vision subjective initiale est replacée dans le Tout, par un soudain changement d'échelle qui inscrit au cœur du texte la perspective et le relief vertigineux de l'infini. C'est bien, du reste, parce qu'elle n'en avait jamais été vraiment dissociée. La scène intérieure du rêve est ouverte à tous vents, à tous les effluves noirs de la nuit, à toutes les visitations. S'il est vain, tout compte fait, de distinguer entre ce qui vient du sujet et ce qui vient des choses, c'est que l'imagination individuelle, selon la formule décisive de Hugo déjà citée, n'est jamais que le prolongement en nous de la Nature.

Dans son ambiguïté, la formule oxymorique de la « réalité chimérique » n'est peut-être pas sans trahir l'angoisse (et la fascination) de la confusion fantasmagorique. Que Hugo soit tout disposé à reconnaître la continuité ontologique du réel et de l'imaginaire, cela n'exclut pas qu'il puisse redouter *aussi* leur confusion brumeuse. S'il n'a cessé de mettre en scène le brassage des « fantasmagories pleines de réalité » avec les « réalités pleines de spectres[181] », selon le magnifique chiasme des *Misérables*, nul ne s'est peut-être montré plus inquiet que lui (le rêveur raisonnable et terrifié) devant les manifestations de l'épanchement du songe dans la vie réelle. Ce n'est sans doute pas sans anxiété qu'il décrit ainsi le bouleversement des repères habituels de la veille et du sommeil, ou plutôt leur inversion complète, lors de la première nuit passée par Gilliatt sur l'écueil, au milieu des « farouches paysages » nocturnes de la mer, déformés par la « diffusion des songes » :

---

180 *M.*, p. 309.
181 *M*, p. 76.

> Tout ce milieu où il était offrait l'extraordinaire de la vision ; Gilliatt avait de la chimère autour de lui. Le demi-étonnement de la nuit s'y ajoutant, il se voyait plongé dans l'impossible. Il se disait : Je rêve.
>
> Puis il se rendormait, et, en rêve alors, il se retrouvait au Bû de la Rue, aux Bravées, à Saint-Sampson ; il entendait chanter Déruchette ; il était dans le réel. Tant qu'il dormait, il croyait veiller et vivre ; quand il se réveillait, il croyait dormir.
>
> En effet, il était désormais dans un songe[182].

À lire ce passage stupéfiant, on croit comprendre que l'entrée dans le monde de la mer correspond à l'entrée dans un *monde inversé*, où le rêve devient la veille, et la veille devient le rêve : endormi, Gilliatt croit veiller ; éveillé, il croit dormir. Mais, plus profondément encore, comme le suggère la phrase finale, cette inversion déroutante des coordonnées habituelles débouche sur l'envers nocturne ou rêveur de la nature. En pénétrant dans ce lieu interdit aux regards humains, fondamentalement hostile, qui n'admet d'autres hôtes que les oiseaux, Gilliatt est voué à devenir le somnambule de la mer, le travailleur-rêveur, songeant avec l'immense songe de la mer (fût-il en apparence inutile), à l'insu, et à l'envers, de la société des hommes. L'homme du désœuvrement laborieux, le voyant de la nature est compris dans le songe, dans la chimère cosmique, qui devient pour ainsi dire son « milieu » vital. À nouveau, le rêve, désubjectivé, se voit attribuer une consistance ontologique paradoxale : c'est le *milieu* naturel qui enveloppe Gilliatt comme une « chimère » palpable. L'analogie de la mer et du songe se résout en identité : la mer est du songe épandu ; et Gilliatt une sorte d'amphibie de la veille et du rêve. Peut-être même s'expose-t-il au risque d'être contaminé par la contagion spectrale du songe universel, au point de devenir fantôme lui-même.

A-t-on noté que, selon la mise en scène concertée des synchronies, Mess Lethierry vivait *au même moment* une expérience de désorientation comparable, dont le récit se trouve toutefois retardé à la troisième partie ? Hugo y propose une extraordinaire description du désespoir, identifié à une forme d'hébétude somnambulique, où le rêve et la veille échangent, là encore, leurs coordonnées, jusqu'au vertige. Voici ce qu'il faut entendre par *être prisonnier du chagrin* :

---

182 *TM*, II, I, 8, p. 408.

> Dormait-il ? non. Veillait-il ? non. À proprement parler, depuis deux mois et demi, [...] Mess Lethierry était comme en somnambulisme. [...] Il était dans cet état mixte et diffus que connaissent ceux qui ont subi les grands accablements. Ses réflexions n'étaient pas de la pensée, son sommeil n'était pas du repos. Le jour il n'était pas un homme éveillé, la nuit il n'était pas un homme endormi. [...] Il passait ses nuits à rêver, et ses jours à songer[183].

Ce qui le rend au sentiment de la réalité, c'est la secousse provoquée par la lettre de Rantaine : son esprit reprend « de l'adhérence[184] » et sort de « l'état trouble[185] » où il avait sombré, en même temps que « l'échafaudage de conjectures[186] », destructeur de la fable vertueuse patiemment construite par l'hypocrite Clubin, commence à rejoindre la « réalité[187] », si l'on peut dire, par l'autre bout. En nous donnant à voir quasi simultanément le réel et l'interprétation (voire l'imagination) du réel par l'entrelacement des points de vue divergents ou convergents, Hugo ne tend-il pas à désigner la réalité comme une (demi-) construction instable et précaire, mêlée de fiction ou de songe ? Mess Lethierry finit par s'assoupir sous l'obsession du regret, et en se réveillant, il voit dans l'encadrement de la fenêtre donnant sur le port la « forme inouïe[188] » et fantastique de la cheminée de la Durande ramenée clandestinement par Gilliatt, comme s'il ne sortait du désespoir somnambulique que pour entrer de nouveau dans un songe, fût-il cette fois-ci féerique.

Non seulement, comme l'indique l'une des significations possibles (tragiquement vérifiée par le dénouement du roman) du nom étrange de la légendaire chaise Gild-Holm-'Ur (*Qui dort-meurt*), le sommeil fait courir le péril d'une *immersion* fatale, d'un engloutissement irrémédiable[189]. Mais la confusion même du réel et du chimérique n'est sans doute pas sans susciter non plus une forme de vertige inquiétant. Hugo semble craindre le risque d'une dissolution du réel (et de l'identité) dans l'évanescence brumeuse du songe. La « réalité chimérique » pourrait consacrer – qui sait ? – l'annulation de la réalité (de sa consistance, de

183 *TM*, III, I, 1, p. 567.
184 *Ibid.*, p. 576.
185 *Ibid.*
186 *Ibid.*
187 *Ibid.*
188 *Ibid.*, p. 580.
189 Dans *Océan*, on trouve ce fragment révélateur, daté des années 40 (1840-1845) : « Le sommeil est une immersion. L'esprit tombe au fond du sommeil comme le corps au fond de l'eau. » (*Op. cit.*, p. 202). Le réveil, « c'est le retour à la surface ».

sa *constance* supposée) dans la chimère triomphante, au profit du miroitement vide des apparences.

On a pu insister, non sans raison, sur la mobilité et le chatoiement parfois trompeurs des apparences chez Hugo, et en rattacher les prestiges illusoires à un art et à un imaginaire baroques du trompe-l'œil[190]. Ce qui n'est sans doute pas faux, si l'on prend soin de considérer en même temps ce qui relie cette anxiété de l'instabilité et de l'inconsistance universelles à une métaphysique de l'inquiétude, en quête de fondements certains qui toujours semblent se dérober : où sont les principes et les essences stables à même de garantir une certaine forme d'*authenticité* ? L'ontologie hugolienne de l'imaginaire pourrait se résoudre en une ontologie imaginaire. La dissociation, souvent constatée, de l'essence, ou des essences, et des apparences est-elle si profonde qu'elle interdise toute permanence et toute solidité ontologique ? La question ne manque pas de naître à l'esprit de qui assiste, avec Gilliatt, à l'effondrement des repères dans le monde, en apparence du moins, entièrement chimérique de la grotte des merveilles. Le texte décrit le vertige qui s'empare de l'intrus au moment où il découvre, sidéré, l'extravagante architecture du hasard : « On n'était pas bien sûr que cette chose fût. » Devant cette « réalité empreinte d'impossible[191] », le témoin médusé n'est pas loin de douter de la consistance de ce qu'il voit (nuage ou rocher ? ne s'agit-il pas d'une « nuée céleste imitant une caverne[192] » ?), comme si tout allait s'écrouler sous lui et se dissiper en fumée ou en songe, comme si tout était Chimère.

Mais c'est peut-être dans *L'Homme qui rit* que la confusion (dira-t-on baroque ?) de la vie et du songe atteint un sommet vertigineux. Il faudrait l'analyser en détail. Nous nous bornerons à la souligner : Gwynplaine ne sort du songe où l'a précipité le sort que pour se réveiller en un autre songe. La transfiguration brutale qui lui restitue son identité et sa position de Lord et le fait grimper du dernier au premier rang en un éclair est assimilée par le mauvais génie de la fable, Barkilphedro, à un *réveil*, certes (« Oui, dit-il, je viens vous réveiller[193] »), mais un réveil si étourdissant qu'il provoque aussitôt l'évanouissement de la conscience

190 Voir notamment Michel Collot, « L'esthétique baroque dans *L'Homme qui rit* », *op. cit.*, p. 111-113.

191 *TM*, p. 432.

192 *Ibid.*

193 *HR*, II, v, 1, p. 641.

foudroyée. Si Gwynplaine se réveille ensuite dans un nouveau rôle – vêtu d'un nouveau costume, doté d'une nouvelle apparence et d'une nouvelle identité qu'il peine à reconnaître dans le miroir[194] –, et dans un palais labyrinthique suscité comme magiquement par une véritable mise en scène *féerique* (la référence est explicite[195]), c'est, commente le narrateur, « comme quelqu'un qui aurait l'œil ouvert et fixe dans un songe[196] » – dans un songe permanent, occupé par une Chimère centrale, une image éblouissante, Josiane elle-même endormie et rêveuse au centre de la toile (du filet de rêves) qu'elle a tissée autour de lui.

CHIMÈRES

Telle est, justement, toute l'ambivalence du thème de la Chimère dans l'œuvre – que nous verrons se cristalliser, peut-être à la façon d'un mirage, dans les deux figures merveilleuses-monstrueuses de la pieuvre et de Josiane. À coup sûr, Hugo fait jouer très souvent la disjonction de l'apparence et de l'être, parfois jusqu'au vertige. Dans *Les Travailleurs de la mer*, l'image éblouissante de la divinité, véritable Chimère, n'est guère que le masque trompeur de cette autre chimère, monstrueuse, qu'est la pieuvre. En un contraste violent parfaitement concerté, et conforme, si l'on veut, à l'esthétique baroque, le roman nous fait passer du palais des merveilles à l'horreur qu'il abrite, par un effet de surprise théâtral qui retourne non pas le terrible en exquis[197], mais l'exquis en terrible.

Sans doute, comme on l'a suggéré, faut-il situer la source de cette duplicité redoutable dans la Nature elle-même, qui aime à se voiler

194 « Par moments il croyait voir quelqu'un venir à lui. Ce n'était personne. C'était lui, dans une glace, en habit de seigneur. » (*HR*, p. 688). Lui-même, invraisemblable, irréel, devenu *autre*, ou « personne ».

195 « On se figure ainsi les châteaux enchantés. » (*HR*, p. 689). Tout, dans le dédale du palais de Corleone-Lodge, renvoie à un imaginaire du fabuleux et de l'ensorcellement. Josiane, la femme nue, attend sa proie, comme l'araignée, au centre d'une toile transparente, d'une « ténuité féerique » (p. 690). Sur le thème *féerique* dans *L'Homme qui rit*, voir les analyses de D. Peyrache-Leborgne, *op. cit.*, p. 475.

196 *HR*, p. 652.

197 La « grâce monstrueuse » de la grotte fait sortir subitement, par surprise, « l'exquis du terrible » (*TM*, p. 432).

comme l'Isis emblématique[198] : la présence-absence de la divinité ne renvoie-t-elle pas, en profondeur, au double mouvement de voilement et de dévoilement de l'Être, inaccessible à l'intelligence, et seulement entrevu par le songe ? L'apparence, pour inconsistante et fallacieuse qu'elle soit, est toujours, dans une certaine mesure, *apparition.* Si règne dans cette crypte souterraine une lumière d'*apocalypse*, c'est bien parce que s'y produit une réelle épiphanie : celle d'une Présence numineuse, aussitôt retirée, voilée de songe et de splendeur. On l'a montré, l'imagination mythologique a beau être un leurre suspect, elle n'est ni irréelle, ni entièrement mensongère. Quelque chose se manifeste bien ici, sous des dehors trompeurs, à savoir la démesure de la Nature excellant dans la splendeur comme dans la laideur, dans la merveille comme dans la monstruosité. Il serait trop simple d'opposer le prodige et le monstre, la Vénus et la pieuvre, comme l'apparence et l'être, le masque et la vérité. Car tout vient suggérer au contraire leur complémentarité ambiguë : merveille et monstre sont réversibles l'un dans l'autre, en raison même de l'énormité de l'immanence naturelle. Ce que se charge de montrer le roman, en mettant en œuvre le scandale d'un retournement complet des apparences, c'est bien l'ambivalence même de la Nature, merveilleuse-monstrueuse faudrait-il dire, dans son excès incommensurable et incompréhensible. Vue du côté splendide, elle montre la création merveilleuse de l'abîme ; vue du côté terrible, elle exhibe sa face tératologique. Mais monstres et merveilles sont prodigués avec la même exubérance souveraine, en cette matrice formidable que Hugo appelle, on l'a vu, le Possible.

Gilliatt est donc la proie d'une double Chimère : la première, cette Vénus sortant du flot, cette nudité sacrée, que la psychologie des profondeurs n'a pas manqué de rapporter à une vision archaïque de la sexualité fascinante et terrible. On aurait tort néanmoins, selon nous, de voir en elle la projection d'un simple fantasme érotique. Du fait même que l'imagination et la nature se rejoignent à la source commune de toute vitalité, sans doute vaudrait-il mieux reconnaître ici, dans le « fantôme divin » rêvé par Gilliatt, l'émanation d'un véritable Éros cosmique,

198 Sur le rapprochement possible entre la Chimère (la divinité) absente et Isis, voir les suggestions d'Agnès Spiquel, « La dissémination du mythe d'Isis dans les romans hugoliens de l'exil », *Mythe et récit poétique*, V. Gély-Ghedira dir., Association des Publications de la Faculté des Lettres et Sciences Humaines de Clermont-Ferrand, 1998, p. 176-179.

mystérieux et démesuré, dont la païenne Josiane, elle aussi fille de l'océan et de la tempête, serait l'incarnation la plus complète et la plus ambiguë.

Autre chimère, le monstre lui-même, expressément comparé (on l'a vu) à la Chimère mythologie, mais supérieur à elle en réalité, et surtout en méchanceté. La pieuvre est une *chimère réelle*[199] : le texte nous fait passer de la chimère rêvée à la chimère monstrueuse. Lorsque, à travers « la transparence charmante » de l'eau, semblable à de la « pierre dissoute », Gilliatt entrevoit « quelque chose d'inexprimable », une « guenille » sale ayant « la forme d'une marotte de bouffon[200] », le vertige de l'indistinct le fait hésiter entre l'être et le néant : « Il y avait de la *chimère* dans cette chose ; c'était un *être*, à moins que ce ne fût une apparence[201] ». La *chimère* qu'est le monstre tient de l'ébauche instable, elle existe et elle n'est pas *faite*, elle oscille entre la méchanceté absolue et le néant. Elle est quelque chose, une « chose », à peine un *être*, une créature mi-réelle mi rêvée. Comment comprendre cette énigme ontologique ?

Ce qui fonde l'identité chimérique de la pieuvre, c'est bien sûr, d'abord, sa monstruosité ; c'est aussi, comme on l'a déjà suggéré, ce qui fait d'elle le produit de l'imagination cosmique. Mais sans doute ne pourrait-on cerner toute l'ambiguïté de son statut ontologique sans le rattacher au statut ontologique, tout aussi ambigu, du Mal selon Hugo. Vaste question qu'on ne fera qu'esquisser ici. Hugo est conduit, par une certaine pente optimiste, à douter de la réalité substantielle du mal, et à rêver la dissipation utopique de ce qui serait pur non-être et pur simulacre dans la lumière purificatrice du Bien. De fait, la pieuvre est une sorte d'outre vide, un gant retourné, un rien féroce, qui se dégonfle comme une loque une fois dissipée l'horreur du corps à corps. Le combat s'achève par l'anéantissement complet de ce qui n'avait peut-être jamais été qu'un bloc de néant haineux : que reste-t-il de la bête ? non pas même un corps, un *reste*, justement, presque rien, deux « tas gélatineux informes[202] » aux pieds de Gilliatt victorieux. Mais comment croire Hugo (lui que taraude aussi le sens tragique de l'irrémédiable) assez dupe de cette illusion métaphysique pour nier la réalité ontologique du monstre, ce cauchemar, certes, mais vrai, ce cauchemar de la réalité,

199 Sur l'ambiguïté ontologique du monstre chimérique, voir l'article déjà mentionné de Pierre Laforgue, « Réalité, possible et chimère dans *Les Travailleurs de la mer* », *op. cit.*

200 *TM*, II, I, 13, p. 434.

201 *Ibid.* C'est moi qui souligne.

202 *Ibid.*, II, IV, 3, p. 542.

cet envers nocturne du fait ? On peut juger qu'il y a quelque chose d'irréductible (d'irrécupérable par le mouvement en avant du progrès) dans cette manifestation scandaleuse du Mal naturel. Le monstre a beau être le produit de la chimère ambiante, c'est bien aussi une réalité entrevue et devinée – comme suffirait à le montrer le moment de la *sidération* où Gilliatt, pétrifié, se voit regardé par les yeux médusants de la pieuvre : « Au milieu de cette viscosité », de ce rien gluant, de cette ventouse qui vous aspire vivant, de cet être invertébré qui n'est pas un être, caractérisé par une addition de traits négatifs, « il y avait deux yeux qui regardaient. / Ces yeux voyaient Gilliatt. / Gilliatt reconnut la pieuvre[203] ». Le ricochet de la fascination vient attester la réalité, difficilement réductible, de la pieuvre, et du mal. Si on ne saurait dire qu'elle existe *en chair et en os* – pour reprendre la formule de Hugo –, la créature d'épouvante n'en est pas moins *présente* (et *réelle*) jusque dans sa négativité paradoxale.

Horreur du mal renforcée, et non diminuée par l'écrin de splendeur qui l'abrite. Comme chez Nerval, la Chimère est le *génie*, mais effrayant, d'un lieu : le monde souterrain ou sous-marin de la grotte. Gilliatt aussi a rêvé la grotte où nage la sirène. On sait en outre que la *grotte* est l'étymon du *grotesque*. La merveille de la Chimère se trouve associée, par le décor où elle surgit, à la catégorie centrale du grotesque, à la fois esthétique et philosophique, mais du grotesque élargi par le songe, tel que Hugo a pu en évoquer la démesure fantastique ou fantasque dans *Le Promontoire du songe*. Le grotesque relève du songe ; il s'identifie à toute création qui semble porter le triple caractère d'être hors de la réalité, hors de mesure et d'unir la terreur et la grâce, la dérision et l'effroi. Il débouche ici, explicitement, sur ce produit du songe qu'est l'hilarité nocturne, la gaieté macabre, le « palais de la Mort, contente[204] », contenant le crâne de Clubin riant. Comme il y a un effroi du beau, il y a un effroi du grotesque. Comique absolu, combinant les deux faces de la merveille et du monstre, il met en contact avec l'absolu. La pression du grotesque est analogue à la pression du cosmos. Le grotesque équivaut donc ici à la substance du songe. L'exploration de la grotte sous-marine fait se rejoindre le grotesque et la chimère dans le voisinage du numineux. Si la grotte provoque une émotion presque sacrée, c'est bien parce qu'elle

203 *Ibid.*, II, IV, 1, P. 528.
204 *TM*, p. 427.

expose au vertige de la démesure : à la révélation d'une sorte d'Archè mystérieuse, de matrice énorme où s'ébauchent des monstres et des merveilles, dans le grand fourmillement fécond et terrible des cosmogonies. On n'oubliera pas non plus, à l'invitation de B. Marchal[205], la parenté étymologique entre l'italien *grotta* et le latin *crypta*, lui-même calqué sur le grec *crypté* : la grotte est une crypte, un sanctuaire, une cathédrale engloutie, ou plutôt un temple païen, protégé des regards profanes par un voile de clarté verte, et contenant dans un recoin caché un antre dans l'antre, un tabernacle dans le sanctuaire, qui lui-même contient une pierre en forme d'autel, toute prête à accueillir la divinité charmante ou redoutable, la Présence mystérieuse.

Architecture chimérique abritant une Chimère, la grotte peut apparaître comme le fruit du caprice, de la Fantaisie sans limites de la Nature. Si l'abîme est un artiste, et quel artiste[206], si la nature et l'art se confondent dans ce qu'on peut assimiler, de fait, à une construction baroque, ce n'est pas en vertu d'un parti pris artificialiste, mais bien parce que Hugo ne distingue pas entre la *natura naturans* et la *poïèsis*. L'imagination de l'Inconnu s'exprime dans cette création, la pieuvre, et dans cette construction naturelle, la caverne prodigieuse. Et nul ne s'étonnera dès lors de retrouver dans cette architecture grotesque tous les traits esthétiques de la démesure : l'irrégularité qui se résout miraculeusement en harmonie, le contraste qui semble voulu de la sauvagerie et de l'orfèvrerie, l'alliance oxymorique de la splendeur et de la mort, du prodige et du monstre, le miroitement des apparences, le flottement incertain de l'esprit et du lieu même entre la réalité et le songe, la proximité vertigineuse du rocher et du nuage, la théâtralité ostentatoire d'une Nature coquette qui se figure, se redouble elle-même, se pare d'un filet lumineux de reflets et de rêves, etc. Mais, si nous avons préféré parler de grotesque plutôt que de baroque[207], c'est parce que le baroque se trouve expressément mis en scène et commenté, dans *Les*

205 Voir la magistrale notice qu'il a consacrée aux *Chimères* dans Gérard de Nerval, *Les Chimères, La Bohême galante, Petits châteaux de Bohême*, B. Marchal éd., Gallimard, coll. Poésie, 2005, p. 297-315 (sur cette « cryptologie » qu'est l'étymologie, voir p. 313).

206 « Quel artiste que l'abîme ! » (*TM*, p. 430).

207 Sur le baroquisme hugolien, voir l'article de Michel Collot déjà mentionné ; Claude-Gilbert Dubois, « Peut-on parler de "baroque" à propos de Victor Hugo », *Revue française d'histoire du livre*, n° 58-59, p. 269-282. On pourra lire également l'article de Dominique Peyrache-Leborgne, « De Jean Paul à Hugo : romans baroques du romantisme », *Victor Hugo ou les frontières effacées*, Nantes, Éditions Pleins Feux, 2002, p. 303-333.

Travailleurs de la mer, et surtout dans *L'Homme qui rit* (on va le voir), non sans fascination bien sûr, comme une manifestation ambivalente. On suggérera que la référence au baroque n'est jamais innocente : elle recouvre un enjeu métaphysique. Et si le chaos de l'abîme ne reflétait, dans son « architecture d[e] hasard[208] », que la toute-puissance tyrannique du Caprice naturel ? Pas de loi, pas de logique, pas d'ordre repérables dans cette dépense sans mesure de splendeur (la merveille) ou de monstruosité. Le grotesque contiendrait le baroque comme une virtualité noire : celle d'un monde potentiellement livré au hasard, ou à l'aveugle nécessité du mal.

Nul autre meilleur exemple de l'ambiguïté ontologique de la *réalité chimérique* que le personnage fascinant de Josiane, l'un des plus déroutants de l'univers hugolien. Parmi de multiples avatars, qui ne sauraient épuiser son protéisme fondamental, Josiane est identifiée à la Chimère mythologique. *L'Homme qui rit* est peut-être le grand roman de la Chimère. Mais, paradoxe central, cette chimère est aussi une *réalité*. C'est ainsi, comme un oxymore vivant, qu'elle apparaît à Gwynplaine médusé dans sa nudité radieuse de Vénus anadyomène, surprise en plein sommeil, dans la chambre à coucher de Corleone-Lodge, véritable « grotte des miroirs[209] » qui jouxte une vasque baroque : « Chose bizarre à dire, elle était là, chair visible, et elle restait chimérique[210]. » Comment expliquer cette alliance paradoxale des contraires, ce mélange en elle de présence et d'absence, de proximité et de distance, de plein et de vide, d'être et de non-être ? Josiane apparaît elle aussi comme une véritable énigme ontologique. Il ne saurait être question d'apporter de réponse univoque à propos d'un personnage aussi complexe, propre à déjouer, par sa démesure même, toute tentative d'explication. Mais, si l'on s'en tient à ce passage central, on fera d'abord remarquer que le paradoxe de sa présence chimérique tient, en premier lieu, aux conditions de l'apparition sidérante : le tremblement de la vision vient traduire la stupeur, l'effroi sacré du contemplateur proprement fasciné, tellement saisi par l'éclat de l'idole que la réalité prend à ses yeux un caractère d'irréalité – impression vertigineuse encore accentuée par la proximité soudaine de la divinité rêvée dans le lointain d'un Olympe inaccessible,

208 *TM*, p. 430 (« l'auguste et difforme architecture du hasard »).
209 *HR*, p. 690.
210 *HR*, II, VII, 3, p. 693.

et brusquement dévoilée et offerte au désir dans la sublime impudeur cynique d'une chair radieuse et sacrée voilée par sa nudité même.

Mais le même texte n'est pas sans renvoyer le chimérisme charnel de la Vénus endormie à une qualité intrinsèque, et pas seulement projetée : la qualité même d'une pudeur paradoxale née de l'*impudeur*. L'une des notions clés de *L'Homme qui rit* est sans doute celle de *cynisme*. Il faudrait lui consacrer une étude entière[211]. On se bornera à distinguer, trop schématiquement sans doute, entre deux formes de cynisme à la fois opposées et convergentes dans la franchise brutale : le cynisme du philosophe, qui triomphe dans la dénonciation sans fard, la *parrhèsia*, terme qui désigne plus que la franchise, le courage de dire la vérité, dans la provocation et au prix du scandale. Tel est l'acte final du Titan ou du Satyre, Gwynplaine, introduit au cœur de l'Olympe des puissants, son discours de vérité exposé au rire universel des Heureux du monde, plus cynique à vrai dire que la parole d'Ursus, le philosophe, nouveau Diogène saltimbanque, mais retenu par une forme de résignation prudente au bord de la vraie franchise libératrice. Le cynisme est alors, dans cette première acception positive, celui de la satire anti-aristocratique et démasquante. Mais ce qui est visé par la satire cynique, c'est précisément l'*aplomb cynique* des olympiens, à entendre cette fois dans un sens négatif et pervers, autre forme de franchise, mais brutale, méprisante, amorale, suprêmement égoïste, celle du dandy, Lord David, mais aussi celle de ce dandy femelle qu'est à sa façon Josiane, à la fois précieuse et cynique, avide de s'arracher à l'ennui de l'immortalité par des « essais tragiquement cyniques[212] » – elle qui semble avoir droit, dans sa majesté olympienne, au « cynisme divin[213] » de la chair. Il y a un cynisme de l'impudeur, qui est bien une forme de franchise, mais c'est la franchise, la pudique impudeur réservée aux déesses. Josiane a l'*aplomb mythologique*[214], la sécurité des olympiennes qui se montrent dans leur nudité sacrée avec une chaste obscénité ou une obscénité chaste, protégée par l'éblouissement qu'elles suscitent – car la nudité est à la fois leur

---

211 Sur le cynisme, voir le beau livre de Jean-François Louette, *Chiens de plume. Du cynisme dans la littérature française du XXe siècle*, La Baconnière, 2011 (en particulier, l'Avant-propos, p. 7-8, et le chapitre 1, « Du cynisme au canisme »). Voir également V. Jankélévitch, *L'Ironie*, Flammarion, coll. Champs, 1964, p. 103 *sqq.*

212 *HR*, p. 605.

213 *HR*, p. 692.

214 *HR*, p. 486.

rayonnement et leur voilement ; elle saisit les mortels d'une sorte d'effroi sacré. La nudité païenne de la chair fait éclater la réserve de la pudeur chrétienne : Josiane, c'est la femme nue, la fascination et l'effroi de la chair dévoilée, offerte et inaccessible. De là son caractère *chimérique*. De là son extraordinaire présence et même *sur-présence* : Josiane est femme, elle est même *trop* femme, sa chair est naturelle et surnaturelle.

Ce que révèle le passage étudié, c'est donc la double origine, subjective et objective, de la Chimère. Subjective, tout d'abord. La première apparition de Josiane au théâtre[215], dans le Hall shakespearien qui voit le triomphe quotidien de *Chaos vaincu*, est une apparition en elle-même théâtrale. Elle prend place au cœur d'une véritable fantasmagorie. Non seulement *Chaos vaincu* s'offre comme une comédie rêve, une fantasmagorie[216] plus qu'une pièce, sur le modèle dessiné par *Le Promontoire du songe* : du reste, elle produit d'ordinaire sur les spectateurs un « effet de vision[217] », un effet de fascination. Mais la fantasmagorie se transporte aussi, lors de cette soirée consacrée par une épiphanie sidérante, de la scène dans la salle. Josiane elle-même est plus « personnage » que « personne[218] » ; toutes ses apparitions sont des mises en scène narcissiques. Par une manière de « ricochet de la fascination[219] », la salle renvoie au théâtre la surprise, et c'est au tour des acteurs, comme Gwynplaine, de devenir les spectateurs de la suprême spectatrice, l'hôtesse visionnaire de la loge, captivant tous les regards. Extraordinaire mise en scène de la fascination redoublée, qui tient compte des « conditions d'optiques[220] », du jeu de la pénombre soudain déchirée par l'éclat suprême, de la distance physique augmentée par la distance sociale – et qui semble dès lors présenter l'apparition de la divinité comme une « hallucination[221] » ou un mirage : « C'était une femme sans doute, mais n'était-ce pas aussi une chimère[222] ? », se demandent les comédiens et les spectateurs, au

215 *HR*, II, III, 7.

216 « La Green-Box était un peu un spectacle fantasmagorique, *Chaos vaincu* était plutôt un songe qu'une pièce » (*Ibid.*, p. 589).

217 *Ibid.*

218 Le spectacle est dans la salle, ou plutôt dans la loge : « cette personne », Josiane, « fait l'effet d'un personnage » (*ibid.*, p. 590) et suscite une puissante « diversion » ou *séduction* (au sens propre).

219 *Ibid.*, p. 589.

220 *Ibid.*, p. 590.

221 *Ibid.*

222 *Ibid.*

premier rang desquels Gwynplaine, devenus spectateurs du théâtre de l'apparition. Dans un premier sens, par conséquent, Josiane peut être dite chimérique dans la mesure où elle le *paraît*, où la machinerie féerique d'une sorte de théâtre baroque la fait descendre soudain de l'empyrée au milieu des mortels, comme une vision peut-être illusoire.

Chimère, elle l'est d'abord dans le regard fasciné de Gwynplaine. À partir de cette apparition doublement sidérale et sidérante (la collision brutale et inouïe des mondes séparés par une distance sociale infinie fait naître la métaphore de la femme-comète incandescente et menaçante), elle le devient aussi dans ses rêves. Car l'apparition théâtrale de Josiane est le point de départ d'un scénario de la Tentation où elle donne corps au « rêve de la chair[223] » corrupteur que Gwynplaine ne peut s'empêcher de nourrir sous la pression de l'Éros cosmique. Josiane est la chair, et non la femme, la chair triomphante, opposée dans la distribution axiologique des rôles à l'évanescente Dea, trop virginale et trop éthérée pour satisfaire le désir naissant de Gwynplaine gagné par l'urgence de la sève vitale universelle. La tentation, c'est l'empoisonnement de l'âme par la rêverie coupable. Hugo met en scène le théâtre intérieur de la psychomachie. Sur ce théâtre de la conscience morale, Josiane est d'abord pour Gwynplaine, avant la rencontre décisive, une Chimère intérieure, une vision éblouissante, celle de la fée qui lutte en lui avec l'image apaisante de la sainte. Le texte insiste sur l'égarement chimérique du désir, voué à l'illusion séduisante, et éloigné de la vérité de l'âme. Selon l'axiologie sommaire de la Tentation, heureusement débordée par le mystère du sexe, la chair s'oppose à l'âme comme le faux au vrai ou le chimérique au réel (« ce n'est pas la chair qui est le réel, c'est l'âme[224] »).

Il convient en outre de préciser que la rêverie tentatrice est réciproque. Gwynplaine a été aussi rêvé, parallèlement, par la Chimère qu'il rêve. Si Josiane est le « rêve de la chair » devenu « chair vivante[225] » aux yeux du « Pygmalion du rêve[226] » (trop) curieux de la femme, réciproquement, Gwynplaine est présenté par Josiane elle-même, dans sa frénétique éructation finale, comme « le monstre de [ses] rêves[227] ». En somme, ce que consacre le scénario de la Tentation, c'est bien le face à face de

223 *Ibid.*, p. 606.
224 *Ibid.*, p. 761.
225 *Ibid.*, p. 692.
226 *Ibid.*, p. 599.
227 *Ibid.*, p. 697.

deux chimères symétriques. C'est du reste ce qu'affirme Josiane dans sa croyance à la prédestination et à l'efficacité magique de la lettre envoyée : « – Vois-tu, Gwynplaine, rêver, c'est créer. Un souhait est un appel. Construire une chimère, c'est provoquer la réalité[228]. » Non seulement cet éloge de la puissance démiurgique du rêve renvoie, comme le révélait une variante supprimée[229], à la croyance de Josiane aux prestiges de la sorcellerie évocatoire et aux affinités sidérales. Mais Gwynplaine, sorte de Chimère à sa manière, créée par une tératogenèse chirurgicale, en vient à apparaître en retour à Josiane comme le créateur ou le révélateur de sa propre nature : « À ton tour, tu me crées[230]. » Elle le loue de faire apparaître dans le miroir où elle s'idolâtre elle-même la face monstrueuse qui la façonne à sa ressemblance, soit par une contagion magique de l'imagination productrice de monstres, soit par la puissance révélatrice du reflet. Mais on aurait tort d'extraire cette formule séduisante de son contexte pour l'attribuer sans nuances à Hugo lui-même. Car on ne saurait méconnaître sa méfiance à l'endroit de la vanité narcissique de l'imagination créatrice, de la fantaisie pure ou du caprice. La déclaration superbe de Josiane n'est pas à prendre pour un oracle hugolien ; elle est à rapporter à son orgueil démiurgique d'olympienne, avide de créer des monstres à volonté, de se métamorphoser elle-même en monstre, de plier la matière et les corps à ses fantaisies plastiques, de soumettre la réalité à une dénaturation monstrueuse, précieuse ou perverse. Le rêve démiurgique risque de dissoudre la réalité malléable dans une évanescence irrémédiable. En Gwynplaine, l'aristocratie a bien *construit* une chimère chirurgicale ; celle-là même dont s'enivre l'extase créatrice de Josiane, curieuse de s'observer dans le miroir de la monstruosité.

Si Josiane est donc la Chimère dangereuse de Gwymplaine, c'est bien parce qu'elle s'est faite elle-même Chimère. Apparaît ici un troisième niveau, proprement politique, dans l'ordre du chimérisme. Il ne faut pas perdre de vue la cible de la satire : l'aristocratie anglaise est entièrement dénoncée comme une Chimère monstrueuse et féroce. « Vous

228 *Ibid.*, p. 698.

229 La variante (*ibid.*, p. 1096) nous apprenait que Josiane, « croy[ant] aux sorcières », s'était livrée à un rituel de magie évocatoire, en envoyant à Gwynplaine une lettre cachetée avec de la « cire de quête », scellée avec un sceau particulier, moyen infaillible pour le faire venir selon la sorcière consultée. Cette scène ébauchée révélait une « vestale bacchante » moins sûre de ses pouvoirs.

230 *Ibid.*, p. 699.

êtes la chimère, et je suis la réalité[231] », proclame Gwynplaine dans son discours final à la Chambre des Lords. Par sa nature même, Josiane participe du chimérisme aristocratique. N'oublions pas qu'en elle se conjuguent, autre paradoxe central, la présence de la chair et l'esprit déréalisant de la précieuse. Elle offre cette alliance impossible de la réalité la plus charnelle et de l'évitement, de l'évidement précieux. De là son inaccessibilité : elle se contemple dans sa grotte aux miroirs, ou elle s'enivre de ses propres paroles incandescentes face à Gwynplaine silencieux ; elle se montre, elle s'exhibe, elle se met en scène, elle multiplie les *personae* provisoires comme au théâtre, mais jamais elle ne se donne ; elle jouit de sa propre chair jusque dans l'inconscience du sommeil (même son sommeil est mis en scène et obéit à la mode italienne) ; elle s'en enivre et s'en absente. Duchesse au théâtre ; naïade, fée, Vénus dans l'intimité tout aussi théâtrale de la chambre à coucher, elle semble obéir à une immense *Comédie songe*, celle de la cour, entièrement dominée par l'univers de la féerie baroque. Si Josiane est l'un des personnages les plus singuliers de l'œuvre hugolienne, n'est-ce pas parce qu'elle appartient, plus encore qu'au théâtre, à l'Opéra ? Elle s'inscrit au cœur de ce merveilleux vraisemblable, de substitution, dont a magnifiquement parlé C. Kintzler[232], dont le propre est de se calquer sur la législation interne d'une cosmologie autonome, distincte de la cosmologie « naturelle ». Lorsqu'on assimile la poétique hugolienne au baroque, on oublie que le baroque est lui-même thématisé, compris dans la satire, regardé avec un mélange de fascination et d'effroi comme une dérive monstrueuse de l'art, entièrement livré au chaos et au caprice. Car Josiane est suprêmement la divinité orgueilleuse du caprice aristocratique, qui vit d'engouements violents, et congédie ce dont elle s'est engouée dans une pirouette dédaigneuse qui scelle l'identité du mépris et du désir, de la volupté et de la cruauté[233].

231 *Ibid.*, p. 744.

232 Catherine Kintzler, *Poétique de l'opéra français. De Corneille à Rousseau*, Minerve, 2006.

233 Jean-Louis Cabanès (*Le Négatif. Essai sur la représentation littéraire au* XIX*e siècle*, *op. cit.*, p. 64-66) a remarquablement analysé le « sublime de l'abjection » auquel s'abandonne Josiane par caprice aristocratique et bien vu dans son alliance avec le monstre grotesque, son reflet et son *autre*, une *parodie* de l'esthétique hugolienne. Sur Josiane, et son parallèle possible avec la Nana de Zola, voir les belles analyses de Myriam Roman, « De *L'Homme qui rit* à *Nana* : mythe, roman, poème », *Mythe et récit poétique*, V. Gély-Ghedira dir., Association des Publications de la Faculté des Lettres et Sciences Humaines de Clermont-Ferrand, 1998, p. 105-118.

Même si elle évolue dans un monde théâtral, en dehors du réel, personnage elle-même, ou fantôme, on ne saurait toutefois ramener la Chimère qu'est Josiane au rang de pure illusion. Car en elle triomphe aussi la *plénitude* païenne de la chair : au théâtre, elle siège au centre de sa loge avec une splendeur et une « plénitude d'idole[234] » ; si elle est une apparition, c'est une « apparition rose et fraîche[235] », un fantôme charnel qui tient du vampire plus que du spectre. Dans le temps même où il distingue entre la chair et la femme, entre Éros et Agapè, Hugo congédie l'antique comparaison de la chair avec la froideur morte du marbre antique : « La beauté de la chair, c'est de n'être point du marbre ; c'est de palpiter, c'est de trembler, c'est de rougir, c'est de saigner ; [...] c'est d'être la vie[236] ». De sorte que la chair ne saurait se réduire au corps : à un certain degré de beauté et d'idéal, elle se confond avec la nudité, elle se couvre d'un voile d'éblouissement ; fût-elle privée d'âme, elle semble animée et spiritualisée. La présence vivante et irradiante de la chair empêche de réduire ce chef-d'œuvre de la majesté toute matérielle à un pur néant. La chair se dérobe à la condamnation ascétique qui tend par ailleurs à la dénoncer comme vile et négative.

La plénitude paradoxale de l'idole païenne, qui suscite en retour une admiration toute païenne (subir son ascendant, c'est se métamorphoser soi-même en païen et en laquais), ne fait que trahir l'ambivalence fondamentale de Hugo à l'égard de la chair, à la fois fascinante et horrifiante[237]. Celle-ci ne fait pas l'objet d'un rejet univoque dans le roman. Josiane ne se laisse pas entièrement comprendre dans l'opposition métaphysique d'Éros et d'Agapè, ni dans l'antithèse qui la pose en rivale de l'angélique Dea, vouée à une existence désincarnée et toute spirituelle, et à la promesse d'un accomplissement posthume. Parce que, en dépit de sa radicalité apparemment irréductible, l'opposition d'Éros et d'Agapè ne peut que se heurter avec l'autre tendance, moniste, de la pensée hugolienne vers l'immanence et donc vers l'incarnation. D'un côté, certes, la pureté manichéenne de la séparation de l'âme et du

234 *HR*, p. 588.
235 *Ibid.*, p. 590.
236 *Ibid.*, p. 486.
237 Sur l'ambivalence de l'érotique hugolienne, voir les analyses suggestives de Pierre Laforgue, « *L'Homme qui rit*, ou la matière des fantasmes », *Hugo more erotico. L'amour, le sexe, le désir*, Mont-de-Marsan, Eurédit, 2002, p. 203-223. Sur le caractère *chimérique* de Josiane, en qui se mêlent le réel et le possible, voir *ibid.*, p. 209-210.

corps, le dualisme exacerbé de la matière et de l'esprit, Dea, l'âme sans la chair, Josiane, la chair sans âme. Mais, de l'autre, Hugo est tout prêt à concéder, au nom même de l'immanence, la nécessité de s'abandonner aux vagues effluves sans nom de l'obscurité sidérale, à la pression de « l'immense sexe épars[238] », aux parfums errants de la sève en travail qui ne sont pas hors de Dieu. Le passage de l'idylle virginale à l'autre idylle, chrétienne, de l'amour nuptial sanctifié par l'alliance, n'est pas une aberration : c'est une « préméditation de la création[239] ». Hugo semble également tout disposé à concéder l'insuffisance de la virginale Dea, la transition naturelle vers l'amour nuptial, la compromission, certes périlleuse, mais nécessaire, de l'idéal avec la chair. Il y aussi en Hugo un poète (faut-il dire païen ou chrétien ?) de l'*incarnation*, comme l'avait très bien vu Péguy[240], à propos de *Booz endormi*.

Impossible de nier la plénitude paradoxale de la chair. Si Josiane est intrinsèquement chimérique, elle est aussi réelle. De là son assimilation à la Vénus mythologique :

> c'était la divinité d'un sommeil auguste. Cette impudeur se dissolvait en rayonnement. Cette créature était nue avec autant de calme que si elle avait droit au cynisme divin, elle avait la sécurité d'une olympienne qui se fait fille du gouffre, et qui peut dire à l'océan : Père ! et elle s'offrait, inabordable et superbe, à tout ce qui passe, aux regards, aux désirs, aux démences, aux songes, aussi fièrement assoupie sur ce lit de boudoir que Vénus dans l'immensité de l'écume[241].

Il faut prendre garde à l'ambivalence des références mythologiques. Ce sont d'abord des modèles pour Josiane elle-même qui cherche des

---

238 *HR*, p. 600.
239 *Ibid.*, p. 599.
240 Ch. Péguy, *Victor-Marie, comte Hugo* (1910), Éditions Fario, 2014, p. 112 *sqq.* Commentaire inspiré de *Booz endormi*, cité et repris par Michel Crouzet à l'ouverture de sa préface au *Promontoire du songe*, *op. cit.*, p. XIII-XV.
241 *HR*, p. 692. Sur l'éros océanique dont Josiane, Vénus née de la mer, est l'incarnation suprême, voir A. Spiquel, « Un exemple de mythographie : la Titane de *L'Homme qui rit* de Victor Hugo », *Études romanesques*, n° 6, Minard, 2000, p. 74. Sur la parenté possible entre l'Ève du gouffre et la pieuvre des *Travailleurs de la mer*, *ibid.* ; voir aussi l'article de Claude Millet, « *Les Travailleurs de la mer* de Victor Hugo : un roman d'amour », *Romantisme*, n° 115, 2002, p. 20-21 : dans un fragment du roman de Serk (cité par Cl. Millet et reproduit dans *Océan*, *op. cit.*, p. 506) un bal masqué baroque devait consacrer l'apparition médusante d'une *femme nue*, enveloppée dont ne sait quelle « pudeur de l'horreur », doublement apparentée à la divinité absente de la grotte des merveilles, et à la fille de l'Océan qu'est Josiane, dans son impudeur cynique d'olympienne.

répondants dignes d'elle dans l'Olympe, par une démarche de précieuse, et parce qu'elle s'excepte de l'humanité : elle ne saurait aimer qu'un dieu ou un monstre, un monstre de préférence, pour jouir de s'avilir et de se compléter dans le miroir de la difformité suprême – sur le modèle, précisément, des grands accouplements monstrueux de la mythologie. La mythologie est donc d'abord convoquée par l'autocitation. Elle est en outre, comme l'a bien montré Pierre Albouy[242], un déguisement délibéré de la satire qui met en scène l'épisode cardinal de la confrontation entre le Titan ou le Satyre, héros de la révolte, et le rire dédaigneux des Olympiens. Mais on ne saurait ignorer que ces mêmes références sont prises en charge et accréditées en même temps par le génie mythologique de Hugo, avec une ambivalence irréductible. Josiane ne joue pas seulement les Vénus ou les vestales bacchantes. En raison de sa bâtardise, sorte de monstruosité sociale qui la rattache à une filiation double (« Le roi l'avait fait duchesse, et Jupiter néréide »), elle *est* Vénus, la fille du gouffre et de la tempête ; elle a en elle « de la vague » et « du hasard » ; on ne saurait la comprendre sans doute sans voir qu'elle égale les grandes divinités païennes, qu'elle porte à son sommet admirable l'idéal de l'Éros païen. En raison même de sa démesure : si l'horreur se combine en elle avec la grâce, si elle trouve dans ses paroles de flamme les accents d'une « grandeur prométhéenne[243] » analogue à celle du Job-Prométhée qu'est Gwynplaine de son côté, c'est qu'elle rejoint la grande déesse Géo[244] chantée par Eschyle (et par Hugo lui-même[245]) jusque dans sa sauvagerie et sa rage épiques, dans le paroxysme de sa transe, dans sa transfiguration non pas angélique, mais infernale. La réalité de la Chimère procède de sa démesure cosmique : Josiane incarne le mystère d'un Éros océanique, le mystère d'une sexualité cosmique indissociable d'une forme de monstruosité. La Chimère qu'est Josiane est sans doute

242 P. Albouy, *La Création mythologique chez Victor Hugo*, *op. cit.*, p. 251-253 (Gwynplaine est le plus douloureux des titans hugoliens).

243 *HR*, p. 700.

244 « Les fêtes de la Grande Déesse, chantées par Eschyle, donnaient aux femmes cherchant les satyres sous les étoiles cette sombre rage épique. Ces paroxysmes compliquaient les danses obscures sous les branches de Dodone. Cette femme était comme transfigurée, s'il est possible qu'on se transfigure du côté opposé au ciel. » (*HR*, p. 700). Sur Josiane-Géo, voir P. Albouy, *op. cit.*, p. 250-251, et A. Spiquel, « Un exemple de mythographie : la Titane de *L'Homme qui rit* de Victor Hugo », *op. cit.*, p. 72.

245 Dans *Dieu*, *L'Océan d'en haut*, IV (*Œuvres complètes*, *Poésie IV*, *op. cit.*, p. 642-653). Sur Géo, p. 646-647.

en dernier lieu une production du cosmos dans son excès inquiétant, sa Fantaisie baroque ou grotesque. Elle est à la fois la contre-nature précieuse, et le reflet ou l'effet d'un certain art de la nature attribué aussi, dans *Les Travailleurs de la mer*, au génie de l'abîme. C'est pourquoi, en dernier lieu, elle est Chimère parce qu'elle est *monstre*, au moral surtout, mais aussi au physique (elle a les yeux pairs) :

> Au moral, Josiane faisait penser au vers de l'épître aux Pisons : *Desinit in piscem.*
>
> Un beau torse de femme en hydre se termine.
>
> C'était une noble poitrine, un sein splendide harmonieusement soulevé par un cœur royal, un vivant et clair regard, une figure pure et hautaine, et, qui sait ? ayant sous l'eau, dans la transparence entrevue et trouble, un prolongement ondoyant, surnaturel, peut-être draconien et difforme. Vertu superbe achevée en vices dans la profondeur des rêves[246].

La référence à l'*Art poétique* d'Horace ne peut que revêtir également une portée esthétique. Josiane n'est pas seulement la Chimère, ou la sirène, ou la Mélusine qui commence femme et s'ébauche poisson ou dragon dans la profondeur des rêves. Comme l'a bien vu Michel Collot[247], en dehors de toute condamnation axiologique, Hugo a aussi incarné en elle l'emblème de sa poétique du grotesque, accordée à la démesure naturelle, et complètement étrangère à la mesure classique : puisque dans la chimère se rejoignent à la fois le *caprice* (le caprice étant le doublet italien du terme grec) et le *grotesque* (Josiane est la Vénus de la grotte des miroirs), elle relève entièrement du Songe. Elle est chimérique *et* réelle, monstrueuse et merveilleuse, comme la nature elle-même. L'ontologie de l'imaginaire devient bien, en un sens, une ontologie imaginaire – dès lors que le seul modèle applicable à l'Être dans sa *présence-absence* est, non pas celui de la « vérité », mais celui du songe.

---

246 *HR*, p. 487.

247 Michel Collot, « L'esthétique baroque dans *L'Homme qui rit* », *op. cit.*, p. 103-104.

« C'EST LE MONDE QUI N'EST PAS ET QUI EST »

Possible et fiction

Entre le réel et l'imaginaire, entre l'être et le non-être, il y a le possible. Jusqu'ici, nous n'avons considéré que le possible *dans* la fiction – en partant du postulat que les textes de Hugo contenaient, soit explicitement, soit pensivement, une philosophie du réel, ouverte aux marges indéterminées du possible et de l'imaginaire. Mais l'ontologie hugolienne, dans son respect des transitions et des gradations insensibles, dans son sens du clair-obscur et son refus de toute pensée de la rupture, est aussi merveilleusement favorable à la reconnaissance de la légitimité et de la dignité, à la fois épistémologiques et ontologiques, de la fiction – ou plutôt de ce que Hugo appelle le « monde[1] » poétique. L'ontologie du possible et de l'imaginaire ne se trouve pas seulement reflétée dans l'œuvre ; elle contribue à donner en retour à l'œuvre une présence et une réalité paradoxales. Hugo est prêt à accorder (on l'a vu) aux produits de l'imagination une étonnante consistance ontologique, à tous les produits de l'imagination, y compris aux *fictions* de l'art. À l'ontologie graduelle développée par Hugo correspond une poétique de la mimèsis qui tend à considérer l'œuvre d'art comme une création seconde, analogue à la Création, et comme une réalité dans la réalité.

Le détour par la notion de possible pourrait permettre de comprendre le statut ontologique accordé à la fiction par Hugo dans des textes décisifs : on passera du possible *dans* la fiction au possible *de* la fiction. À nouveau, nous ferons un usage heuristique de la notion, avec toute la prudence requise. Car, si l'on peut être tenté de l'y rapporter, rien ne vient attester (du moins explicitement) que Hugo emprunte ses arguments à la réflexion globale, d'inspiration leibnizienne, sur les mondes possibles ouverts à la fiction et par la fiction. À l'incertitude

---

1 *Le Promontoire du songe*, *op. cit.*, p. 20.

de la filiation s'ajoutent, qui plus est, les déformations apportées à cet héritage décisif, mais un peu oublié, par la récupération moderne dont il a fait l'objet, sous la forme purement logique de la sémantique modale[2]. Nous nous efforcerons seulement d'explorer le lien fondamental que Hugo établit entre ontologie et esthétique, à la lumière de la notion de possible.

Non sans évaluer les bénéfices d'une telle approche de la fiction (à commencer par sa légitimation même), J.-M. Shaeffer[3] a tendance à estimer relativement stérile la tentative pour fonder la validité de la fiction sur une ontologie du possible (élargissant le champ de la référence du réel au possible). Il lui préfère une conception *pragmatique* qui neutralise complètement la question du statut ontologique de la fiction, considérée comme nulle et non avenue. Dès lors qu'on admet que la fiction échappe aux critères du vrai et du faux, il est vain, selon lui, de s'interroger sur la *nature* de la fiction, que ce soit pour examiner le rapport de la fiction et du réel, ou pour prendre en considération la réalité propre de la fiction[4]. Sur ces deux aspects, cependant, on ne pourra pas faire aussi facilement l'économie de la question ontologique, tant elle est posée avec insistance par Hugo lui-même, et par les fondateurs romantiques de l'esthétique. On pourrait même considérer que la tendance à mettre entre parenthèses l'enjeu de l'être – sous prétexte que se sont effondrés les fondements théologiques qui pouvaient justifier jadis

2 Voir les travaux, déjà mentionnés en préambule, de L. Doležel, *Heterocosmica. Fiction and Possible Worlds*, Baltimore, John Hopkins University Press, 1998 ; D. K. Lewis, *Counterfactuals*, Oxford, Blackwell, 1973 ; *On the Plurality of Worlds*, Oxford, Blackwell, 1986 ; Th. G Pavel, « Les mondes possibles et la logique du vraisemblable », *Le Vraisemblable et la fiction*, A. Gómez Moriana et K Gürttler dir., Université de Montréal, p. 182-194 ; *L'Univers de la fiction*, Éditions du Seuil, 1988. Pour une présentation et une discussion critique des différentes thèses en présence, voir le livre récent de Françoise Lavocat, *Fait et fiction. Pour une frontière*, Éditions du Seuil, 2016.

3 Sur la discussion des thèses de la sémantique modale des mondes possibles, voir J.-M. Schaeffer, *Pourquoi la fiction ?*, Éditions du Seuil, 1999, en particulier p. 205-207. Soutenir, comme le fait l'auteur, que les mondes fictionnels sont difficilement réductibles à la *logique* des mondes possibles (p. 207) invalide à juste titre l'approche purement *logique* de la fiction, mais certainement pas l'approche sémantique dans l'absolu, ni l'idée, nullement aberrante en soi, d'une *ontologie* du possible. L'identification abusive du *sémantique* et du *logique* annule par avance la possibilité de l'alternative entre *ontologique* et *pragmatique*. L'esthétique des mondes possibles, telle que Baumgarten la conçoit, s'inscrit précisément *en marge* de la logique.

4 Voir *ibid.*, p. 210-212. La question de la réalité de la fiction est seulement *suspendue a priori* par l'approche pragmatique, et non invalidée.

l'existence d'une telle ontologie esthétique[5] – n'en invalide nullement la pertinence, mais ne fait que trahir de nouveaux partis pris proprement modernes qui déplacent l'accent, non de la référence (car il ne s'agit pas de nier le caractère référentiel de la fiction), mais du référent, de l'entité ontologique, vers la *réception*, créditée d'une légitimité supérieure.

On a dès lors un peu oublié que la naissance de la discipline nouvelle, et autonome, de l'*esthétique*, trouvait son fondement (du moins en partie) dans une ontologie du possible d'origine leibnizienne. Il faut revenir aux textes de Baumgarten, et à ceux de ses prédécesseurs suisses, Breitinger et Bodmer, commentés par P. Grappin[6], pour mesurer les retombées esthétiques décisives de la philosophie de Leibniz. L'héritage est double, à vrai dire. Car Baumgarten[7] emprunte d'abord à la promotion leibnizienne des petites sensations confuses l'un de ses arguments essentiels en faveur de l'autonomie de l'esthétique : loin de continuer la tradition normative de la poétique classique, l'esthétique est assimilée à une *gnoséologie*, à un art de sentir (de perfectionner la perception sensible), et presque à une phénoménologie avant l'heure. C'est que Baumgarten tient la faculté de sentir pour une faculté de *connaissance* à part entière : « gnoséologie inférieure », selon ses propres termes, connaissance certes confuse, accordée aux capacités limitées de l'homme, mais que Leibniz lui a appris à relever de son indignité supposée, en distinguant lui-même entre confusion et obscurité : c'est de cette distinction capitale, anticartésienne, que Baumgarten s'est souvenu. La connaissance sensible peut être dite à la fois confuse et claire, dès lors qu'elle est capable de *reconnaître* son objet, mais non de le *connaître* distinctement, c'est-à-dire de le décomposer logiquement ;

---

5 « [La notion de "monde fictionnel"] est obligée de se fonder sur une ontologie dont on voit mal comment elle pourrait être légitimée autrement qu'en termes théologiques (comme elle l'était effectivement chez Leibniz) » (*ibid.*, p. 206). C'est là le cœur de l'argumentation : la définition pragmatique de la fiction repose sur un autre postulat, *anti-ontologique*, qui la fonde et la justifie. Pour une approche ontologique de la fiction comme monde possible, voir Françoise Lavocat, *op. cit.*, IIIe partie.

6 Pierre Grappin, *La Théorie du génie dans le préclassicisme allemand*, Presses universitaires de France, 1952, p. 7-9 ; chap. I (« Les suisses : imitation et imagination »), sur Bodmer et Breitinger, en particulier p. 47 *sqq.* ; chap. II (« Baumgarten »), notamment p. 99 *sqq.*

7 Voir l'anthologie rassemblée par J.-Y. Pranchère : A. G. Baumgarten, *Esthétique* [vol. 1, 1750 ; vol. 2, 1758], *précédée des* Méditations philosophiques sur quelques sujets se rapportant à l'essence du poème [1735] *et de la* Métaphysique (§§ 501 à 623) [1739], L'Herne, 1988. On doit beaucoup à l'excellente préface de l'éditeur, « L'invention de l'esthétique », p. 7-21.

le jugement esthétique repose ainsi sur la certitude d'un je-ne-sais-quoi informulable : un artiste peut estimer avec sûreté la valeur esthétique d'une œuvre sans être capable (sans même qu'il lui soit nécessaire) de donner ses raisons. Il ne suffit pas de dire, du reste, que l'esthétique tire sa légitimité de la dignité épistémologique propre du sensible. Plus encore, elle doit son autonomie au caractère *irréductible*, indépassable de cet horizon sensible du savoir : par un acte décisif, Baumgarten refuse d'exclure du champ de la connaissance, et donc de la vérité, tout ce qui délimite l'horizon nécessairement restreint de la vie sensible et de la condition incarnée. À côté de la logique comme science du général, il y a place pour l'esthétique comme science de l'individuel : l'esthétique est légitime parce qu'elle est irréductible comme expérience et comme savoir. Elle conquiert son autonomie, ou plutôt la fait-elle reconnaître, en marge du domaine spécifique de la logique rationnelle. La naissance de l'esthétique coïncide donc d'abord avec l'extraordinaire réhabilitation, révolutionnaire, de la sensibilité, de l'affectivité – son domaine propre, nullement dérisoire, on vient de le voir, tant du point de vue épistémologique que du point de vue ontologique.

À vrai dire, les deux points de vue ne sont pas séparables. Car la vérité de l'esthétique renvoie précisément à l'élargissement du champ de la référence. C'est là que se rencontre le deuxième argument décisif, fondé sur la notion de possible, et déjà développé par Breitinger et Bodmer, comme l'a bien établi P. Grappin. À côté de la promotion sans précédent du sensible, celle du possible ouvre à l'art un champ plus vaste qui permet à la fois de valider et de réglementer les *inventions* de l'imagination créatrice. Tous empruntent aux principes philosophiques de Leibniz l'essentiel de leur théorie – à commencer par l'invitation à étendre le champ du réel au possible. Le génie créateur ne se contente pas d'imiter l'actuel, il imite aussi le possible. Il retrouve, par la force de son affabulation, les mondes possibles qui n'ont pas été créés par Dieu, mais qui auraient pu l'être. Comme tous les possibles qui n'existent pas (c'est-à-dire impossibles *ex hypothesi*), la fiction décrit une certaine réalité. Ce qu'elle expose n'est pas rien, mais bien quelque chose de réel. Et ce pour une raison décisive : les essences (ou possibles) ont beau ne pas exister, elles n'en sont pas pour autant imaginaires ou fictives, elles sont en Dieu même comme des réalités – fussent-elles maintenues à l'état virtuel. L'art est donc une manière de porter à l'existence des possibles prévus mais écartés par Dieu dans sa combinatoire mystérieuse. Certains mondes possibles seraient réalisés, non pas comme des mondes, mais comme des fictions poétiques, et donc inclus dans l'univers « réel », qui s'en trouverait augmenté. Quand Baumgarten parle du *monde poétique* comme d'un « autre monde[8] », il entend ces autres mondes possibles qui, pour n'avoir pas été créés, n'en existent pas moins, n'en sont pas moins vrais, d'une « vérité de rêverie[9] », comme dirait Hugo : d'une vérité *hétérocosmique*, selon le néologisme forgé par Baumgarten. Ce sont alors à la fois le cadre de l'invention poétique, la vérité de la fiction et sa réalité qui se trouvent complètement redéfinis.

La vérité, tout d'abord. De façon décisive, Baumgarten n'hésite pas à célébrer les « inventions *vraies*[10] » de l'esthétique : non pas vraies dans notre monde, mais dans un autre monde possible, qui nous est en quelque sorte rendu accessible par l'art. La fiction se voit ainsi créditée d'une véritable capacité référentielle : elle ne renvoie pas à rien, mais à un possible – qui n'est certes pas un possible *du* réel, mais un possible « réel » et existant à sa manière. Le problème séculaire de la vérité de la fiction trouve une solution (fût-elle précaire) dans la redéfinition des limites du réel, désormais ouvert au possible inactuel. L'idée leibnizienne des mondes possibles devient dès lors le fondement, chez tous, d'une théorie renouvelée de la vraisemblance, plus « révolutionnaire » que ne laisse penser, à première vue, le cadre assez classique dans lequel elle vient se couler comme dans un moule préformé. Le vraisemblable selon Boileau est ce qui pourrait être réel dans le monde que nous connaissons ; le vraisemblable selon Breitinger, ce qui pourrait exister dans l'un des multiples mondes possibles restés comme en suspens dans les limbes de la Création. Dans un cas, le possible se calque sur le vraisemblable (et sur les attentes extérieures qu'il définit) ; dans l'autre, le vraisemblable se calque sur le possible (qui n'est pas l'irréel, mais une extension du réel). Cela change tout.

Certes, à en croire P. Grappin[11], la célébration du génie et de l'imagination créatrice semble s'accompagner d'une prudence toute

---

8 Baumgarten, *Esthétique*, *op. cit.*, § 599, p. 223-224.

9 *WS*, *op. cit.*, p. 306.

10 Baumgarten, *Méditations*, *op. cit.*, § LI, p. 50. C'est moi qui souligne.

11 Sur la régulation de l'imagination créatrice par les principes de cohérences internes, de raison suffisante, de non-contradiction, voir P. Grappin, *op. cit.*, p. 8 (« ce monde poétique

classique dans la délimitation des frontières de l'*invention*. Il s'agirait, pour Breitinger et Bodmer, séduits par le merveilleux mais effarouchés par la fantaisie pure à la Hoffmann, d'éviter le double écueil de l'imagination sans frein, de l'invention sans mesure, et de la simple platitude mimétique. L'imagination se trouve à la fois exaltée dans sa puissance créatrice, et limitée par toute une législation interne tirée de la philosophie leibnizienne : la fiction est admise, elle est admise comme un monde en soi (toute la grandeur de Shakespeare fut de donner vie à un *monde*), mais à la condition que ce monde soit régi par un principe logique de *cohérence interne*, que la contradiction en soit exclue et que rien n'y soit sans rime ni raison. L'invention semble donc soumise à une forme de *mesure* raisonnable – très éloignée, disons-le d'emblée, de la *démesure* du génie hugolien.

Il n'en reste pas moins vrai que, si la fiction poétique a pour vocation de créer un monde, ou d'amener à l'existence un monde possible (puisqu'il n'y a pas d'*invention pure*), le geste même de la création se voit doté d'une validité métaphysique fondamentale : il n'est plus question d'imiter le réel, mais l'*acte créateur* même, de retrouver en soi, dans son microcosme intérieur, le *modus operandi* de Dieu (car les lois de l'art et celles du monde sont identiques), d'égaler, dans une certaine mesure, le génie artistique du démiurge suprême, qui a créé le monde comme une œuvre harmonieuse. Le modèle, ce n'est plus la nature, c'est Dieu, ou le principe génétique de la *natura naturans*. De sorte que – conséquence fondamentale – la fiction s'offre comme un *monde* dans le monde, et s'ajoute à la réalité comme une réalité en soi. Il ne faut pas seulement dire qu'elle renvoie à quelque chose de réel, mais qu'elle est elle-même une *réalité*. Le statut ontologique de la fiction se trouve assuré par l'inclusion de la poétique dans une ontologie globale. Le possible qui était au départ, dans la perspective leibnizienne, un argument métaphysique pour affirmer la

---

nouveau n'est pas sans rime ni raison, ce n'est pas un champ laissé libre aux divagations du fantastique » ; le modèle de Breitinger est Milton, et non Hoffmann) ; p. 43 (il semblerait sacrilège à Bodmer et Breitinger que l'homme pût égaler le Créateur et créer sans secours extérieur une manière d'univers : « l'idée leibnizienne des mondes possibles se présente alors comme un salut, comme la solution qui permet de concilier des exigences opposées. »). Sur la condamnation de la fantaisie par Baumgarten, sa méfiance à l'égard des extravagances du romanesque et de la fable, *ibid.*, p. 99 ; p. 101 (« Le monde de l'art n'est pas le domaine sans limites de la fantaisie ; [...] Baumgarten essaie [...] de donner une autre formulation plus rationnelle et plus précise à la marge de liberté qu'il laisse à l'imagination du poète »).

liberté créatrice de Dieu et conjurer le spectre du nécessitarisme devient, sous la plume des fondateurs de l'esthétique, un argument proprement poétique en faveur de la *fiction*, de sa vérité ou de sa réalité.

Mais si l'esthétique a pu s'emparer de la philosophie leibnizienne des possibles, c'est dans la mesure même où celle-ci a devancé et appelé son usage esthétique – sans aller elle-même, néanmoins, jusqu'à inclure son prolongement esthétique. Si la fiction a visé le modèle du possible, c'est parce que le possible a pris volontiers la fiction pour modèle. C'est ce possible *esthétique*, virtuellement contenu dans la métaphysique leibnizienne, que Paul Rateau s'attache à développer dans un article très dense[12]. Il montre notamment à quel point la référence à la fiction, et plus précisément au roman (comme *L'Astrée*), est omniprésente dans l'œuvre de Leibniz, non pas seulement à titre de métaphore, mais de véritable paradigme. Le roman est évoqué de manière privilégiée lorsqu'il s'agit d'affirmer la distinction du réel et du possible. Au point que Leibniz semble avoir en tête le modèle du roman en parlant des combinaisons de choses ou de mondes possibles embrassées par l'entendement divin : « Quand je dis qu'il y a une infinité de mondes possibles, j'entends, qui n'implique pas de contradiction, comme on peut faire des romans, qui n'existent jamais, et qui sont pourtant possibles[13]. ». La création

12 Paul Rateau, « Art et fiction chez Leibniz », *Les Cahiers philosophiques de Strasbourg*, n° 18, 2004, p. 117-148. Voir également l'article convergent de Frédéric de Buzon, « Littérature et fiction : Leibniz et Malebranche », *Dix-septième siècle*, 2012/2, n° 255, p. 241-256. Il y formule trois enseignements précieux. 1°/ La référence au roman, à la fiction romanesque, s'inscrit dans le contexte précis d'une réfutation philosophique : celle qui vise, à travers Descartes, la thèse nécessitariste selon laquelle la matière prend successivement toutes les formes dont elle est capable. Pour Leibniz, le possible ne se confond pas avec l'existant ; « autrement on ne pourrait imaginer aucun personnage de roman qui n'aurait existé quelque part à quelque moment » (Leibniz, *Textes inédits*, Grua éd., Presses universitaires de France, 1948, p. 308, cité par Fr. de Buzon) : hypothèse absurde. Ce qui invalide l'interprétation moderne de la fiction comme monde possible, si l'on entend par possible ce qui est « [vrai] dans un monde possible accessible à partir du nôtre », selon l'affirmation de Thomas Pavel (discutée p. 249, n. 33). Le monde du roman est toujours « étranger et utopique ». 2°/ Leibniz n'en affirme pas moins que les héros de roman sont *possibles* en un sens non logique, non démontrable – proprement esthétique. 3°/ Leur possibilité est solidaire de la possibilité de l'univers romanesque déterminé où ils évoluent : le personnage est possible à l'intérieur d'un monde (romanesque) possible, régi par une poétique du « confus déchiffrable », qui fait triompher l'harmonie à partir des dissonances inévitables, et non en les réduisant par avance, et dont le grand modèle n'est autre que le roman de Madeleine de Scudéry.

13 Leibniz, *Réponse à la lettre de M. Bourguet du 20 octobre 1712* (citée par P. Rateau, *ibid.*, p. 121).

poétique est invoquée comme un modèle pour penser le possible, et plus exactement la combinaison des possibles formant *monde*. Mais la fiction ne sert pas seulement à caractériser les possibles non existants comme tels, mais réalisés par l'art. Elle permet aussi, comme le montre excellemment le même auteur, à penser le réel lui-même, ce grand « roman de la vie humaine » (selon la formule même de Leibniz[14]) inventé dans l'entendement divin et amené à l'existence. « La proposition *tout roman (non contradictoire et raisonnable) est un possible* est réversible : *tout possible est un roman*, et notre monde n'est qu'un roman existant réellement[15]. » De là la remarquable dignité épistémologique conférée en retour à la fiction par Leibniz lui-même, qui insiste à la fois sur sa fonction heuristique (comme hypothèse) et sur sa fonction proprement spéculative. Étant donné l'équivalence suggérée entre le roman et le monde, les fictions romanesques peuvent servir à décrire d'autres mondes ou des parties ignorées du nôtre, si varié et si vaste que l'on pourrait aisément imaginer des endroits inconnus où serait vérifié ce qui nous paraît fabuleux. Leibniz est ainsi tout prêt à admettre la valeur spéculative des fictions, si fabuleuses soient-elles, comme celles de Cyrano, ouvertes à l'existence d'autres mondes possibles, d'autres créatures éventuellement supérieures à l'homme, à toutes ces *vérités possibles* qui accroissent notre connaissance et donnent une conception plus étendue de la puissance et de la sagesse de Dieu. En ce sens, l'imagination n'est nullement la faculté de l'irréel, mais celle du possible, ou des possibles ; non pas une puissance de fausseté et d'égarement, mais « d'invention vraie », pour reprendre la formule de Baumgarten.

Mais il faut aller plus loin. L'art humain est une expression de l'art divin. Comme le montre P. Rateau, Dieu opère effectivement en artiste et l'harmonie universelle doit aussi s'entendre au sens esthétique (et musical). « Personne ne ressemble mieux à notre Seigneur que l'inventeur d'un beau roman », écrit ainsi Leibniz dans une lettre datée du 26 avril 1713[16], notamment dans l'art de ménager des surprises et de faire surgir l'ordre de la confusion apparente, en entremêlant savamment les dissonances. « Le bon roman doit être construit comme le monde, résume P. Rateau,

14 Leibniz, *Essais de Théodicée*, J. Brunschwig éd., Flammarion, GF, 1969, § 149, p. 200.

15 Paul Rateau, art. cité, p. 125.

16 Leibniz, Lettre à Anton Ulrich de Braunschweig, 26 avril 1713 (citée par P. Rateau, art. cité, p. 137).

et, à l'inverse, le monde le plus parfait est celui qui est construit comme le meilleur des romans[17]. » Si l'on en croit l'auteur, le modèle artistique serait même étendu à la totalité de la sphère de l'activité humaine, au point que l'homme s'élèverait à la dignité de « co-artiste ou co-artisan du meilleur monde possible[18] » (tout en restant lui-même une œuvre à parfaire) : « découvrant les sciences suivant lesquelles Dieu a réglé les choses [...], [l'âme], déclare Leibniz, imite dans son département et dans son petit monde, où il lui est permis de s'exercer, ce que Dieu fait en grand[19]. »

On ne cherchera pas à rattacher à toute force la méditation esthétique de Hugo à cette filiation leibnizienne – alors même que l'usage tout personnel qu'il a pu faire de la notion de possible ne semble trahir aucune influence facilement repérable. Au contraire, tout pourrait sembler éloigner la démesure hugolienne des efforts prudents de Breitinger et de Bodmer pour conjurer les embardées fantaisistes de l'imagination et soumettre l'invention à la mesure acceptable et raisonnable d'une logique trop humaine – mise à mal, selon Hugo, par la vraie « logique de Dieu », celle de l'infini, adepte de l'arabesque plus que de la ligne droite. Peut-être pourrait-on trouver néanmoins la trace d'une convergence possible dans le passage magnifique de *William Shakespeare*[20] consacré à la « vie étrange du type[21] » littéraire ou dramatique. Quel est le propre des génies du premier ordre ? « c'est de produire chacun un exemplaire de l'homme[22] », de créer des *types* (Shakespeare a donné Hamlet, Eschyle Prométhée), par un geste analogue à celui qui a présidé à la création divine du prototype, Adam : « De la création divine directe sort le prototype, Adam. De la création divine indirecte, c'est-à-dire de la création humaine [de "l'action divine faite[23]" par le génie] sortent d'autres Adams, les types[24] ». C'est dans ce contexte que surgit une sentence qui pourrait faire songer à une réminiscence leibnizienne (fût-elle involontaire) : « Les

17 P. Rateau, art. cité, p. 137.
18 *Ibid.*, p. 140.
19 Leibniz, *Principes de la nature et de la grâce fondés en raison*, § 14 (cité par P. Rateau, *ibid.*, p. 139-140).
20 *William Shakespeare*, II, II, 2, p. 355-357.
21 *Ibid.*, p. 356.
22 *Ibid.*, p. 353.
23 *Ibid.*, p. 353.
24 *Ibid.*, p. 355.

types sont des cas prévus par Dieu ; le génie les réalise[25]. » Comme si les types étaient des *possibles*, prévus par Dieu, et portés à l'existence par le génie créateur. « Dieu ne fait que l'avare, ajoute Hugo, le génie fait Harpagon ; Dieu ne fait que le traître, le génie fait Iago ; Dieu ne fait que la coquette, le génie fait Célimène[26] ». La distinction entre l'idée générale et son incarnation typique, individualisante, pourrait également faire penser à celle que Leibniz établit entre l'*Adam vague*, général, et l'Adam déterminé et individualisé, dans sa réponse aux objections d'Arnauld non seulement sur la réalité substantielle des possibles, mais sur leur pluralité problématique : « Vous dites avec grande raison qu'il est aussi peu possible de concevoir plusieurs Adams possibles, prenant Adam pour une nature singulière, que de concevoir plusieurs moi. J'en demeure d'accord, mais aussi, en parlant de plusieurs Adams, je ne prenais pas Adam pour un individu déterminé, mais pour quelque personne conçue *sub ratione generalitatis* [...][27] ». Dans les termes de Hugo : Dieu a fait l'Adam vague ; le génie fait l'Adam déterminé. Transposition qui n'irait pas sans trahir, du reste, le sens de la philosophie leibnizienne des possibles, car c'est bien Dieu ici, et non le génie, qui crée la monade individuelle, appelée à développer la notion complète qu'elle contient en elle *in nuce*.

On évitera de forcer le rapprochement – possible, mais nullement certain. Le rapport de filiation suggéré entre le prototype et le type renvoie en outre, vraisemblablement, à une tout autre tradition de l'image, fondée sur une théologie de l'incarnation. On dira volontiers que Hugo tend ici à substituer à la conception classique de la mimèsis comme reproduction une conception, d'origine théologique, de la mimèsis comme *filiation*[28] et comme incarnation, comme *poïèsis* à part entière. S'il n'est pas l'égal de Dieu, du moins le génie continue-t-il son œuvre par des procédés analogues, voire identiques, en mimant l'acte créateur lui-même, le principe génétique. C'est pourquoi Hugo peut célébrer la

25 *Ibid.*, p. 356.

26 *Ibid.*

27 Lettre de Leibniz à Arnauld, 4/14 juillet 1686, *Correspondance entre Leibniz et Arnauld*, dans *Discours de la métaphysique*, J.-B. Rauzy éd., Plon, coll. Pocket, 1993, p. 202.

28 Sur la théologie de la mimèsis comme filiation, voir J.-J. Wunenburger, *Philosophie des images*, Presses universitaires de France, 2007 (1re édition, 1997), p. 101, p. 112 *sqq.* ; voir également J. Gayon, J.-J. Wunenburger (dir.), *Le Paradigme de la filiation*, L'Harmattan, 1995.

création de l'art, dans son sens plein, comme une « création seconde[29] », et non secondaire, comprise dans la Création. Entre le monde et le monde de l'art, Hugo établit un strict rapport d'*homologie* – scellant l'unité du Verbe et du Verbe poétique, de la genèse divine et de la genèse poétique. La poétique est indissociable d'une ontologie. De là toute la *présence* quasi charnelle du type. Quelles que soient ses sources éventuelles, l'essentiel de la méditation esthétique développée par Hugo semble se résoudre dans la célébration de la vie et de la réalité paradoxales des produits de l'art, lestés d'une consistance ontologique proprement prodigieuse. Tel est le *prodige* en effet, prodige opéré par l'art : « le type vit ». « Idée » faite « nerf, muscle et chair », « mythe à face humaine », « idéal réel[30] » situé de plain-pied dans l'art et dans la nature, produit double de l'idéal et du réel, de l'art et de la nature, le type *existe*, il existe même avec plus d'intensité et plus de densité, ce *fantôme*, que le bourgeois qui doute de son existence dans son positivisme étroit. Si vous donnez un soufflet à Titania, elle vous le rendra ; les types sont vivants : on peut les croiser dans la rue. Leur survie n'est pas seulement assurée par l'empreinte qu'ils laissent dans l'imagination ; ils existent d'une existence propre, pour ainsi dire en dehors de nous. Hugo ne fait ici que développer l'un des traits de son ontologie paradoxale : la fiction du type littéraire n'est pas rien, ou alors s'agit-il d'un « rien » fécond ; elle ne marque pas une perte, mais un gain en réalité. L'œuvre de l'art n'est pas un pur simulacre sans substance, mais bien une création qui prolonge la création divine, une *réalité* qui s'ajoute à la réalité pour l'augmenter ; elle n'imite pas le réel, elle fait partie du réel. L'ontologie hugolienne de l'image, ô combien sensible à son extraordinaire force de présence, aboutit à cette affirmation stupéfiante : la « puissance de la toute poésie » est de créer des « types » qui « sont des *êtres*[31] ». À l'image de Dieu, le génie a la puissance de créer des *êtres*, existants et vivants.

Impossible, dès lors, de nier la présence et la réalité paradoxales du *monde poétique*. Dans sa défense et illustration de la fiction, Hugo se fait l'écho de l'athéisme littéraire, de l'incrédulité générale qui porte le bourgeois positif, idolâtre du fait, à douter de l'existence des produits de

29 *William Shakespeare*, p. 352 : « Dieu crée dans l'intuition ; l'homme crée dans l'inspiration, compliquée d'observation. Cette *création seconde*, qui n'est autre chose que l'action divine faite par l'homme, c'est ce qu'on nomme le génie. » (C'est moi qui souligne).

30 *Ibid.*, p. 356.

31 *Ibid.* C'est moi qui souligne.

l'art comme les types littéraires. Il met en scène une sorte de dialogue polémique sous-jacent, destiné à défendre contre la suffisance du Narcisse moderne la vérité et surtout la réalité des œuvres du Songe poétique. Nul passage n'est en ce sens plus significatif que celui du *Promontoire du songe* où il invite à s'affranchir des distinctions catégorielles de la métaphysique pour envisager, de front, ce paradoxe vivant, le monde poétique, intermédiaire entre l'être et le non-être, ou plutôt soustrait à l'opposition de l'être et du non-être :

> De là dans la poésie une sorte de monde à part. *C'est le monde qui n'est pas et qui est.* Niez donc la réalité de Caliban. Contestez donc l'existence du Petit Poucet. Tâchez donc, à moins que vous ne soyez Boileau en personne, le vrai Boileau, Nicolas, fils de Gilles, tâchez donc de ne pas vous intéresser à l'*Homme sans Ombre.* Dites à Titania : Tu n'es pas ! Si vous lui donnez ce soufflet, elle vous le rendra. Car c'est vous, bourgeois, qui n'êtes pas. Tout songeur a en lui ce monde imaginaire. Cette cime du rêve est sous le crâne du poëte comme la montagne sous le ciel[32].

Il n'est pas indifférent que Hugo parle du « monde poétique » comme d'un *monde*, d'un « monde à part » au sein du monde. La métaphore a été amenée par la magnifique ouverture cosmique de ce traité du Songe universel. Préambule en apparence digressif, mais qui trouve peut-être dans l'analogie souterraine entre cosmologie et poésie sa véritable justification. À vrai dire, Hugo nous fait passer du préambule astronomique à la méditation sur le chimérisme universel à la faveur d'une double analogie, qui n'a rien d'artificiel. Le spectacle sublime de l'irruption de l'aube dans un univers voilé de ténèbres, du lever de soleil dans la lune, a pour équivalent l'éclipse possible des œuvres du génie oubliées de la postérité, et condamnées à une existence larvée, dans l'attente du *Fiat lux* qui les ressuscitera aux yeux de tous. L'exemple donné de ces astres de l'art recouverts du linceul de l'ignorance est celui des grandes œuvres de Shakespeare, abîmées dans la nuit des siècles. Il s'agit certes là d'un *exemplum* destiné à préparer le glissement métaphorique du Promontoire du songe lunaire, vu à travers le télescope d'Arago, vers celui que porte en lui tout poète et tout songeur : le Promontoire du songe qui est hors de nous, nous le retrouvons en nous. Mais on se risquera à avancer que cette métaphore n'est pas gratuite : ce qui relie la cosmologie à la

32 *Le Promontoire du songe*, *op. cit.*, p. 20-21. C'est moi qui souligne.

poésie, c'est bien l'idée de *monde*. L'œuvre de Shakespeare est un « monde inconnu[33] », qui a ses volcans, ses cratères, ses cimes, ses promontoires ; dans « le monde mystérieux de l'art[34] », comme dans celui de la lune, il y a aussi la « cime du rêve[35] » ; cette « cime du rêve » est sous le crâne de tout poète ; selon l'extraordinaire formule finale, qui caractérise l'état chimérique de l'homme, ce grand rêveur impénitent, qui définit l'homme par le songe, comme Nodier l'avait fait dans son grand article sur le fantastique en littérature : « Nous vivons de questions faites au monde imaginaire[36]. » À chaque fois le songe ou la poésie semblent conçus sur le modèle cosmologique. Du reste, *Le Promontoire du songe* tout entier paraît épouser la mise en scène d'une véritable *fantasmagorie*[37] dirigée par le « machiniste invisible[38] », soumettant à de brusques changements à vue le « gigantesque décor de l'impossible[39] », faisant se succéder la chimère antique et la chimère gothique comme autant de *mondes* à chaque fois dominés par un nouveau promontoire du songe (l'Olympe d'abord, le Golgotha ensuite). La métaphore cosmologique initiale est devenue le procédé dynamique de la fantasmagorie universelle.

Mais sans doute ne s'agit-il pas seulement d'un procédé. L'analogie entre le monde et le monde de l'art n'est-elle pas justifiée, en profondeur, par l'existence, maintes fois affirmée par Hugo, d'une correspondance symbolique entre le microcosme et le macrocosme ? Ce n'est certes pas la première fois que Hugo développe (comme au début du *Promontoire du songe*, ou à propos de la grotte des *Travailleurs de la mer*) la métaphore du crâne du poète abritant un monde, déjà relevée et largement commentée. Osera-t-on suggérer, également, que la parenté entre la cosmologie et la poésie repose sur la notion de possible, sous-jacente dans la célébration du monde poétique ? Ne retrouve-t-on pas ici les deux virtualités de sens du possible, déjà indiquées : l'acception cosmologique qui fait du possible l'ouverture d'un monde, et l'acception ontologique qui le désigne comme un « concept » intermédiaire, la notion proprement littéraire qui manque à la démarche conceptuelle pour saisir l'insaisissable

33 *Ibid.*, p. 18.
34 *Ibid.*
35 *Ibid.*
36 *Ibid.*, p. 82.
37 *Ibid.*, p. 65 (« toute cette fantasmagorie du polythéisme »).
38 *Ibid.*, p. 67.
39 *Ibid.*

flottement du monde poétique, comme du monde imaginaire, entre être et non-être ? Car le monde poétique est bien évoqué sur le modèle du monde imaginaire, comme un équivalent du songe, en apparence aussi peu consistant, et en réalité aussi dense que celui de l'imaginaire. Il y a non seulement analogie entre la poésie et le monde ; mais analogie entre la poésie et le songe. Leur équivalence se trouve scellée par l'ontologie esthétique de Hugo. Ce « monde poétique » qui « n'est pas *et* qui est[40] » en même temps, irréductiblement – comme le suggère Hugo avec son génie habituel de l'indétermination féconde, en insistant à la fois sur le verbe *être* et sur la conjonction *et* –, qu'est-ce d'autre que ce qu'il a lui-même appelé ailleurs : le Possible ? Tout nous invite à établir cette dernière équivalence décisive : le monde poétique est le monde du possible, aussi réel, voire plus réel que le bourgeois prisonnier de sa conception étroitement positive (en cela chimérique) du réel ; ce qui n'est pas (selon lui) n'en *est* pas moins. Extraordinaire éloge de *l'irréel* : il n'est pas un néant, ni un moindre être, mais un *possible* du réel, flottant dans l'indétermination du songe ; une chimère, si l'on veut, mais « vraie » et réelle : une « *réalité chimérique* ».

40 *Le Promontoire du songe*, p. 20.

ÉPILOGUE

La dynamique du possible

Le possible : qu'est-ce d'autre, en un sens, que la *nature plus loin* ? Cette notion, qui invite au décentrement du regard vers les marges ou les franges du réel, nous espérons avoir montré à quel point elle est centrale chez Hugo, et indissociable, dans les contextes divers où elle apparaît, du *surnaturalisme* dont elle pourrait bien constituer l'une des expressions privilégiées. Car, en tant que notion intermédiaire (entre être et non-être, réel et imaginaire), elle s'inscrit au cœur de la tentative philosophique et esthétique de Hugo pour concilier, face à l'écueil d'un pur panthéisme, les deux exigences contradictoires, mais également nécessaires, de la continuité et de la discontinuité – entre le réel et le merveilleux, la nature et Dieu, la nature et la surnature, en affirmant l'unité de l'*immanence* naturelle (pas de surnature, mais le prolongement occulte de la nature infinie), tout en maintenant, quand même, l'existence d'un *seuil*, fût-il indéterminable, entre les vies et entre les mondes, que le possible, à la fois comme disposition conjecturale ou prophétique et comme entre-deux, inviterait à franchir. C'est sans doute dans le voisinage de ce seuil qu'il faudrait situer la présence flottante du possible, mais avec le souci de conserver l'indétermination volontaire de la notion, puisqu'elle est justement chargée d'exprimer l'indéterminé.

Convient-il d'être plus précis que ne le sont les textes eux-mêmes, dans leur poétique concertée de l'indéterminé ? Certains passages des proses philosophiques ou de *William Shakespeare* peuvent ainsi laisser croire à l'existence d'une gradation des notions (« l'Ignoré, l'Invisible, le Possible[1] »), accordée à la gradation des mondes, comme à la gradation des facultés. S'agit-il du reste d'une répartition hiérarchique ? ou plutôt de l'accumulation hyperbolique de catégories interchangeables, situées sur le même plan dans l'esprit de Hugo, *invisible* et *possible* étant souvent

1 *La Mer et le Vent*, *op. cit.*, p. 690.

donnés pour quasi-synonymes dans d'autres contextes ? Toujours est-il que le possible pourra sembler désigner, ici et là, la frontière entre la vie humaine et la vie extrahumaine, comme le suggère le chapitre de *William Shakespeare* où, rejetant l'explication du génie par le *furor poeticus* consacrée par une longue tradition, Hugo tient à distinguer entre la *surhumanité* du génie (« l'œuvre des génies est du surhumain sortant de l'homme ») et l'extrahumain « dont nous sortons et qui nous attend[2] ». C'est dans le cadre particulier d'une telle opposition que surgit cet emploi de *possible* déjà mentionné : « Soyons respectueux devant le possible, dont nul ne sait la limite[3] » – attention et sérieux religieux également réclamés à l'égard de « l'extrahumain », comme si les notions étaient équivalentes. À la *nature* correspondraient l'ignoré (ce qu'on ne sait pas) et l'invisible (ce qu'on ne peut pas voir) ; le possible renverrait à la vie extrahumaine, antérieure ou future, le berceau et la tombe étant reliés par un fil sombre, celui de la *destinée.* Mais rien ne permet d'être catégorique : sait-on si le possible désigne ici la différence des vies ou des mondes, ou la disposition conjecturale par laquelle l'esprit se prépare à accueillir, religieusement, ce qui dépasse toute limite, ce qui le dépasse lui-même, y compris le mystère surhumain du génie ?

Dans l'ordre des facultés, tels passages de *Philosophie* ou de la *Préface de mes œuvres* semblent suggérer que le possible, associé, non au surnaturel, mais au surnaturalisme, à la nature plus loin, est également lié à la faculté privilégiée du surnaturalisme, l'intuition – l'intuition prophétique (« L'intuition ouvre ses ailes et s'envole et plane majestueusement au-dessus de ce précipice, le possible[4] »), selon la bipartition ou tripartition (observation, imagination, intuition), correspondant à l'étagement hiérarchique des niveaux de réalité (humanité, nature, surnature), ou des mondes divers, dont celui de la vie extrahumaine, à la fois présente et *future*, offerte à la divination, au creusement de la *vision* par la *contemplation*[5]. Le génie visionnaire, juché sur le Pathmos que tout homme a en lui, serait bien, en ce sens, le prophète du *possible* : « regarder l'océan, qu'est-ce auprès de ceci : regarder le possible ! », le possible de la destinée qui s'indique, peut-être, dans ces « plis de l'obéissance au vent » que contemple « l'œil égaré[6] » du songeur.

2 *William Shakespeare*, *op. cit.*, p. 263.
3 *Ibid.*
4 *Philosophie*, *op. cit.*, p. 510.
5 Voir *Préface de mes œuvres*, *op. cit.* p. 711.
6 *Préface de mes œuvres*, *op. cit.*, p. 712.

Mais on se gardera là encore de systématiser, de faire correspondre mécaniquement, terme à terme, la triade de l'Ignoré, de l'Invisible et du Possible et la tripartition des facultés, de figer en somme la signification flottante de la notion de possible, également applicable au règne de l'hypothèse, on l'a vu, et aux zones ignorées de la vie terrestre, notamment celles, infiniment petites, dévoilées par le microscope. L'essentiel est sans doute la manière dont s'articulent, globalement, les notions de possible et d'immanence, à l'échelle de l'infini. La plasticité de la notion est le garant de son ouverture à ce qui, dans le réel au sens large – très large chez Hugo –, échappe aux limites étroites de l'objectivité, à ce qui le complète et l'augmente, à ce que nous avons appelé, citant Merleau-Ponty, la *texture imaginaire du réel*. C'est du moins cette dimension, à nos yeux centrale, que nous avons privilégiée, dans la perspective d'une réflexion globale sur l'ontologie romantique du réel et de ses marges, au risque de négliger d'autres significations, d'autres *possibles* du possible.

S'il est vrai que Tout est selon Hugo, même le possible, il nous resterait dès lors, pour être fidèle à notre objet, non pas à conclure, mais à évoquer les possibles inaccomplis dont ce livre, nécessairement inachevé, porte la trace, fût-ce dans ses marges ; à évoquer non pas ce qui a été fait, mais ce qui aurait pu l'être *si*... si nous n'avions pas notamment privilégié la dimension ontologique du possible, en mettant l'accent sur l'élargissement du réel au-delà des limites qui lui sont assignées par la représentation rationnelle – vers ses franges indéterminées, imaginaires ou possibles. Nous laissons ainsi en suspens, à l'état de *possible*, le prolongement de l'ontologie par une stylistique et une poétique du possible. Non que celles-ci nous semblent secondaires ; mais parce que le possible, tel que nous avons tenté de le dégager des limbes de la philosophie hugolienne, constitue à la fois la notion intermédiaire dont l'ontologie a besoin, selon Schelling, pour penser les états latents ou en puissance, le mélange de l'être et du non-être, et une notion esthétique capable d'éclairer et de fédérer, *a posteriori*, une série de caractéristiques poétiques, déjà bien étudiées, de l'œuvre hugolienne. À la signification épistémique (conjecturale) du possible, il conviendrait ainsi de faire correspondre une stylistique de l'*indéterminé* (usage de l'indéfini, multiplication des métaphores dissemblables, emploi de la modélisation : « il est probable que... ») ; aux arabesques du possible, aux ramifications du réel infini dans toutes les directions, une poétique de la *digression*[7] ; et à la signification ontique, à la logique paradoxale des événements, toute une poétique de l'*arabesque* étudiée par Dominique Peyrache-Leborgne dans son livre récent ; mais aussi toute une herméneutique des *signes* naturels (météorologiques) ou surnaturels, saisis dans leur opacité souvent irréductible, épiés et déchiffrés par d'anxieux augures, largement analysée par Myriam Roman dans sa somme sur le roman hugolien. Il nous a donc paru inutile d'y revenir.

Surtout, la priorité accordée à l'ontologie du possible nous a peut-être conduit à minorer la portée historique (et, plus largement, la dimension temporelle) de la notion, à coup sûr cardinale, même si nous n'avons pas manqué d'intégrer à notre propos une méditation sur les coups de théâtre du possible, sur la logique de l'événement, comme sur les embranchements, les bifurcations énigmatiques, les nœuds de l'histoire volontiers mis en relief par Hugo romancier. Nous avons bien conscience qu'il conviendrait d'*historiciser* la notion de possible – davantage que nous ne l'avons fait –, en songeant notamment à la complémentarité de la réalité historique (non moins conjecturale que la légende) et de la légende (ce possible, non moins vrai que l'histoire), proclamée par la préface de *La Légende des siècles*[8] ; ou encore en songeant à la distinction faite par Hugo, au chapitre III du Livre III de *William Shakespeare*, entre l'histoire officielle, écrite « au point de vue misérable du fait », et l'histoire véridique, écrite « au point de vue du principe », ou du Possible, par le génie prophétique[9]. Nul doute que l'analyse du possible, envisagée dans cette perspective, permettrait de mieux cerner la philosophie hugolienne de l'histoire, et notamment les rapports mystérieux du hasard et de la Providence, ou encore la fonction prophétique capitale assignée au poète visionnaire, observateur du réel, mais aussi, on l'a dit, *prophète du possible.* Comme l'ont établi les historiens[10], la notion de possible possède en

7 Nous ne pouvons que renvoyer aux analyses irremplaçables de J. Gaudon (« Éloge de la digression », *Travaux de linguistique et de littérature de l'université de Strasbourg*, Klincksieck, 1968, p. 125-142) et de M. Butor (« Victor Hugo romancier », *Répertoire II*, Les éditions de Minuit, 1964, p. 215-242).

8 V. Hugo, *Préface de la Première Série* (1857), *La Légendes des siècles*, A. Laster éd., Gallimard, coll. Poésie, 2002, p. 5-6.

9 *William Shakespeare*, *op. cit.*, p. 444. Nous devons ces suggestions à Henri Scepi, que nous remercions.

10 Voir le livre déjà mentionné de Q. Deluermoz et P. Singaravélou, *Pour une histoire des possibles*, *op. cit.*

outre une dimension heuristique, ou critique, qui invite à s'interroger, en marge du récit des faits, sur la hiérarchisation des causes, sur la linéarité supposée de l'histoire, sur la place de la contingence qui obsède aussi un Hugo inquiet des incertitudes irréductibles de la destinée – à restituer, somme toute, le *tremblement* des faits et des événements par la seule conscience de leur instabilité, voire de leur réversibilité possible.

Enfin, le prisme ontologique privilégié a pu donner parfois l'impression d'enfermer le possible dans un cadre trop statique, de le figer, de préférer l'être au devenir. Il convient de souligner ici combien le possible est et reste, dans le roman hugolien, une notion *dynamique*, inséparable de l'immense *travail* (comme celui, énigmatique, de la mer) d'une Nature en perpétuelle métamorphose, se dilatant et se ramifiant dans toutes les directions. La dynamique du possible s'inscrit dans une cosmogonie ininterrompue, dans la prodigalité illimitée d'un univers instable, d'un *cosmos* toujours à reconquérir sur les velléités de reprise du chaos, qu'on a pu dire baroque non sans raisons, en quête de fondements capables de conjurer le défilement vertigineux des apparences et la labilité des choses, de garantir l'authenticité de l'Être – fondements, assises qui tendent à se dérober, peut-on croire parfois, dans la profondeur d'un abîme sans fin. De sorte que l'ontologie de l'imaginaire menace toujours de se résoudre en une ontologie imaginaire, où triompherait, comme dans *L'Homme qui rit*, la Chimère éclatante et trompeuse.

C'est cette dynamique du possible qui nous semble ainsi présider, chez Hugo, aux révélations spontanées de l'image aléatoire, du tachisme qu'il a pratiqué, on le sait, dans ses dessins, en héritier de Léonard de Vinci et d'Alexander Cozens, quoique dans une direction très différente de celle suivie par le théoricien néoclassique[11]. Car l'abandon volontaire

11 On ne fait bien sûr qu'esquisser ici, pour illustrer la dynamique du possible, l'analyse d'un sujet considérable, d'une très grande portée. Sur l'art de la tache, voir l'introduction de Jean-Claude Lebensztejn à la *Nouvelle méthode* d'Alexander Cozens (*L'Art de la tache. Introduction à la* Nouvelle méthode *d'Alexander Cozens*), Éditions du limon, 1990 ; voir également l'étude de Danielle Orhan (« L'accident érigé en méthode ») qui accompagne l'édition de l'ouvrage de Cozens chez Allia (2005). Sur la pratique hugolienne du tachisme et de l'image aléatoire, voir la notice de Marie-Laure Prévost dans le catalogue des dessins de Hugo, *Du chaos dans le pinceau. Victor Hugo, dessins*, Paris musées / Maison de Victor Hugo, 2000, p. 290 ; les belles analyses de Pierre Georgel dans *Cet immense rêve de l'océan. Paysages de mer et autres sujets marins par Victor Hugo*, Paris musées / Maison de Victor Hugo, 2005, p. 13, 40, 54 (sur l'imagination de la nature), 58 ; le passage consacré à « l'image potentielle » dans l'article de Ségolène Le Men, « Victor Hugo et la caricature :

à l'involontaire, et au hasard créateur de la tache, n'est pas tant le moyen d'une projection de l'idée ou de l'image préalables que la voie incertaine, *non méthodique*, par laquelle le génie, fondamentalement inconscient de lui-même[12], anxieux de *ce qui peut advenir*, épouse sans préconception – comme au foyer de la « matrice formidable », celle du Possible – le mouvement des métamorphoses illimitées, le surgissement potentiel de la forme à partir de l'informe, la *dynamis* de la *natura naturans*, la prodigalité anarchique de l'imagination de la Nature, mouvante et aléatoire, riche de ces *possibles*, de ces vagues ressemblances dont Hugo guette les linéaments dans le mur de nuages, au cœur de la tempête des *Travailleurs de la mer* qui fait retourner la création au chaos. Selon la formule de *L'Homme qui rit*, applicable à l'acte créateur, « ce qui erre ne se trompe pas[13] ». Comme si dessiner les éléments, c'était dessiner avec les éléments, avec l'embrun, avec l'écume, avec la vague, en en incorporant l'empreinte directe, en devenant soi-même la mer, ou le « somnambule de la mer », en mettant « du chaos dans le pinceau », dans l'inconscience de ce qui va advenir. Le possible est donc aussi l'informe en attente de forme et l'une des manifestations privilégiées du devenir. Nulle ontologie possible du possible sans attention à ce qui, dans la notion, comme dans la réalité qu'elle recouvre, échappe à tout figement ; sans attention non plus au prolongement de l'« œuvre de vivant » par l'« œuvre de fantôme[14] » qui la redouble et l'escorte – selon la magnifique formule de Gautier, commentant les dessins de Hugo – « comme un page ténébreux[15] ».

---

la "fantasmagorie farce" d'un écrivain dessinateur », *L'Œil de Victor Hugo*, Éditions des cendres / Musée d'Orsay, 2004, p. 95 *sqq.*

12 Comme l'affirme Jean-Paul Richter au chapitre III de son *Cours préparatoire d'esthétique*, non seulement le génie est caractérisé par son inconscience (ce qu'affirme également Kant), mais cet inconscient, ou cet instinct, n'est pas la répétition du passé mais « le sentiment de l'avenir » ou, dira-t-on, du *possible* (*Poétique ou introduction à l'esthétique*, Alexandre Büchner et Léon Dumont trad., Auguste Durand éditeur, 1862, t. I, p. 170 *sqq.*). Le génie et le possible seraient apparentés.

13 *HR*, II, v, 2, p. 642.

14 « Tout grand esprit fait dans sa vie deux œuvres, son œuvre de vivant et son œuvre de fantôme », selon les paroles de la Mort dans *Le Livre des Tables*, *op. cit.*, p. 464.

15 Th. Gautier, « Dessins de Victor Hugo », préface à *Dessins gravés de Victor Hugo gravés par Paul Chenay, texte par Théophie Gautier*, Castel, 1863, recueillie dans Th. Gautier, *Victor Hugo*, choix de textes, introduction et notes par Françoise Court-Pérez, Champion, 2000, p. 209.

BIBLIOGRAPHIE

ŒUVRES DE VICTOR HUGO

HUGO, Victor, *Alpes et Pyrénées*, Claude Gély et Corinne Chuat éd., dans *Voyages, Œuvres complètes*, R. Laffont, coll. Bouquins, 1987.

HUGO, Victor, *Dieu*, Notice et notes de René Journet, notes d'Evelyn Blewer, *Œuvres complètes, Poésie IV*, 2009 (1re éd. 1986).

HUGO, Victor, *L'Homme qui rit*, Notice et notes de Bernard Leuilliot, *Œuvres complètes, Roman III*, Robert Laffont, coll. Bouquins, 2002 (1re éd. 1985).

HUGO, Victor, *La Légende des siècles*, édition d'Arnaud Laster, Gallimard, coll. Poésie, 2002.

HUGO, Victor, *La Mer et le Vent*, Notice et notes d'Yves Gohin, *Œuvres complètes, Critique*, Robert Laffont, coll. Bouquins, 1985.

HUGO, Victor, *Le Livre des tables*, édition de Patrice Boivin, Gallimard, coll. Folio, 2014.

HUGO, Victor, *Le Promontoire du songe*, édition de Michel Crouzet, Les Belles Lettres, 1993.

HUGO, Victor, *Le Rhin*, Notice et notes d'Evelyn Blewer, dans *Voyages, Œuvres complètes*, R. Laffont, coll. Bouquins, 1987.

HUGO, Victor, *Les Contemplations*, Ludmila Charles-Wurtz éd., Librairie générale française, coll. Le Livre de poche, 2002.

HUGO, Victor, *Les Misérables*, Notice et notes de Guy et Annette Rosa, *Œuvres complètes*, Robert Laffont, coll. Bouquins, 1985.

HUGO, Victor, *Les Travailleurs de la mer*, édition de David Charles, Librairie générale française, Le livre de poche, 2002.

HUGO, Victor, *Les Voix intérieures*, dans *Les Chants du crépuscule, Les Voix intérieures, Les Rayons et les Ombres*, édition de P. Albouy, Gallimard, coll. Poésie, 1970.

HUGO, Victor, *Océan*, édition de René Journet, *Œuvres complètes*, R. Laffont, coll. Bouquins, (1re éd. 1989), 2002.

HUGO, Victor, *Philosophie*, Notice et notes d'Yves Gohin, dans *Œuvres complètes, Critique*, Robert Laffont, coll. Bouquins, 1985.

HUGO, Victor, *Préface de mes œuvres et Post-scriptum de ma vie*, Notice et notes d'Yves dans *Œuvres complètes, Critique*, Robert Laffont, coll. Bouquins, 1985.

HUGO, Victor, *Quatrevingt-treize*, Notice et notes de Jean Gaudon, *Œuvres complètes, Roman III*, Robert Laffont, coll. Bouquins, 2002 (1re éd. 1985).

HUGO, Victor, *William Shakespeare*, Notices et notes de Bernard Leuilliot, dans *Œuvres complètes, Critique*, Robert Laffont, coll. Bouquins, 1985.

OUVRAGES ET ARTICLES CRITIQUES

VICTOR HUGO

ALBOUY, Pierre, *La Création mythologique chez Victor Hugo*, Corti, 1985.

ALBOUY, Pierre, *Mythographies*, Corti, 1976.

BARRÈRE, Jean-Bertrand, *La Fantaisie de Victor Hugo*, Klincksieck, t. I (1802-1851), t. II (1852-1885), 1972-1973.

BAUDELAIRE, Charles, *Réflexions sur quelques-uns de mes contemporains*, I. Victor Hugo (1861), *Œuvres complètes*, éd. Claude Pichois, Gallimard, coll. Bibliothèque de la Pléiade, 1976, t. II, p. 129-141 ; « *Les Misérables* par Victor Hugo » (1862), *ibid.*, p. 217-224 ; « [Notes sur] *Les Travailleurs de la mer* », *ibid.*, p. 244.

BÉNICHOU, Paul, « Hugo », *Les Mages romantiques* (1988), *Romantismes français II*, Gallimard, coll. Quarto, 2004, p. 1229-1467.

BOIVIN, Patrice, Préface, Victor Hugo, *Le Livre des tables*, Gallimard, coll. Folio, 2014.

BROMBERT, Victor, *Victor Hugo et le roman visionnaire*, Presses universitaires de France, 1985.

BUTOR, Michel, « Victor Hugo romancier », *Répertoire II*, Les éditions de Minuit, 1964, p. 215-242.

CHARLES, David, *La Pensée technique dans l'œuvre de Victor Hugo*, Presses universitaires de France, 1997.

CHRÉTIEN, Jean-Louis, « Victor Hugo », *Conscience et roman I. La conscience au grand jour*, Éditions de minuit, 2009, p. 147-187.

COLLOT, Michel, « Entre chaos et cosmos : l'esthétique du paysage dans *Les Travailleurs de la mer* », *Paysage et poésie du romantisme à nos jours*, Corti, 2005, p. 191-216.

COLLOT, Michel, « L'esthétique baroque dans *L'Homme qui rit* », L'Homme qui rit *ou la parole-monstre de Victor Hugo*, SEDES, 1985, p. 99-121.

CROUZET, Michel, « William Shakespeare, ou le Génie livré aux bêtes », *Victor Hugo, l'homme-océan*, Marie-Laure Prévost dir., Éditions du Seuil, 2002, repris dans *Parcours dix-neuviémistes*, Mont-de-Marsan, Eurédit, p. 359-363.

CROUZET, Michel, Introduction, Victor Hugo, *Le Promontoire du songe*, Michel Crouzet éd., Les Belles Lettres, 1993, p. XIII-LXVII, reprise dans Michel Crouzet, *Parcours dix-neuviémistes*, Mont-de-Marsan, Eurédit, p. 335-357.

DU BOUCHET, André, *L'Œil égaré dans les plis de l'obéissance au vent* par Victor Hugo (1956), suivi de « L'infini et l'inachevé » (1951), Seghers, 2001.

DUBOIS, Claude-Gilbert, « Peut-on parler de "baroque" à propos de Victor Hugo », *Revue française d'histoire du livre*, n° 58-59, p. 269-282.

DUFOUR, Philippe, « Éloge de la dépersonnalisation », *Poétique*, n° 156, 2008, repris dans *Le Roman est un songe*, Seuil, 2010, chap. X.

DUFOUR, Philippe, *La Pensée romanesque du langage*, Seuil, 2004 ; chap. XI (« Hugo : politique de la prose »).

GAUDON, Jean, « Éloge de la digression », *Travaux de linguistique et de littérature de l'université de Strasbourg*, Klincksieck, 1968, p. 125-142.

GAUDON, Jean, *Victor Hugo, le temps de la contemplation*, Champion, 2003 (1re éd. 1969).

GOHIN, Yves, Introduction, dans Victor Hugo, *Notre-Dame de Paris 1482*, *Les Travailleurs de la mer*, J. Seebacher, Y. Gohin éd., Gallimard, Bibliothèque de la Pléiade, 1975, p. 1259-1290.

GOHIN, Yves, *Sur l'emploi des mots* immanent *et* immanence *chez Victor Hugo*, Minard, coll. Archives des lettres modernes, « archives hugoliennes » n° 6, 1968.

GUILLEMIN, Henri, « Hugo et le rêve », *Mercure de France*, 1er mai 1951, p. 5-32.

HOVASSE, Jean-Marc, *Victor Hugo*, t. II. Pendant l'exil I (1851-1864), Fayard, 2008.

HUET-BRICHARD, Marie-Catherine, « *Le Rhin* et la fantaisie du voyage », dans *La Fantaisie post-romantique*, J.-L. Cabanès et J.-P. Saïdah dir., Presses universitaires du Mirail, 2003, p. 237-251.

Hugo le fabuleux, J. Seebacher et A. Ubersfeld dir., Seghers, 1985.

JAMES, A. R. W. (Tony), « L'hallucination simple ? », *Revue d'histoire littéraire de la France*, 1986, n° 6, p. 1024-1037.

JAMES, A. R. W. (Tony), « Le songe et le réel », *Idéologies hugoliennes*, Anne-Marie Amiot dir., Nice, Éditions Serre, 1985, p. 113-121.

L'Homme qui rit *ou la parole-monstre de Victor Hugo*, SEDES, 1985.

LAFORGUE, Pierre, « *L'Homme qui rit*, ou la matière des fantasmes », *Hugo more erotico. L'amour, le sexe, le désir*, Mont-de-Marsan, Eurédit, 2002, p. 203-223.

LAFORGUE, Pierre, « *Les Travailleurs de la mer* ou les abîmes de l'amour », *Hugo more erotico. L'amour, le sexe, le désir*, Mont-de-Marsan, Eurédit, 2002, p. 165-202.

LAFORGUE, Pierre, « Réalité, possible et chimère dans *Les Travailleurs de la mer* », dans « Hugo et la chimère », *Recherches et Travaux*, n° 62, 2003, p. 49-57.

LAFORGUE, Pierre, « Les barricades de l'Océan. Une lecture sociocritique des *Travailleurs de la mer* », *Choses vues à travers Hugo. Hommage à Guy Rosa*, études réunies par Cl. Millet, Fl. Naugrette et A. Spiquel, Presses universitaires de Valenciennes, 2007, p. 121-131.

LAFORGUE, Pierre, *Hugo, romantisme et révolution*, Presses universitaires franc-comtoises, 2001.

LEUILLIOT, Bernard, « Travailleurs de la mer, travailleurs de l'abîme », *Pratiques d'écriture*, Mélanges de littérature et d'histoire offerts à Jean Gaudon, Klincksieck, 1996, p. 237-249.

LEUILLIOT, Bernard, « Science / fiction (*Les Travailleurs de la mer*) », Communication Groupe Hugo (Paris 7), 15 mai 1993.

MACHEREY, Pierre, « Spinoza lu par Victor Hugo », dans TOSEL, André, MOREAU, Pierre-François, SALEM, Jean, *Spinoza au XIXe siècle*, Publications de la Sorbonne, 2007, p. 255-267.

MARCHAL, Bertrand, Notice, *Les Chimères, La Bohême galante, Petits châteaux de Bohême*, B. Marchal éd., Gallimard, coll. Poésie, 2005, p. 297-315.

MAUREL, Jean, « Un sommeil songeur (La dormition Hugo) », Revue des sciences humaines, n° 194, 1984, p. 71-83.

MAUREL, Jean, *Victor Hugo philosophe*, Presses universitaires de France, 1985.

MESCHONNIC, Henri, *Pour la poétique IV. Écrire Hugo*, Gallimard, 1977, t. II.

MILLET, Claude, « Le philosophe et le poète : Charles Renouvier lecteur de Victor Hugo », *Romantisme*, n° 88, 1995, p. 101-113.

MILLET, Claude, « *Les Travailleurs de la mer* de Victor Hugo : un roman d'amour », *Romantisme*, n° 115, 2002, p. 13-23.

MILLET, Claude, « Bloc, événement », *Choses vues à travers Hugo. Hommage à Guy Rosa*, études réunies par Cl. Millet, Fl. Naugrette et A. Spiquel, Presses universitaires de Valenciennes, 2007, p. 93-108.

MILNER, Max, *L'Envers du visible. Essai sur l'ombre*, Éditions du Seuil, 2005, chap. VII, « Victor Hugo, l'ombre qui donne à voir ».

NAUGRETTE, Florence, *Le Théâtre romantique. Histoire, écriture, mise en scène*, Éditions du Seuil, coll. Essais, 2001.

NEEFS, Jacques, « Penser par la fiction (*Les Travailleurs de la mer*) », *Hugo le fabuleux*, Seghers, 1985, p. 98-107.

PÉGUY, Charles, *Victor-Marie, comte Hugo* (1910), Éditions Fario, 2014.

PEYRACHE-LEBORGNE, Dominique, « De Jean Paul à Hugo : romans baroques du romantisme », *Victor Hugo ou les frontières effacées*, Nantes, Éditions Pleins Feux, 2002, p. 303-333.

PEYRACHE-LEBORGNE, Dominique, « L'érotique hugolienne dans *L'Homme qui rit* », *Romantisme*, n° 103, 1999, p. 19-29.

PEYRACHE-LEBORGNE, Dominique, *Grotesques et arabesques dans le récit romantique. De Jean Paul à Victor Hugo*, Champion, 2012.

POULET, Georges, « Hugo et la pensée indéterminée », *Territoires de l'imaginaire. Pour Jean-Pierre Richard*, J.-Cl. Mathieu éd., Seuil, 1986, p. 105-113, repris dans *La Pensée indéterminée*, PUF, 1987, t. II.

POULET, Georges, « Hugo », *Études sur le temps humain*, II (1952), Plon, Presses Pocket, 1989, chap. VI, p. 194-230.

RAMOND, Charles, « Hugo *more geometrico* », *Hugo le fabuleux*, Seghers, 1985, p. 125-139.

Recherches et Travaux, « Hugo et la chimère », n° 62, 2003.

RENOUVIER, Charles, *Victor Hugo philosophe*, éd. Claude Millet, Maisonneuve et Larose, 2002.

REYNAUD, Jean-Pierre, « L'esthétique du prodige », *L'Arc*, n° 57, 1974, p. 15-22.

REYNAUD, Jean-Pierre, « Le contour et l'infini », *Victor Hugo et les images*, Madeleine Blondel et Pierre Georgel dir., Dijon, Aux Amateurs du livre, 1989, p. 213-223.

RICHARD, Jean-Pierre, « Hugo », *Études sur le romantisme*, Seuil, 1970, p. 177-199.

RICHER, Jean, « Grands transparents dans Les Travailleurs de la mer », *Idéologies hugoliennes*, Anne-Marie Amiot dir., Nice, Éditions Serre, 1985, p. 107-111.

RIFFATERRE, Michael, « La vision hallucinatoire chez Victor Hugo », *Essais de stylistique structurale*, Flammarion, 1971, chap. IX, p. 222-241.

ROMAN, Myriam et BELLOSTA, Marie-Christine, Les Misérables, *roman pensif*, Belin, 1995.

ROMAN, Myriam, « "Ce cri que nous jetons souvent" : le Progrès selon Hugo », *Romantisme*, n° 108, 2000, p. 75-90.

ROMAN, Myriam, « De *L'Homme qui rit* à *Nana* : mythe, roman, poème », *Mythe et récit poétique*, V. Gély-Ghedira dir., Association des Publications de la Faculté des Lettres et Sciences Humaines de Clermont-Ferrand, 1998, p. 105-118.

ROMAN, Myriam, « L'Art et la Science au temps de William Shakespeare. Des chiffres et des lettres », *Victor Hugo. Science et technique*, Claude Millet dir., Archives des lettres modernes n° 4, Série V. Hugo, Caen, Minard, 1999, p. 19-41.

ROMAN, Myriam, « Le personnage effacé par le texte. La configuration réflexive dans *Les Travailleurs de la mer* », Communication Groupe Hugo (Paris 7) du 16 octobre 1993.

ROMAN, Myriam, « Les îles anglo-normandes : insularité et communauté dans *Les Travailleurs* de la mer de Victor Hugo », *Lettres modernes, Victor Hugo* 6, « L'écriture poétique », Caen, Minard, 2006, p. 223-240.

ROMAN, Myriam, Préface, Victor Hugo, *L'Homme qui rit*, Libraire générale française, Le Livre de poche, 2002.

ROMAN, Myriam, *Victor Hugo et le roman philosophique. Du « drame dans les faits » au « drame dans les idées »*, Champion, 1999.

ROSA, Guy, « Victor Hugo : voir aveuglément », *Du visible à l'invisible. Pour Max Milner*, Corti, t. II, La Nuit transparente, 1988, p. 19-39.

SCEPI, Henri, *Notre-Dame de Paris de Victor Hugo*, Gallimard, coll. Foliothèque, 2006.

SCEPI, Henri, *Les Misérables de Victor Hugo*, Gallimard, coll. Foliothèque, 2009.

SEEBACHER, Jacques, *Victor Hugo ou le calcul des profondeurs*, Presses universitaires de France, 1993.

SPIQUEL, Agnès, « La dissémination du mythe d'Isis dans les romans hugoliens de l'exil », *Mythe et récit poétique*, V. Gély-Ghedira dir., Association des Publications de la Faculté des Lettres et Sciences Humaines de Clermont-Ferrand, 1998, p. 173-182.

SPIQUEL, Agnès, « Un exemple de mythographie : la Titane de *L'Homme qui rit* de Victor Hugo », *Études romanesques*, n° 6, Minard, 2000.

SPIQUEL, Agnès, *La Déesse cachée. Isis dans l'œuvre de Victor Hugo*, Champion, 1997.

UBERSFELD, Anne, *Le Roi et le Bouffon. Étude sur le théâtre de Hugo de 1830 à 1839*, José Corti, 1974.

VADÉ, Yves, « Persée, Gilliatt, Œdipe », *Stanford French Review*, Fall Winter 1982, p. 145-173.

Victor Hugo et la langue, actes du colloque de Cerisy (2002), Florence Naugrette et Guy Rosa dir., Bréal, 2005.

VIGNEST, Romain, *Victor Hugo et les poètes latins. Poésie et réécriture pendant l'exil*, Classiques Garnier, 2011.

VILLIERS, Charles, *L'Univers métaphysique de Victor Hugo*, Vrin, 1970.

VOUILLOUX, Bernard, « Hugo en voyant », *Le Tournant « artiste » de la littérature française. Écrire avec la peinture au XIX*[e] *siècle*, Hermann, 2011, chap. IV, p. 181-218.

WULF, Judith, « Chimère et référence dans *L'Homme qui rit* », *Recherches et Travaux*, n° 62, 2003, p. 59-71.

WULF, Judith, *Étude sur la langue romanesque de Victor Hugo. Le partage et la composition*, Classiques Garnier, 2015.

HUGO ET LUCRÈCE

LAFORGUE, Pierre, « L'âme, l'atome et le moi. Physique et métaphysique dans *Les Misérables* », *Le Réalisme et ses paradoxes (1850-1900). Mélanges offerts à Jean-Louis Cabanès*, Classiques Garnier, 2014, p. 65-85.

Marquet, Jean-François, « Victor Hugo et l'infiniment petit », *Miroirs de l'identité. La Littérature hantée par la philosophie*, Hermann, 1996, p. 73-101.
Vignest, Romain, *Victor Hugo et les poètes latins. Poésie et réécriture pendant l'exil*, Classiques Garnier, 2011.

HUGO ET LE CYNISME

Jankélévitch, Vladimir, *L'Ironie*, Flammarion, coll. Champs, 1964.
Louette, Jean-François, *Chiens de plume. Du cynisme dans la littérature française du xxe siècle*, Chêne-Bourg, La Baconnière, 2011.
Maurel, Jean, *Victor Hugo philosophe*, PUF, 1985.

COSMOLOGIE

Bonnet, Charles, *Contemplation de la nature* (1764), Neuchâtel, S. Fauche, 1781.
Céard, Jean, *La Nature et les prodiges* (1977), Droz, 1996.
Dick, Steven J., *La Pluralité des mondes*, Actes Sud, 1989.
Flammarion, Camille, *La Pluralité des mondes habités* (1862), Flammarion (Texte de la 30e édition, 1883), 1921.
Gérard, André-Marie, « Abîme », *Dictionnaire de la Bible*, R. Laffont, coll. Bouquins, 1989.
Lecoq, Danielle, « Des eaux primitives à l'océan infranchissable », *La mer. Terreur et fascination*, A. Corbin et H. Richard dir., Seuil, 2004, p. 19-55.
Lovejoy, Arthur O., *The Great Chain of Being. A Study of the History of an Idea* (1936), New York, Harper and Row Publishers, 1960.
Marx, Jacques, *Charles Bonnet contre les Lumières, 1738-1850*, Oxford, *Studies on Voltaire and the Eighteenth Century*, 1976, t. I et II.
Nathan, Michel, « La rêverie cosmique de Camille Flammarion », *Romantisme*, 1976, n° 11, p. 75-85.
Pantin, Isabelle, « Camille Flammarion et *L'Astronomie populaire* », *La Tradition du savoir*, G. Bedouelle, Chr. Belin, S. de Reyff dir., Academic Press Fribourg, Studia Friburgensia n° 112, 2011, p. 171-189.

HUGO DESSINATEUR

Cet immense rêve de l'océan. *Paysages de mer et autres sujets marins par Victor Hugo*, Pierre Georgel dir., Paris musées / Maison de Victor Hugo, 2005.
Du chaos dans le pinceau. Victor Hugo, dessins, Marie-Laure Prévost dir., Paris musées / Maison de Victor Hugo, 2000.
L'Œil de Victor Hugo, Guy Rosa dir., Éditions des cendres / Musée d'Orsay, 2004.
Lebensztejn, Jean-Claude, *L'Art de la tache. Introduction à la* Nouvelle méthode *d'Alexander Cozens*, Éditions du limon, 1990.

ORHAN, Danielle, « L'accident érigé en méthode », postface à Alexander Cozens, *Nouvelle méthode pour assister l'invention dans le dessin de compositions originales de paysages*, Allia, 2005.

Victor Hugo et les images, Textes réunis par Madeleine Blondel et Pierre Georgel, Dijon, Aux Amateurs de Livres, 1989.

RÊVE, VISION, IMAGE, IMAGINATION, HALLUCINATION

AGAMBEN, Giorgio, *Stanze. Parole et fantasme dans la culture occidentale*, Payot, coll. Rivages poche, 2009.

ALQUIÉ, Ferdinand, *Philosophie du surréalisme*, Flammarion, coll. Champs, 1977, chap. IV.

ARISTOTE, « Du sommeil et de la veille », « Des rêves », « De la divination dans le sommeil », *Petits traités d'histoire naturelle*, traduction et présentation par Pierre-Marie Morel, Flammtion, coll. GF, 2000.

ARISTOTE, *La Vérité des songes*, traduit et présenté par J. Pigeaud, Éditions Rivages, 1995.

BACHELARD, Gaston, *La Poétique de la rêverie* (1960), PUF, coll. Quadrige, 2005.

BARTHES, Roland, *La Chambre claire. Note sur la photographie*, Cahiers du cinéma, Gallimard, Seuil, 1980.

BÉGUIN, Albert, *L'Âme romantique et le rêve*, Corti, 1939.

BOURIAU, Christophe, *Qu'est-ce que l'imagination ?*, Vrin, 2003.

CABANÈS, Jean-Louis, « Les hallucinations au croisement des discours », dans *Le Négatif. Essai sur la représentation littéraire au XIXe siècle*, Classiques Garnier, 2011, p. 181-208.

CARROY, Jacqueline, *Nuits savantes. Une histoire des rêves (1800-1945)*, Éditions de l'École en hautes études en sciences sociales, 2012.

COCKING, John M., *Imagination. A Study in the History of Ideas*, London and New York, Routledge, 1991.

COLONNA, Fabrice, « Merleau-Ponty penseur de l'imaginaire », *Chiasmi international*, « Le réel et l'imaginaire », n° 5, 2003, Vrin, Mimesis, University of Memphis, Clinamen Press, p. 111-144.

CORBIN, Henry, *L'Imagination créatrice dans le soufisme d'Ibn'Arabi*, Éditions Médicis-Entrelacs, 2006 (1re éd. 1958).

CUCHET, Guillaume, *Les Voix d'outre-tombe. Tables tournantes, spiritisme et société au XIXe siècle*, Seuil, 2012.

DECOTTIGNIES, Jean, *Essai sur la Poétique du cauchemar en France à l'époque romantique* (1970), Service de reproduction des thèses, Université de Lille III, 1973.

DECOTTIGNIES, Jean, *Prélude à Maldoror*, Armand Colin, 1973.

DUFOURCQ, Annabelle, *Merleau-Ponty : une ontologie de l'imaginaire*, Springer, coll. Phaenomenologica, 2012.

DUMORA, Florence, *L'Œuvre nocturne. Songe et représentation au* XVIIe *siècle*, Champion, 2005.

ESCOUBAS, Éliane, *Imago Mundi. Topologie de l'art*, Galilée, 1986.

FAIVRE, Antoine, « L'imagination créatrice (fonction magique et fondement mythique de l'image) », *Revue d'Allemagne et des pays de langue allemande*, avril-juin 1981, p. 355-390.

FERREYROLLES, Gérard, *Les Reines du monde. L'imagination et la coutume chez Pascal*, Champion, 1995.

GAYON, Jean, WUNENBURGER, Jean-Jacques dir., *Le Paradigme de la filiation*, L'Harmattan, 1995.

GIOVANNANGELI, Daniel, « Sartre : une phénoménologie de l'image », *L'Image*, Alexander Schnell dir., Vrin, 2007, p. 135-155.

JAMES, A. R. W. (Tony), « L'hallucination simple ? », *Revue d'histoire littéraire de la France*, 1986, n° 6, p. 1024-1037.

JAMES, Tony, *Le Songe et la raison. Essai sur Descartes*, Hermann, 2010.

JAMES, Tony, *Vies secondes*, Gallimard, 1997.

JANSSEN, Sandra, *Fantasmes. Une archéologie des conceptions de l'imagination en psychologie et littérature, 1840-1930, (Flaubert, Tchekhov, Musil)*, Thèse dirigée par Winfroed Mennighaus et Jacques Neefs, 2006.

JOUFFROY, Théodore, « Du sommeil » (*Le Globe*, 1827), repris dans les *Mélanges philosophiques* (1833), Genève, Slatkine, 1979, p. 318-343.

LAPIERRE, Christopher, « Le fondement imaginaire du perçu chez Merleau-Ponty et Grimaldi », *Revue de métaphysique et de morale*, n° 3, juillet 2015, p. 354-376.

LAVAUD, Laurent, *L'Image*, Flammarion, coll. Corpus, 1999.

Littératures classiques, « L'illusion au XVIIe siècle », n° 44, hiver 2002.

Littératures classiques, « L'imagination au XVIIe siècle », n° 45, printemps 2002.

MAINE DE BIRAN, Pierre, *Nouvelles considérations sur le sommeil, les songes et le somnambulisme* (1809), *Œuvres*, Vrin, 1984, t. V.

MALEBRANCHE, Nicolas, De la recherche de la vérité, Livre II (De l'imagination), parties II et III, éd. Marie-Frédéric Pellegrin, Flammarion, 2006.

MAURY, Alfred, *Le Sommeil et les Rêves*, Didier et Cie, 1862 (1re éd. 1861).

NARBOUX, Jean-Philippe, *L'Illusion*, Flammarion, coll. Corpus, 2000.

NODIER, Charles, « De quelques phénomènes du sommeil », *Revue de Paris*, février 1831, *Œuvres complètes*, Genève, Slatkine, 1968, t. V, p. 159-189.

PÉREZ, Claude-Pierre, *Les Infortunes de l'imagination, Presses universitaires de Vincennes*, 2010.

Phantasia-Imaginatio, V^e^ colloquio Internazionale, Roma 9-11 gennaio 1986, Atti a cura di M. Fattori e M. Bianchi, Roma, Edizioni dell'Ateneo, 1988.

Rêver en France au XVIIe siècle, *Revue des sciences humaines*, n° 211, 1988.
SARTRE, Jean-Paul, *L'Imaginaire* (1940), Gallimard, coll. Folio Essais, 2005.
SARTRE, Jean-Paul, *L'Imagination* (1936), Presses universitaires de France, coll. Quadrige, 2007.
STAROBINSKI, Jean, « Jalons pour une histoire du concept d'imagination », *La Relation critique*, Gallimard, coll. Tel, 2001, p. 205-229.
TAINE, Hippolyte, *De l'intelligence* (1870), Hachette, 12e édition, 1911, t. I et II.
TORTONESE, Paolo, « Au-delà de l'illusion : l'art sans lacunes », *Les Arts de l'hallucination*, dir. Donata Pesenti Campagnoni et Paolo Tortonese, Presses de la Sorbonne nouvelle, 2001, p. 33-49.
VÉDRINE, Hélène, *Les Grandes Conceptions de l'imaginaire*, Librairie générale française, coll. Le Livre de poche, 1990.
VERNANT, Jean-Pierre, « Figuration et image », Entre mythe et politique, Éditions du Seuil, coll. Essais, 1996, p. 378-395.
VERNANT, Jean-Pierre, « Image et apparence dans la théorie platonicienne de la Mimésis », Journal de psychologie, n° 2, avril-juin 1975, repris dans Religions, histoires, raisons, François Maspero, 1979, chap. VIII « Naissance d'images ».
VERNANT, Jean-Pierre, Figures, idoles, masques, Julliard, 1990, Ire partie, chap. II, 1. « *Eidolon.* Du double à l'image ».
WUNENBURGER, Jean-Jacques, *Gaston Bachelard, Poétique des images*, Mimesis, 2012.
WUNENBURGER, Jean-Jacques, *Philosophie des images*, PUF, 2007 (1re éd. 1997).

ONTOLOGIE ROMANTIQUE

GUSDORF, Georges, *Le Romantisme*, Payot, 1993, t. I et II.
JANKÉLÉVITCH, Vladimir, « Le nocturne », *Le Romantisme allemand*, Albert Béguin dir., *Les Cahiers du Sud*, 1949, p. 90-91.
KOYRÉ, Alexandre, *La Philosophie de Jacob Boehme*, Vrin, 1971.
LE BLANC, Charles, MARGANTIN, Laurent, SCHEFER, Olivier, *La Forme poétique du monde. Anthologie du romantisme allemand*, Corti, 2003.
LEGROS, Robert, *L'Idée d'humanité*, Librairie générale française, Le livre de Poche, 2006.
MARGANTIN, Laurent, *Novalis*, Belin, 2012.
NOVALIS, *Le Brouillon général*, Olivier Schefer éd., Éditions Allia, 2000.
RICHTER, Jean-Paul, *Poétique ou introduction à l'esthétique*, Alexandre Büchner et Léon Dumont trad., Auguste Durand éditeur, 1862.
SCHEFER, Olivier, « L'"idéalisme magique" de Novalis », *Critique*, « 2 000 ans de Magie », n° 673-674, juin-juillet 2003, p. 514-527.

SCHELLING, F.-W., *Les Âges du monde*, V. Jankélévitch trad., Aubier, 1949.
STANGUENNEC, André, *La Philosophie romantique allemande*, Vrin, 2011.
TAMINIAUX, Jacques, *La Nostalgie de la Grèce à l'aube de l'idéalisme allemand*, La Haye, Martinus Nijhoff, 1967.

FIGURES, SIGNATURES

AGAMBEN, Giorgio, *Signatura rerum. Sur la méthode*, Vrin, 2009.
AUERBACH, Erich, *Figura* (1967), trad. D. Meur, Macula, 2003.
LABARTHE, Patrick, *Baudelaire et la tradition de l'allégorie*, Genève, Droz, 1999.
PÉPIN, Jacques, *La Tradition de l'allégorie de Philon d'Alexandrie à Dante.* Études historiques, Études augustiniennes, 1987.
PÉPIN, Jacques, *Mythe et allégorie. Les Origines grecques et les contestations judéo-chrétiennes*, Paris, Études augustiniennes, 1976, 2e édition.
STRUBEL, Armand, « *Allegoria in factis* et *Allegoria in verbis* », *Poétique*, nº 23, 1975, p. 342-357.
TODOROV, Tzvetan, *Théories du symbole*, Éditions du Seuil, coll. Points, 1977.

LE POSSIBLE

SPINOZA/LEIBNIZ

FOUCHER DE CAREIL, Louis-Alexandre, *Réfutation inédite de Spinoza par Leibniz*, précédée d'un Mémoire par A. Foucher de Careil, E. Brières, 1854.
MOREAU, Pierre-François, « Les enjeux de la publication en France des papiers de Leibniz sur Spinoza », *Revue de métaphysique et de morale*, 1988, 2.
NOURRISSON, Jean Félix, *La Philosophie de Leibniz*, Hachette, 1860.
TOSEL, André, MOREAU, Pierre-François, SALEM, Jean dir., *Spinoza au XIXe siècle*, Publications de la Sorbonne, 2007.
SAISSET, Émile, « Leibniz et Hegel, d'après de nouveaux documents », *Revue des deux mondes*, 15 décembre 1860, p. 967-983.
DELEUZE, Gilles, *Le Pli. Leibniz et le baroque*, Les éditions de Minuit, 1988.
LEIBNIZ, *Essais de Théodicée*, J. Brunschwig éd., Flammarion, GF, 1969.
LEIBNIZ, *Correspondance entre Leibniz et Arnauld*, dans *Discours de la métaphysique*, J.-B. Rauzy éd., Pocket, 1993.
RATEAU, Paul, *La Question du mal chez Leibniz. Fondements et élaboration de la Théodicée*, Champion, 2008.

RATEAU, Paul dir., *Leibniz, Les Cahiers philosophiques de Strasbourg*, n° 18, 2004.
RATEAU, Paul, *Leibniz et le meilleur des mondes possibles*, Classiques Garnier, 2015.
GAUDEMAR, Martine de, *Le Vocabulaire de Leibniz*, Ellipses, 2001 (« Possible, essence », p. 48-49).
MOREAU, Pierre-François, ANDRAULT, Raphaëlle, MOGENS, Laerke dir., *Spinoza/Leibniz. Rencontres, controverses, réceptions*, Presses universitaires de Paris-Sorbonne, 2014.

POSSIBLE/VRAISEMBLABLE

ARISTOTE, *Poétique*, R. Dupont-Roc et J. Lallot trad., Éditions du Seuil, 1980.
ARISTOTE, *Poétique*, Michel Magnien trad., Livre de poche, 1990.
DUPRAT, Anne, *Vraisemblances. Poétiques et théories de la fiction, du Cinquecento à Jean Chapelain (1500-1670)*, Champion, 2009.
KINTZLER, Catherine, *Poétique de l'opéra français. De Corneille à Rousseau*, Minerve, 2006.
KINTZLER, Catherine, *Théâtre et opéra à l'âge classique*, Fayard, 2004.
KREMER, Nathalie, *Vraisemblance et représentation au* XVIII*e siècle*, Champion, 2011.
TORTONESE, Paolo, *L'Homme en action. La représentation littéraire d'Aristote à Zola*, Classiques Garnier, 2013.

POSSIBLE, FICTION, GÉNIE

BAUMGARTEN, Alexander Gottlieb, *Esthétique* [vol. 1, 1750 ; vol. 2, 1758], *précédée des* Méditations philosophiques sur quelques sujets se rapportant à l'essence du poème [1735] *et de la* Métaphysique (§§ 501 à 623) [1739], éd. J.-Y. Pranchère, L'Herne, 1988.
BLUMBERGER, Hans, *Le Concept de réalité*, Jean-Louis Schlegel trad., Seuil, 2012.
BUZON (DE), Frédéric, « Littérature et fiction : Leibniz et Malebranche », *Dix-septième siècle*, 2012/2, n° 255, p. 241-256.
DELUERMOZ, Quentin, SINGARAVÉLOU, Pierre, *Pour une histoire des possibles*, Éditions du Seuil, 2016.
DOLEŽEL, Lubomír, *Heterocosmica. Fiction and Possible Worlds*, Baltimore, John Hopkins University Press, 1998.
GRAPPIN, Pierre, *La Théorie du génie dans le préclassicisme allemand*, PUF, 1952.
LAVOCAT, Françoise, *Fait et fiction. Pour une frontière*, Éditions du Seuil, 2016.
LEWIS, David K., *Counterfactuals*, Oxford, Blackwell, 1973.
LEWIS, David K., *On the Plurality of Worlds*, Oxford, Blackwell, 1986.
MONOD, Jean-Claude, Préface, Blumberger, Hans, *Le Concept de réalité*, trad. Jean-Louis Schlegel, Seuil, 2012, p. 7-33.
MONTALBETTI, Christine, *La Fiction*, Flammarion, GF, coll. Corpus, 2001.

PAVEL, Thomas G., « Les mondes possibles et la logique du vraisemblable », *Le Vraisemblable et la fiction*, A. Gómez Moriana et K Gürttler dir., Université de Montréal, 1980, p. 182-194.
PAVEL, Thomas G., *L'Univers de la fiction*, Éditions du Seuil, 1988.
Pensées du possible, *Cahiers de philosophie du langage*, L'Harmattan, n° 4, 2000.
RATEAU, Paul, « Art et fiction chez Leibniz », *Les Cahiers philosophiques de Strasbourg*, n° 18, 2004, p. 117-148.
SCHAEFFER, Jean-Marie, *Pourquoi la fiction ?*, Seuil, 1999.

POSSIBLE ÉPISTÉMIQUE, POSSIBLE ONTOLOGIQUE

AUBRY, Gwenaëlle, *Dieu sans la puissance. Dunamis et Energeia chez Aristote et chez Plotin*, Vrin, 2006.
BARDOUT, Jean-Christophe, JULLIEN, Vincent, *Les Mondes possibles*, *Cahiers de philosophie de l'université de Caen*, n° 42, Presses de l'université de Caen, 2006.
BARDOUT, Jean-Christophe, « Malebranche et les mondes impossibles », *Revue philosophique de la France et de l'étranger*, n° 4, octobre-décembre 2015, p. 473-490.
BEAUFFRET, Jean, « *Energeia* et *actus* », *Dialogue avec Heidegger*, Les Éditions de Minuit, 1973, p. 122-145.
BERGSON, Henri, « Le possible et le réel », *La Pensée et le mouvant*, Presses universitaires de France, 2008, chap. III.
CAUQUELIN, Anne, *À l'angle des mondes possibles*, PUF, 2010.
CHAUVIER, Stéphane, *Le Sens du possible*, Vrin, 2010.
GAUDEMAR, Martine de, *Leibniz. De la puissance au sujet*, Vrin, 1994.
JANICAUD, Dominique, *La Puissance du rationnel*, Gallimard, 1985.
MARION, Jean-Luc, *Certitudes négatives*, Grasset, 2010.
PELLEGRIN, Pierre, *Le Vocabulaire d'Aristote*, Ellipses, 2009 (« Puissance », p. 79-82).
RATEAU, Paul, « Art et fiction chez Leibniz », *Les Cahiers philosophiques de Strasbourg*, n° 18, 2004, p. 117-148.
ROBINET, André, *Le sera.* Existiturientia *(G. W. Leibniz)*, Vrin, 2004.
SCHELLING, F.-W., *Les Âges du monde*, trad. V. Jankélévitch, Aubier, 1949.
SCHMUTZ, Jacob « Qui a inventé les mondes possibles ? », *Les Mondes possibles, Cahiers de l'université de Caen*, n° 42, 2006, p. 9-45.
« Utopie », *Encyclopédie nouvelle. Dictionnaire philosophique, scientifique et industriel*, publiée sous la direction de MM. Pierre Leroux et Jean Reynaud, Librairies Charles Gosselin et Furne et Cie, 1837, t. VIII, p. 575-579.

LECTURES PHILOSOPHIQUES

LUCRÈCE

CONCHE, Marcel, *Lucrèce et l'expérience* (1967), Éditions Fides, 2003.
DELEUZE, Gilles, *Logique du sens, Éditions de Minuit*, 1969.
LAVAUD, Laurent, *L'Image*, Flammarion, coll. Corpus, 1999.
LUCRÈCE, *De la nature. De rerum natura*, éd. bilingue, J. Kany-Turpin trad., Flammarion, coll. GF, 1998.
SALEM, Jean, *L'Atomisme antique. Démocrite, Épicure, Lucrèce*, Libraire générale française, coll. Le livre de poche, 1997.

PHÉNOMÉNOLOGIE ET ONTOLOGIE

CARON, Guillaume, *La Désillusion créatrice. Merleau-Ponty et l'expérience du réel*, Genève, MētisPresses, 2014.
DUFOURCQ, Annabelle, *Merleau-Ponty : une ontologie de l'imaginaire*, Springer, coll. Phaenomenologica, 2012.
GRAMONT, Jérôme de, *Kant et la question de l'affectivité. Lecture de la troisième* Critique, Vrin, 1996.
HENRY, Michel, *L'Essence de la manifestation*, Presses universitaires de France, 2011 (rééd.).
HENRY, Michel, *Phénoménologie de la vie*, t. I, Presses universitaires de France, 2003.
LEGROS, Robert, *L'Idée d'humanité* (1990), Librairie générale française, coll. Le Livre de poche, 2006.
MARION, Jean-Luc, *De surcroît* (2001), PUF, coll. Quadrige, 2010.
MARION, Jean-Luc, *Dieu sans l'être* (1991), PUF, coll. Quadrige, 2002.
MARION, Jean-Luc, *Étant donné* (1997), PUF, coll. Quadrige, 2005.
MARION, Jean-Luc, *La Rigueur des choses*, Flammarion, 2012, p. 270 *sqq.* (sur le possible et le pensable).
MARION, Jean-Luc, *Le Phénomène érotique*, Librairie générale française, coll. Le Livre de poche, 2003.
MERLEAU-PONTY, *Le Visible et l'Invisible*, éd. Claude Lefort, Gallimard, coll. Tel, 1964.
MERLEAU-PONTY, Maurice, *L'Œil et l'Esprit*, Gallimard, 1964.
MERLEAU-PONTY, Maurice, *Phénoménologie de la perception*, Gallimard, coll. Tel, 1979.

SAINT-AUBERT, Emmanuel de, *Du lien des êtres aux éléments de l'être. Merleau-Ponty au tournant des années 1945-1951*, Vrin, 2004.
SAINT-AUBERT, Emmanuel de, *Le Scénario cartésien. Recherches sur la formation et la cohérence de l'intention philosophique de Merleau-Ponty*, Vrin, 2003.
SAINT-AUBERT, Emmanuel de, *Vers une ontologie indirecte. Sources et enjeux de l'appel à l'ontologie chez Merleau-Ponty*, Vrin, 2006.

NIHILISME

BENOIT, Éric, RABATÉ, Dominique dir., *Nihilismes, Modernités*, n° 33, 2012.
BIAGGI, Vladimir, *Le Nihilisme*, Flammarion, GF, coll. Corpus, 1998.
COLIN, René-Pierre, *Schopenhauer en France. Un mythe naturaliste*, Presses universitaires de Lyon, 1979.
CRÉPON, Marc, LAUNAY, Michel de dir., *Les Configurations du nihilisme*, Vrin, 2012.
FAYE, Jean-Pierre, et COHEN-HALIMI, Michèle, *L'histoire cachée du nihilisme. Jacobi, Dostoïevski, Heidegger, Nietzsche*, La Fabrique éditions, 2008.
HAAR, Michel, *Par-delà le nihilisme. Nouveaux essais sur Nietzsche*, Presses universitaires de France, 1998.
JACOBI, *Lettre sur le nihilisme* (1799), Flammarion, coll. GF, 2009.
SCHOPENHAUER, Arthur, *Le Monde comme volonté et comme représentation* (1819), trad. A. Burdeau, PUF, coll. Quadrige, 2003.
SCHOPENHAUER, Arthur, *Les Fondements de la morale* (trad. A. Burdeau, 1879), Librairie générale française, coll. Le Livre de poche, 1991.
SCHOPENHAUER, Arthur, *Pensées et fragments* (éd. de 1892), Traduits par Jean Bourdeau, Genève, Slatkine, 1979.

AUTRES OUVRAGES ET ARTICLES

DIXSAUT, Monique, *Nietzsche par-delà les antinomies*, Vrin, 2012.
HAAR, Michel, *Nietzsche et la métaphysique*, Gallimard, coll. Tel, 1993.
HEIDEGGER, Martin, *Le Principe de raison*, Gallimard, coll. Tel, 1962 (1957).

INDEX DES NOMS

TABLE DES MATIÈRES